Gerti Senger

Lieben ist nichts für Feiglinge

Von Entscheidungskrisen,
neuen Chancen und
der Furcht vor dem Glück

Amalthea
Verlag

Der Umwelt zuliebe #ohnefolie

Besuchen Sie uns im Internet unter: amalthea.at

© 2022 by Amalthea Signum Verlag GmbH, Wien
Alle Rechte vorbehalten
Gestaltung und Satz: Johanna Uhrmann
Umschlagmotiv: © orchidart/Freepik.com
Lektorat: Sina Will
Herstellung: VerlagsService Dietmar Schmitz GmbH, Heimstetten
Gesetzt aus der Adobe Hebrew und Cadiz
Designed in Austria, printed in the EU
ISBN 978-3-99050-244-0

Inhalt

Zur Einstimmung 5

Von Feiglingen, Entscheidungsschwächen 9
und der Angst vor Glück

Von Nähe, Distanz und paradoxen Bindungen 26

Vom Reden, Schweigen und Verhandeln 49

Von den seelischen Wunden der Kränkungen 62

Von geheimen Lebensaufträgen und 77
tabuisierten Liebesfallen

Von falschen Gefühlen, Egoismus, Narzissmus 92
und gefährlichen Masken

Von Macht, Ohnmacht und den dazugehörigen Typen 122

Von Trennungen, Affären und Neubeginn 140

Von Erotik, Sex und verborgenen Stolpersteinen 185

Von sexuellen Dissonanzen und anderen Störungen 211

Von sexuellen Varianten, bizarren Trends und 230
Netz-Gefahren

Nur Mut, alles wird gut 247

Zur Einstimmung

Was Lieben, Krisen, Trennungsschmerz und Liebeskummer sein können, weiß ich aus eigener Erfahrung. Eine Frau in meinem Alter kennt das Leben. Komplizierte Jugend, frühe Liebesheirat, Kinderwunsch, Scheidung, zweite Heirat, Patchworkfamilie, alles schon gehabt.

Dieses Buch dreht sich nicht darum, wie ich mich durchs Leben gehangelt und was ich in meiner zweiten, reiferen Ehe gelernt habe. Es geht mir auch nicht um die Definition von Liebe. Darüber zerbrechen sich seit jeher Soziologen, Neurowissenschaftler und Philosophen zur Genüge den Kopf. Bei allem Respekt vor diesen wertvollen Betrachtungen können sie nur der Strahl einer Taschenlampe in einem finsteren Wald sein. Einiges wird erhellt, aber vieles bleibt im Dickicht einer Welt, in der die Frage nach Liebesbeziehungen keine einzig gültige Sichtweise und Antwort erlaubt.

Unsere zwischenmenschlichen Beziehungen spiegeln die moderne, digitale Welt mit ihrem Fortschritt, ihren Hoffnungen, Irrtümern, Stärken und Schwächen. Auch die Vorstellung von Feigheit und Mut sind eng verknüpft mit Lebensbedingungen, die sich ständig verändern. In den Liebesgeschichten Arthur Schnitzlers waren die Begriffe der Liebe, des Mutes und der Freiheit anders konnotiert als in Ovids *Liebeskunst*. Als Kognitive Verhaltenstherapeutin und Paartherapeutin ist mein Blick nur auf Fragen des aktuellen Beziehungsgeschehens gerichtet: Wann sind Liebesgefühle gefährdet? Warum kommen sie oft gar nicht erst zustande? Wie gehen wir mit Bindungen um? Was hindert uns daran, miteinander glücklich zu sein?

Unsere Sehnsucht nach Liebe war vielleicht niemals so groß wie heute. In einer so komplexen Welt wie unserer erscheint ausgerechnet die unberechenbare Liebe als Fels in einer Brandung von Ungewissheit und Sinnsuche. Die Furcht vor den damit verbundenen emotionalen Risiken und Anforderungen einer Liebesbeziehung ist so groß, dass vieles nicht gewagt, unreflektiert gehandelt oder gar Isolation der Gemeinsamkeit vorgezogen wird. Trotz aller Ängste und Rückschläge bleibt der Wunsch, geliebt zu werden und zu lieben, übermächtig. Schon seit jeher ermutigt er die meisten zu einem Blindflug in das Universum der Liebe.

Menschen erzählten einander bereits zu Urzeiten Geschichten über die Macht der Liebe. Unser Gehirn hat »gelernt«, in Geschichten zu denken. Durch Mythen, Legenden und Erzählungen erfahren wir unsere Umwelt und werden wir, was wir sind. In fast vierzig Jahren therapeutischer Praxis und durch die Reaktionen auf nahezu zweitausend

Kolumnen habe ich viele Geschichten über die Sehnsüchte, Ängste und Probleme von Frauen und Männern auf der Suche nach Liebe gehört.

In das Buch aufgenommen habe ich jene Geschichten, in denen möglichst viele Leserinnen eigene problematische Verhaltensweisen entdecken und hoffentlich praktische Erklärungen und Anregungen bekommen können.

So manche Situationen in diesen Geschichten könnten einfach, quasi unter Freunden, gelöst werden. Die meisten Storys sind nur skizziert und bräuchten psychologische Vertiefung, viele Fragen bleiben offen. Ihnen allen ist gemeinsam, dass sie die »Krankheiten« unserer Zeit abbilden: Orientierungslosigkeit, schwierige frühkindliche Beziehungserfahrungen, die Furcht vor Kränkungen und die Angst davor, sich den Aufgaben und den Herausforderungen, die mit der Liebe und mit Bindungen verbunden sind, zu stellen. Man wird zu einem Feigling wider Willen, denn grundsätzlich ist bei den meisten Menschen der Wunsch, verantwortungsvoll zu handeln, durchaus vorhanden.

In diesem Dilemma flüchten viele in die Verantwortung für Fernes. Das Gefieder seltener Vögel, die Flussgeschwindigkeit der Bäche und die Vermehrung der Nasenbären erscheinen plötzlich wichtiger als die Liebe, für die es sich doch angeblich lohnt zu leben.

Die Erlebnisse der Frauen und Männer, die ich gesammelt habe, sind im Kern wahr, aber so weit verändert, wie es der Datenschutz erfordert, und so verkürzt oder vergnüglich geschärft, wie es der psychotherapeutische Hintergrund zulässt. Ich bemühe mich um eine möglichst wertfreie Darstellung der Geschichten, aber aufgrund eigener Lebenserfahrungen und meiner langen Berufspraxis habe ich auch praktische Überlegungen und angemessene Tipps angefügt.

Ich habe für die elementaren Liebesfragen, die Schwierigkeiten bei der Partnerfindung und für Probleme des partnerschaftlichen Alltags keine Patentrezepte. Aber ich versuche, Frauen und Männer auf der Suche nach mehr Liebesglück vom Angst-Feigheitsmodus zu einem Handlungsmodus zu motivieren. Dass Handeln vielleicht auch Scheitern bedeuten kann, bestreite ich nicht. Aber wer nicht handelt, ist schon gescheitert.

Ich danke den Frauen und Männern, die mir in Gesprächen und Briefen ihre intimsten Erlebnisse und Gefühle anvertrauten. In jeder Liebesgeschichte, egal ob geglückt oder misslungen, war für mich selbst immer wieder ein kleines Wachstumsgeschenk verborgen.

Danke auch dafür.

Von Feiglingen, Entscheidungsschwächen und der Angst vor Glück

Nur im Film spielen sich das Leben und die Liebe in einer heiteren, unkomplizierten Welt ab. In Wirklichkeit leben wir in einem Klima der Angst, der Ungewissheit und des Vermeidens. Nach meinen Untersuchungen zum Thema »Liebeskummer« und vielen therapeutischen Gesprächen über Beziehungen komme ich zu einem unbequemen Schluss: Die neuen Frauen und Männer haben nicht nur berechtigte Ängste vor Klimakatastrophen und Krieg, sie haben auch Angst vor Gefühlen. Womöglich hat das Angst- und Vermeidungsklima der letzten Jahre eine »GENERATION F« – »Generation Feigheit« – produziert.

Für die »GENERATION F« gibt es viele Anlässe, feig oder gar nicht zu handeln

Mit meinem Ausdruck »GENERATION F« werte ich Feigheit nicht ab. Der unbestreitbare Mangel an Sinnorientierung und eine immer komplexere Welt ohne Halt gebende, verbindliche Regeln machen eine indifferente Lebenshaltung oft unvermeidlich. Feigheit ist für mich nicht grundsätzlich eine verachtenswerte Schwäche. Meist steckt dahinter ein schmerzlicher Mangel an Sinn, Werten oder Selbstwertgefühl.

Mut ist nicht gleichbedeutend damit, dass man jede Herausforderung automatisch annimmt und rucki-zucki bewältigt. Mutig ist, wer sich mit einer Herausforderung bewusst auseinandersetzt. Feig sein bedeutet, sich mit Ausflüchten vor einer bewussten Auseinandersetzung zu drücken, wider besseren Wissens einen kleinen Verrat zu begehen und wortbrüchig zu werden.

Jeder weiß aus eigener Erfahrung, dass es viele banale Möglichkeiten gibt, ein Feigling zu sein: Der eine wagt es nicht, vom Dreimeterbrett zu springen, der andere traut sich nicht, »Ich liebe dich«, in einer ungewünschten Situation »Nein« oder zu einer gewünschten Situation »Ja« zu sagen. Andere wieder handeln wegen eines unangemessenen Optimierungswahns feige. Aus Angst, nicht das Optimale tun zu können, wird gar nix getan. Auch die »Tyrannei der Möglichkeiten«, wie es Hannah Arendt ausdrückte, kann feig machen. Mich wundert also nicht, dass es trotz eines immer intensiver werdenden Luststrebens und immer grelleren Lustangeboten immer weniger stabiles Genießen gibt.

Dass nicht nur Männer Feiglinge sind, ist klar. Vielleicht sind Frauen in Liebesangelegenheiten ein bisschen mutiger. Darüber ließe sich streiten, allerdings nicht hier. Jetzt ist es Zeit für die angekündigten Geschichten.

»Cherophobie«, die Angst vor dem Glück

Simone und Leopold – auf den ersten Blick ein Traumpaar, bei dem alles passte. Trotz eines vielsprechenden Anfangs endete das Märchen der beiden traurig: Kaum kam die Beziehung in Fahrt, beendete Leopold die Beziehung.

Leopold hat keine Erklärung für sein Verhalten. Simone weint. Leopold weint auch. Er weiß selbst nicht, was los ist: »Es geht einfach nicht mehr.« Simone sucht Rat bei seinen Freunden. Alle antworten das Gleiche: »Es ist wie immer.« Wie immer heißt: Wenn Leopold und eine Partnerin besonders happy sind, macht er Schluss.

Leopold leidet an einem Phänomen, das zunehmend mehr Menschen belastet: »Cherophobie« oder »fear of happiness«, die Angst vor dem Glück. Erst tut man alles, um glücklich zu werden und das Glück zu stabilisieren, dann folgt ein abrupter Rückzug. Die Partnerin weiß nicht, was mehr schmerzt – die Unsicherheit, ob sie etwas falsch gemacht hat? Oder das nagende »Warum«? Eine klare Antwort kann derjenige, der ein Glück zerstört, das er eben noch schätzte, nicht geben. »Es ging plötzlich nicht mehr«, heißt es verschwommen.

Paul ist verliebt und emotional. In innigen Situationen öffnet er Herz, Sinne und Seele. Michaela hält das schwer aus. Sie blockiert aufkommende Nähegefühle mit Zynismus. »Gibst du jetzt wieder das treue Hündchen mit den traurigen Augen?« Ironische Kommentare machen Gefühlsäußerungen lächerlich. Paul versucht, sich mit Zärtlichkeiten zurückzuhalten, aber emotionale Distanz entspricht ihm nicht. Es ist nur eine Frage der Zeit, bis seine Liebe zu Michaela zerbrechen wird. Sie hat dann ihr Ziel erreicht: Das Glück, das ihr seelisches Gleichgewicht bedrohte, gibt es nicht mehr.

Cherophobie hat unterschiedliche Gründe. Manche Menschen haben so einen schlechten Selbstwert, dass sie glauben, es nicht wert zu sein, Freude und Glück zu erleben. Ein Neurobiologe bezeichnete ein bestimmtes Areal im Gehirn als »Jammerlappen«, weil hier jene negativen Gedanken produziert werden, die auch die aussichtsreichsten Glücks-Situationen ruinieren. »Freu dich nicht zu früh«, »Was ist schon dran an mir?« – so und ähnlich denken »Cherophobiker«.

Andere wieder verhindern Glück aus Angst vor dem Ende oder einer Bestrafung für dieses schöne Gefühl. Ganz nach dem Motto: »Was du nicht willst, dass man dir tut, das füg dir lieber selber zu.« Kurt machte das: In der Annahme, dass Geraldine eines Tages wieder zu ihrem reichen Ex zurückkehren würde, verließ er sie.

Der häufigste Grund, Glücksgefühle zu killen, ist die Angst vor seelischer Nähe und vor dem Verschmelzen mit dem Du. Bindungsphobiker sind oft auch Glücksphobiker: Sobald es super läuft, zerstören sie das Glück durch Flucht, Aggressivität, Launenhaftigkeit, durch einen Seitensprung oder intensive Freiheitswünsche. Auch so kann man sich unglücklich machen.

Die verborgene Furcht vor Verbindlichkeit

Marie ist sicher: Christoph wird seiner Noch-Freundin Elisabeth schrittweise beibringen, dass das mit ihnen nichts wird. Es wird nicht mehr lange dauern und dann hat er Elisabeth so weit. Aber Marie darf bitte keinen Druck machen, sagt Christoph. Er muss aus freien Stücken entscheiden können, wann und wie etwas geschehen soll.

Ein bisschen Freiraum, das muss sie ihm schon gönnen.

Szenenwechsel. Spürt Elisabeth, dass mit Christoph etwas nicht stimmt? Na klar, aber auch sie hört immer wieder von ihm, dass er in seinem Freiheitsbedürfnis bitte nicht eingeschränkt werden darf. Er geht sonst sofort in den Widerstand, sprich, er will von einer fixen Beziehung erst recht nichts wissen. Also lässt Elisabeth Christoph an der langen Leine. Außerdem hat sie ihn ja auf einen Kurzurlaub eingeladen, das wird sie zusammenschmieden.

Marie weiß von Elisabeths Einladung, die gibt es schon seit Monaten. Christoph ist unglücklich darüber, sagt er. Er will die Tage nutzen, um offen mit Elisabeth zu sprechen. Ganz ohne Druck.

Nach seiner Rückkehr darf Marie ihn nur ja nicht mit der Frage quälen, ob Elisabeth endlich Bescheid weiß. Die Tage waren hart genug. Sie darf ihn nicht auch noch einengen, schließlich ist die Liebe ein Kind der Freiheit. Marie verspricht ihm jede Menge Freiheit, sobald er sich für eine verbindliche Beziehung mit ihr entscheidet.

Dann der Knall: Elisabeth ruft Marie an und will wissen, was da los ist. Marie stellt Christoph zur Rede. Er jammert, wie schrecklich das alles sei und dass die Situation nur deshalb so eskalierte, weil Marie ihm keine Freiheit ließe. Aber es fällt ihm halt schwer, Elisabeth wehzutun. Er ist ja kein Schuft. Elisabeth beteuert er, dass das mit Marie sowieso schon zu Ende sei, respektive eigentlich gar nichts war, zumindest nichts, was mit der Beziehung zwischen ihr, Elisabeth, und ihm zu tun habe. Das Einzige, was er jetzt brauche, sei Verständnis und Freiheit, andernfalls könnte er womöglich einen Schritt tun, den sie beide ein Leben lang bedauern würden.

Elisabeth? Marie? Für wen wird sich Christoph entscheiden? Ich wette, dass er diese Entscheidung nicht selbst fällen wird. Entweder macht Elisabeth Schluss oder Marie tut es, oder die zwei tun sich zusammen und beide geben ihm den berühmten Weisel. Christoph wird behaupten, dass er das eigentliche Opfer sei. Er habe beide Frauen geliebt, aber sie seien zu kleinkariert gewesen, um das bisschen Freiheit, das er braucht, zu respektieren.

Leider liegt Christoph da völlig falsch. Solange er nicht einsieht, dass sein Freiheitsbedürfnis eine maskierte Bindungsphobie ist, wird er »im Namen der Freiheit« jeder verbindlichen Beziehung ausweichen.

Fluchtwege gibt's für Bindungsphobiker genug. Entweder Sex-Abstinenz, um Nähe zu verhindern, oder ein unkommentiertes Ende. Gerne auch eine unverbindliche Dreiecksbeziehung, die eine Entscheidungsverantwortung erspart, weil einem der Beteiligten der Faden reißt.

Das Prinzip der Reaktanz ist oft gar nicht bewusst

Den meisten Bindungsphobikern sind die eigentlichen Ursachen und Zusammenhänge ihres Verhaltens nicht bewusst. Auch das Reaktanz-Prinzip wirkt im Unbewussten.

Ich erinnere mich, dass ich als Mädchen so manchen »un-möglichen« Freund hatte, nur weil meine Mutter gegen ihn war. Ihr Verbot machte ihn für mich erst richtig interessant. Der Reiz des Verbotes ist schon für Kinder unwiderstehlich. »Auf dem Bauplatz dürft ihr nicht spielen!« – schon wird er attraktiv. »Dieses Spielzeug gibt es nicht mehr!« – jetzt wird es erst recht gewünscht. Nichts Besseres, Schöneres, Teureres kann das ersetzen, was schwer zu haben oder durch ein Verbot eingeschränkt ist.

Das Prinzip der Reaktanz – Freiheitseinschränkung wertet Bedrohtes oder Verlorenes erst auf – ist in der Welt der Liebe besonders wirksam. Peter und Sophia arbeiten in derselben Firma. Es wird zwar nicht offen gesagt, doch Affären unter Arbeitskollegen sind ein Tabu. Das schwer Erreichbare, Verbotene ihrer Beziehung macht sie besonders wertvoll. Würde das Pärchen nicht unter einem Dach arbeiten, wäre ihre Affäre nur ein Pantscherl.

Im Grunde ist die Erklärung des weit verbreiteten Reaktanz-Phänomens ziemlich simpel: Reaktanz ist nicht Trotz. Während dieser als störrisches Verhalten gedeutet werden kann, beweist Reaktanz, dass sich Menschen nicht gerne einschränken lassen. Bei den meisten löst eine wahrgenommene Beschneidung der Freiheit das spontane Bedürfnis aus, die volle Freiheit – und sei es auch nur die Illusion davon – wiederherzustellen.

Ein Produkt, das nur limitiert zu kaufen ist (»Solange der Vorrat reicht«), eine eingeschränkte Wahlfreiheit (»So oder gar nicht«) bringt uns offenbar in Verbindung mit unserem Grundbedürfnis nach Freiheitsentfaltung. Der Wunsch nach einem uneingeschränkten Verhalten macht Menschen sogar manipulierbar. Angeblich soll Zarin Katharina die Große dem armen russischen Volk die leidigen Kartoffeln interessant gemacht haben, indem sie rund um die Äcker Zäune aufbauen ließ und auf Kartoffeldiebstahl hohe Strafen aussetzte.

Trotz meines Wissens über die Funktionsweise der Reaktanz ertappe auch ich mich dabei, dass ich etwas unter allen Umständen und entgegen jeder Vernunft haben will, sobald es nicht mehr oder nur schwierig erreichbar ist.

Denken Sie also daran, dass hinter so manchem Begehren vielleicht nur das Aufbegehren gegen eine Freiheitseinschränkung steckt. Es fällt dann leichter, Widerstand gegen einen Widerstand zu leisten.

Wer verliebt ist, will »alles oder nichts«

»Jedem Anfang wohnt ein Zauber inne«, sagt Hermann Hesse sehr poetisch. Nichtsdestotrotz taucht bei einem frisch verliebten Paar bald eine ernüchternde Frage auf: Sind wir jetzt ein richtiges Paar – oder nicht? Gehören wir zusammen – oder nicht? Darf ich sagen »mein« Freund, »meine« Partnerin – oder nicht?

Kleine Fragen, gewiss. Aber keine harmlosen Fragen. Hören Sie die Geschichte von Viktoria und Michael. Sie 44, er 46. Sie Single, er geschieden, eine Tochter. Sie begegneten einander bei einer Autowaschanlage, profaner geht's nimmer.

Es ergab sich ein anregendes Gespräch, einem Kaffeehausbesuch folgte ein Heuriger, dann ein Kino – schließlich regelmäßige Treffen.

Viktorias Wohnung lag außerhalb der Stadt, Michael wohnte zentral. Zwangsläufig übernachtete sie bei ihm. Nach und nach ließ sie Nachthemd und Schminksachen da. Sie drängte darauf, seine Tochter kennenzulernen und Michael ihren Freunden vorzustellen. Er machte zögernd mit.

Manchmal war Viktoria schon vor Michael frei, aber sie hatte keinen Wohnungsschlüssel von ihm und musste in einem Espresso auf ihn warten. Michael überhörte ihre diesbezüglichen Bemerkungen. Viktoria wurde frostig. Ist doch nichts dabei, einen Schlüssel herzugeben, oder? Außerdem: Wohin soll unsere Beziehung überhaupt führen?

Michael wusste es nicht. Er wusste nur, dass er gegen jede Art von Zwang allergisch und plötzlich ständig alarmiert war, ob Viktoria nicht zu viel Druck auf ihn ausübe. Nachdem einmal das Espresso geschlossen hatte und Viktoria im Regen auf Michael warten musste, gab er ihr einen Wohnungsschlüssel. Einige Tage später war sie wieder einmal vor ihm da. Sie war verliebt, sie wollte mehr von Michael wissen, warum sollte sie nicht hinter seinem Rücken ein bisschen mehr über ihn erfahren?

Zuerst nahm sie sich sein Nachtkäschen vor. Da war nur Krimskrams, nichts Besonderes. Dann die Schreibtischlade.

Viktoria war versunken in ihre Recherche und Michael überraschte sie dabei. Was für sie nur verliebte »Neugier« war, empfand er als unverzeihliche Grenzverletzung.

Hier, liebe Freunde, befinden wir uns am Anfang des Endes der Liebesgeschichte von Viktoria und Michael.

Warum ich Ihnen diese Story erzählte? Damit wir uns wieder einmal bewusst machen, dass sich fast jeder Verliebte danach sehnt, dem anderen alles zu geben und von ihm alles zu bekommen. Nur: Bei einem ist das früher der Fall, beim anderen später. Den richtigen Zeitpunkt zu erkennen, ab dem man sich wirklich aneinander gebunden fühlt, ist schwierig.

Risikokompetenz hilft, die richtigen Entscheidungen zu treffen

Es passiert immer wieder, dass man entgegen seinen inneren Wünschen und Stimmen handelt und von vorneherein spürt: Dieser Schritt ist falsch! Gleichzeitig beruhigt man sich selbst: »Das wird schon werden!« und – bums, man scheitert.

Paula wusste, dass Christian nichts von Treue und bürgerlichen Tugenden hält. Er will nicht gemütliche Fernsehabende zu Hause verbringen, sondern ausgehen und durchfeiern. Sonntägliche Ausflüge mit Freunden lehnt er ab, lieber schläft er bis Mittag. Der Gedanke an ein Kind irritiert ihn. Christian versprach Paula nichts. Kein Wort von Liebe und Änderungsbereitschaft.

Paula spürte, dass Christian kein sicherer Partner ist, aber sie ging das Risiko trotzdem ein: Sie kündigte ihre gute Anstellung und zog in die Stadt, in der Christian lebt. Großes Kopfschütteln: »Das wird schiefgehen.« Es ging schief. Paula fand keinen Job und verbrauchte mit Christian ihr Erspartes.

Ist Paula dumm? Leichtsinnig? Dumm ist Paula keineswegs. Sie hat allerdings keine Risikokompetenz. Die hätte sie bewiesen, wenn sie kluge Faustregeln berücksichtigt und ihrer Intuition mehr getraut hätte. Aber Paula war Ende 30, spürte so etwas wie Torschlusspanik und war zu einem Risiko bereit. Schließlich bedeutet Risiko nicht nur Gefahr, sondern auch Glück. Dem wollte sie nachhelfen.

Dasselbe beabsichtigte Friedrich. »Jasmin ist so hübsch. Sie wird schon noch aufwachen«, besänftigte er seine innere mahnende Stimme. »Ihr passt nicht zusammen«, warnten Familie und Freunde. »Das wird schon werden«, parierte er. Heute ist Friedrich unglücklich. »Jasmin ist so temperamentlos«, klagt er. »Im Bett kalt wie ein Fisch und im Alltag langweilig.« Gäbe es nicht eine Tochter, würde er sich scheiden lassen. Jasmin versteht Friedrichs Unzufriedenheit nicht. Sie war nie anders. Ihr sexuelles Desinteresse und ihre Gleichgültigkeit allem gegenüber hatte sie nie verheimlicht.

Hätte Friedrich, dieser lebhafte Mann mit seiner starken Sexualität, eine Frau wie Jasmin heiraten sollen? Klare Antwort: Nein. Zwar kann keiner von uns im Voraus wissen, welche Überraschungen es in einer Beziehung noch geben wird. Aber eins sage ich Ihnen: Auf grundlegende Veränderungen eines Partners zu hoffen, ist sinnlos. Wer darauf baut, dem mangelt es an Risikokompetenz.

Ich gebe zu, dass es ohne Mut zum Risiko keine Innovationen gäbe. Aber Risiko ist nicht gleich Risiko. Wenn Sie mit Sandalen einen Dreitausender besteigen oder mit fragwürdigen Personen ungeschützten Sex haben, sind das Zeichen von Selbstüberschätzung, Taubheit gegen innere, warnende Stimmen und Ignoranz gegenüber Vernunft und bestehenden Informationen – mangelnde Risikokompetenz also.

Risikokompetenz ist zwar keine Garantie für eine glückliche Beziehung, aber eine gute Voraussetzung für richtige Entscheidungen. Das Zeug zur Risikokompetenz hat jeder: Hören Sie mehr auf den Hausverstand und Ihr Bauchgefühl, und schon ist es leichter, vernünftig zu handeln.

Die zentrale Frage ist nicht: »Was will ich?«, sondern: »Was will ich nicht?«

Vielleicht sagen Sie jetzt:»Risikokompetenz hin oder her – in Liebesdingen fällt es grundsätzlich schwer, sich zu entscheiden.« Sie haben recht.

Zum Beispiel müsste Viktor sich schon längst zu Nina bekennen. Aber Viktor liebt auch sein Single-Leben. Wie soll er da überzeugt sein, dass die Entscheidung für Nina richtig ist? Oder wie ist es mit Marie und Alexander? Einerseits wünschen sie sich ein Kind. Andererseits haben sie noch nichts vom Leben gehabt. Erst den Beruf aufbauen, dann auf eine Wohnung sparen, dann für die Einrichtung arbeiten, keine Urlaube, immer nur Überstunden. Sollen sie sich jetzt wieder einengen? Oder lieber erst später? Vielleicht gar nicht? Und soll sich Viktor wirklich für Nina entscheiden? Nein. Ja. Vielleicht.

Um Entscheidungen zu vermeiden, wird oft etwas aufgeschoben. Im Alltag ist die aufschiebende Ausrede »Telefonieren wir später noch einmal« ein beliebter Klassiker. In Liebesdingen könnte Viktor Nina immer wieder hinhalten. »Wir heiraten, wenn ich die Wohnung meiner Tante erbe/ sobald ich einen anderen Job bekomme.« Auch dem Zufall wird gerne, oft sogar unbewusst, nachgeholfen. Nina könnte sich zu einer Pillenpause entschließen und »zufällig« schwanger werden. Damit wäre die Entscheidung für eine Hochzeit gefallen.

In einem Entscheidungsnotstand ist eine Wunsch-Analyse notwendig. Wünsche sind ja nicht immer klar, sie sind oft widersprüchlich. Zum Beispiel kollidiert der Wunsch »Ich will mich von dir trennen« mit dem Wunsch »Ich kann dir nicht wehtun«. Die Schuldgefühle können so unerträglich sein, dass eine Entscheidung aus »Gewissensgründen« nicht zustande kommt. Viele Menschen können sich nicht für einen Partner oder eine Sache entscheiden, weil damit andere Optionen ausgeschlossen werden: Wenn ich jetzt zu X Ja sage, versäume ich womöglich Y und Z.

Wenn Rita so nachdenkt, ist Leopold der Mann, mit dem sie gern eine feste Beziehung hätte. Aber Rita zweifelt. Vielleicht ist er doch nicht der Richtige? Also datet Rita auch andere Männer. »Ich bin eine moderne Frau«, sagt sie. »Vielleicht taucht Mr. Perfekt erst auf. Für diese Option brauche ich Freiraum.« Rita merkt gar nicht, dass sie bei allen Bekanntschaften nach Schwächen und Fehlern sucht, die es ihr leichter machen, sich nicht festzulegen.

Auch Michael hält sich eine Türe offen. Er schwört Nora, dass er sie liebt. Auch gegen die Ehe hat er nichts. Familie will er auch. Sie feiern zusammen Weihnachten, verbringen Urlaube und jede freie Minute miteinander. Seit Monaten kümmert sich Nora um Michaels kranken Vater. Sogar auf das Fitnesscenter verzichtet sie oft. »Warum bekennt er sich denn nicht zu mir?«, fragt Nora.

Dass sich Michael nicht aus der Kartei der Internet-Partnervermittlung, durch die er auch sie kennenlernte, streichen lässt, kränkt Nora besonders. Angeblich vergisst Michael nur, sich abzumelden. Doch Nora spürt, dass Michael seine Zweifel, ob sie wirklich die optimale Frau für ihn ist, nicht in den Griff bekommt. Sie weiß, dass er die immer noch eintrudelnden Briefe der Kontakt suchenden Frauen genau studiert und die Kandidatinnen immer wieder mit ihr vergleicht.

Entscheidungsfragen sind Zeichen von Wahlfreiheit. Aber wenn es um Liebesangelegenheiten geht, kann die Wahl zur Qual werden. Rita befragt ständig alle Freunde um ihr Urteil über Leopold. Michael legt über die in Betracht kommenden Frauen eine »Plus-Minus-Liste« an. Erfolg null. Sobald Gefühle im Spiel sind, lassen sich Entscheidungsfragen nicht mehr mit gängigen Mustern lösen.

Was nach außen hin als Vorsicht oder Freiheitsliebe daherkommt, ist oft nichts anderes als die Unfähigkeit zu klaren Gefühlen. Lange Zeit nicht »Ja« zu einem Partner sagen zu können, ist das Symptom einer emotionalen Kraftlosigkeit.

Wir hatten noch nie so viele Möglichkeiten, einen passenden Partner zu finden. Es gibt keine moralischen Einschränkungen, keine Standesdünkel und keine finanziellen Hürden. Trotzdem sind Frauen und Männer mehr denn je verunsichert und dauernd auf der Suche nach dem optimalen Partner. In der Psychodiagnostik ist bereits von einer Störung die Rede, die Zwangscharakter hat: ROCD (Relationship Obsessive-Compulsive Disorder).

Rita, Michael, alle anderen, die sich ständig fragen, ob der aktuelle Partner und die Beziehung gut genug sind, sollten erst einmal lernen, sich selbst zu akzeptieren. Selbstakzeptanz stärkt die Liebesfähigkeit und die Entscheidungskraft. Dann wird weder von sich selbst noch von einem Partner und auch nicht von einer Beziehung Perfektion erwartet. Es ist Liebe. Das ist alles. Alles andere ist nichts.

Letztendlich ist Entscheidungskraft eine Frage der »inneren« Stimme, also des Gefühls. »Ich will ihn«, sagt das Herz. »Er ist nicht gut für dich«, sagt der Verstand. »Ich liebe ihn aber«, sagt das Herz und gewinnt. Oft ist eine Entscheidung zäh wie Kaugummi. »Ich kann ihm verzeihen«, sagt das Herz. »Er ist zwar ein Hallodri, aber sein Esprit betört mich.« Der Verstand rebelliert: »Verzeih ihm nicht schon wieder. Du machst dich unglücklich.«

Herz und Verstand liegen im Clinch. Freunde werden befragt. »Mach das ja nicht!«, sagen die einen. Der Verstand ist auf ihrer Seite, aber das Herz leidet. »Nur die Liebe zählt«, sagen die anderen. Jetzt jubelt das Herz, aber der Verstand droht: »Nur ja nicht!« Unentschieden. Nein. Ja. Vielleicht. Fazit: Nur Computer entscheiden rational.

Die neue Torschlusspanik

Wenn Sie versprechen, nicht zu lachen, gestehe ich jetzt: Ich war Anfang 20, als ich eine massive Torschlusspanik hatte. Meine erste große Liebe und die damals übliche Verlobung ging in Brüche, meine gleichaltrigen Freundinnen waren in festen Beziehungen oder schon verheiratet. Nur ich war solo. Kein Mann, kein Kind, keine Familie in Aussicht. Ich hatte panische Angst, dass ich übrig bleibe. Torschlusspanik pur.

Das Gefühl, dass es fünf vor zwölf ist, trifft Frauen und Männer in jeder Altersklasse. Am häufigsten quält sie dieses Gefühl nach Trennungen, wenn das Selbstbewusstsein sowieso am Boden ist. Hochsaison hat die Torschlusspanik auch im Frühling, wenn vermehrt geheiratet wird. In letzter Zeit beobachte ich, dass nicht die Angst, keinen Partner mehr zu finden, der Kern der Torschlusspanik ist, sondern die Angst, keine Kinder mehr zu bekommen. Erklärbar ist das mit dem späteren Erstheiratsalter. Beruf, Ausbildung und Karrieremöglichkeiten verschieben die Lebensbausteine um etwa zehn Jahre nach hinten. Ab Mitte 30 ist es für Frauen nicht mehr ganz so leicht schwanger zu werden.

In meine Praxis kommen viele Männer 40+, die Angst haben, nicht mehr rechtzeitig eine Frau zu finden, mit der sie Kinder in die Welt setzen und die Vaterschaft genießen können. Mathias ist 43 und hat eine Vorliebe für Frauen seines Alters. Trotzdem schaute er sich nur unter jungen Frauen um. Die Zukünftige soll ja fortpflanzungsfähig und jung genug sein, um noch zwei, drei Kinder zu bekommen. Mathias heiratete die Falsche und ließ sich nach dem zweiten Kind scheiden. Auch Anna entschloss sich wegen ihres immer drängenderen Kinderwunsches dazu, den Mann zu heiraten, mit dem sie jahrelang in einer aussichtslosen On-off-Beziehung war. Eine schlechte Wahl, sie weiß es selbst. Angeblich weiß jede dritte Frau schon vor der Hochzeit, dass der zukünftige Mann nicht der Richtige ist.

Eine Torschlusspanik verändert den Weltbezug. Die Zeit beschleunigt sich. Man steht unter Druck und Zugzwang. Menschen werden nicht mehr unbefangen, sondern nur noch durch den jeweiligen zweckgebundenen Wahrnehmungsfilter erlebt: »Eignet er sich als Vater?« »Kann sie die Mutter meiner Kinder sein?« »Finde ich hier eine/n Partner/in?« Solche Fixpunkte verstärken die Torschlusspanik. Lässt sich das gesetzte Ziel nicht verwirklichen, taucht das qualvolle Bild des Tores auf, das sich ein für alle Mal schließt und das, was man haben wollte, unerreichbar macht.

In dieser vermeintlich aussichtslosen Situation kommt es oft zu Panikreaktionen: Man bindet sich an den falschen Partner oder opfert den Beruf für ein Kind, obwohl man zur Elternschaft gar nicht geeignet ist. Aber dahingehend hat man sich ja nicht geprüft. Alle Gedanken und Energien waren darauf ausgerichtet, ein Ziel zu erreichen oder eine gesellschaftliche Regel zu erfüllen.

Hinter der öffentlich gezeigten Gaudi vieler torschlussgepeinigter Singles steckt die Angst vor der Einsamkeit, davor, nicht zu genügen, und die Angst, Lebensziele nicht zu erreichen. Diese Ängste sickern bei jeder neuen Bekanntschaft durch. Und wie wir alle wissen, sind verdeckte Ängste nicht besonders sexy. Kein Vorteil für Heiratswillige.

Die verjährte Hochzeit

Hanna wäre eigentlich heiratswillig, schließlich lebt sie schon seit zwölf Jahren mit Karl zusammen. Wenn die beiden zu einer Hochzeit eingeladen sind, sagt Karl, was er zu solchen Anlässen wie zur Geisterbeschwörung immer sagt: »Heutzutage muss man nicht mehr heiraten. Man kann auch ohne Ehering glücklich sein.«

Vor zwölf Jahren dachte Hanna auch so. Aber heute? Hanna ist sich nicht mehr sicher. Vielleicht ist es doch wichtig, sich formal zueinander zu bekennen? Sie ist jetzt 39 und die Vorstellung, verheiratet zu sein, gefällt ihr immer besser. Karl will davon nichts hören: »Ein Trauschein verändert nichts.«

Auch Franziska war jahrelang dieser Meinung. Jedes Mal, wenn Paul vom Heiraten sprach, wehrte sie ängstlich ab: »Wozu? Wir gehören doch sowieso zusammen.« Inzwischen sind acht Jahre vergangen und Franziska würde jetzt doch gerne heiraten. Aber bei Paul ist der Zug abgefahren. »Es ist alles gut so, wie es ist.« Franziska wird das Gefühl nicht los, dass es auch für Paul nicht wirklich gut ist. Was glauben Sie?

Würden Sie mich fragen, würde ich Franziska Recht geben und Karl widersprechen. Lieber Karl, würde ich sagen, der Trauschein verändert viel, sehr viel sogar.

Er vergegenständlicht buchstäblich das bedingungslose »Ja« zum Partner. Außerdem bekommt alles eine andere Wahrheit, sobald man etwas sehen und angreifen kann. Die offizielle Entscheidung für diesen und nicht einen x-beliebigen anderen Menschen intensiviert die Beziehung. Man wird behutsamer, zärtlicher, verantwortungsbewusster. Erst jetzt ist man ganz angekommen.

Ich weiß es aus eigener Erfahrung.

Lieber Karl, würde ich noch sagen, Sie verletzen Hannas Gefühle. Hanna möchte sich ein für alle Mal festlegen, aber Sie halten sich ein Hintertürchen offen. Das tut weh, weil Sie dadurch das Einzigartige der Liebe in Frage stellen.

Jetzt zu Franziska. Ihr Unbehagen besteht zu Recht. Mir sitzen immer wieder Pärchen gegenüber, die »einfach so« zusammenleben. »Wilde Ehe« sagte man früher zu diesen Lebensgemeinschaften. Von »wild« ist da allerdings keine Spur zu finden. Wenn zwei auf das Heiraten verzichteten, um die Beziehung spannender und den Sex lebendiger zu halten, machen sie meist die gegenteilige Erfahrung: Eine »wilde Ehe« verflacht schneller als eine »richtige« Ehe. Frauen in einer »wilden Ehe« träumen von der großen romantischen Liebe, Männer sind depressiv verstimmt.

Ich weiß, dass viele Paare, die ohne Heirat zusammenleben, gar nicht mehr so sehr gegen ein verbindliches »Ja« sind. Aber sie sind ihrer ursprünglichen Idee eines Lebens ohne Trauschein gegenüber verbindlicher als dem Partner gegenüber. Dass aus einer Ehe nichts mehr wird, ist vielleicht nicht so tragisch. Aber dass mit der Heiratsverweigerung das Unbedingte der Liebe verloren ging, ist traurig.

Von Nähe, Distanz
und paradoxen Bindungen

Katharina würde gerne aufs Heiraten verzichten, Hauptsache, Christian bekennt sich grundsätzlich zu ihr. In ihrer Beziehung zu ihm gibt es keine Freude, nur Angst. Katharina kämpft mit allen nur erdenklichen Mitteln um Christian. Unfassbar, zu welchen Zugeständnissen sie bereit ist. »Du kannst allein Urlaub machen … Du kannst dich jeden Tag mit deinen Freunden treffen … Du musst nicht sagen, wann du heimkommst … Du kannst mit einer anderen Frau schlafen.«

Im Namen der Liebe wird vieles hingenommen

Wer schon einmal so eine Partnerschaft mitgekriegt hat, vermutet fürs Erste zwei Motive – einen ganz besonderen Sex oder eine ganz besondere Liebe. Weder noch. Die Angst um den Fortbestand der Beziehung gibt vielleicht das eine oder andere Mal dem Sex einen Kick. Aber grundsätzlich dominiert die Verlustangst des Schwächeren. Und die ist mit tiefer Lust inkompatibel.

Was nach außen hin als große Liebe daherkommt, ist in Wahrheit der Kern einer Beziehungssucht. Man sagt, dass jede Sucht eine Sehnsucht ist. Auf die Beziehungssucht trifft das zu. Das süchtige, unstillbare Sehnen nach Beziehung zwingt einen Menschen in einen Zustand des emotionalen Kontrollverlustes und in der Folge dazu, seine Würde aufzugeben. In den meisten Fällen ist der Partner die Anstrengungen, die Beziehung zu halten, gar nicht wert. Aber einem Beziehungssüchtigen ist im Notfall jeder dahergelaufene Typ recht. Es geht ja nicht um einen Menschen mit einem liebenswerten Wertesystem oder um tolle sexuelle Fähigkeiten. Es geht darum, die Sucht nach einer Beziehung zu stillen.

Kleiner Zwischeneinschub: Das Bedürfnis, sich zu binden, ist keine Beziehungssucht. Bindungswünsche sind ein seelisches Grundbedürfnis, das unglücklich machen kann, wenn es ungestillt bleibt. Aber beziehungssüchtig zu sein, bedeutet Bindung um jeden Preis. Die zwanghafte Orientierung auf einen Partner, von dem der Sinn des Lebens ersehnt wird, verhindert, dass der Beziehungssüchtige selbst seinen eigenen Platz in der Welt findet. Er erhofft sich ausschließlich vom Partner Antworten auf alle Lebens- und Wertfragen.

In der Überzeugung, dass eine Partnerschaft ihre einzige Chance ist, taumeln die einen von einer Trennung in die

nächste Katastrophenbeziehung, die anderen vegetieren mit einem unmöglichen Partner in einer desolaten Dauerbeziehung. Die innere Sicherheit einer reifen, innigen Liebe erleben Beziehungssüchtige nie. Wenn sie ihre Partnerschaften beschreiben, dominieren die Worte »Angst«, »Schmerz« und »Anspannung«.

Sehnen, Umarmen, Zurückstoßen, Sehnen

Angeblich war der Philosoph Arthur Schopenhauer kein umgänglicher Mensch. Vielleicht diente ihm sein eigener Charakter auch als Motiv dazu, eine Fabel zu schreiben, die in die Psychologie als »Stachelschwein-Dilemma« einging.

Stellen Sie sich erst einmal ein Stachelschwein vor. Es hat 20 bis 24 Kilo, seine Stacheln sind 30 bis 50 cm lang und bis zu sieben Millimeter dick. Wehe, wenn man von diesen Speeren verletzt wird. In Schopenhauers Parabel geht es darum, dass Stachelschweine Kälte nicht vertragen. Aber wenn sie sich zusammendrängen, um sich zu wärmen, verletzen sie sich gegenseitig mit ihren scharfen Stacheln. Also bleibt den armen Schweinen nichts anderes übrig, als wieder auseinander zu rennen.

Allein geht's nicht, zusammen aber auch nicht. Ganz wie bei den Menschen: Allein friert man, Nähe wird manchmal unerträglich. Klara und Ferdinand ergeht es so. Es gibt Zeiten, da ist das Pärchen unzertrennlich. Wer die beiden sieht, ist überzeugt: Die zwei sind ein Herz und eine Seele. Verliebt, harmonisch und glücklich.

Plötzlich ist alles anders. Ferdinand ist launenhaft, streitsüchtig und verletzend. Er nörgelt an Klara herum, knallt mit den Türen und ist so unfreundlich, als hätte sie etwas verschuldet. In diesen Phasen fragt sich Klara, warum sie sich das antut. Sie ist eine zärtliche und tolerante Partnerin, die in der Beziehung zu Ferdinand ihr Bestes gibt. Aber wenn der Alltag mit Ferdinand unerträglich ist, flüchtet Klara in ihre kleine Garçonnière. Dann vergehen ein paar Tage und Ferdinand feuert ein SMS nach dem anderen ab: »Ich liebe dich.« – »Ich brauche dich.«

Klara erinnert sich dann an Ferdinands gute Seiten, kommt zurück, und es ist wieder wunderschön. Dann geht alles von vorne los. Nähe, Verletzungen und Trennung. Dann wieder: »Ich liebe dich. Du bist alles für mich.« Jetzt wissen Sie, wie es weitergeht: große Liebe. Rückkehr, Nähe. Und wieder – Verletzungen und Qual – das Stachelschwein-Dilemma.

Nur für den Fall, dass Sie auch einmal so ein schreckliches Wechselspiel von Liebe und Verletzung erlebt haben und deswegen ins Sinnieren kommen, sollten Sie wissen: Stachelschwein-Partner können zwar unausstehlich sein, aber sie sehnen sich so sehr nach Wärme, dass sie sich meist in Partner verlieben, die Nähe gut zeigen können. Trotz ihres Nähebedürfnisses können sie damit aber nicht umgehen. Anfangs tut es ihnen unendlich wohl, ihr Bedürfnis erfüllt zu bekommen. Doch dann werden die wohlmeinenden Nähe-Signale als Verletzung der eigenen Grenzen empfunden und die Stacheln in Form von Unhöflichkeit oder gar Gemeinheit ausgefahren. Wer kann, weicht diesen Verletzungen aus. Allerdings treibt das Bedürfnis nach Wärme das Stachelschwein wieder zur Wärmequelle zurück und das Dilemma beginnt von vorne.

Das enervierende Hin und Her eines Stachelschwein-Paares kann eigentlich nur damit beendet werden, dass es die mittlere Entfernung herausfindet, die weder frieren lässt noch durch zu viel Nähe verletzt.

Das Gegenteil vom Stachelschwein-Dilemma ist das Harmonie-Dilemma

Viele Paare gehen derartig vorsichtig und rücksichtsvoll miteinander um, dass keiner mehr weiß, was der andere wirklich will. Anfänglich war Julius von Ninas harmonischem Wesen begeistert. Jetzt leidet er unter ihrem Ringen nach Einheit. »Nie redet sie Klartext. Und wenn ich es tue, kränkt sie sich«, klagt Julius.

Nina erwartet sich von Julius Übereinstimmung in allem. Denkt er einmal anders oder hat er andere Wünsche als sie, sieht Nina darin eine »Disharmonie« und ist verzweifelt. Diesen Kummer will Julius nicht ertragen, also schweigt er. Sogar ihre Körper sitzen stumm und sperrig nebeneinander. Dann herrscht totale Stille, nicht einmal ihre Blicke sprechen. Nach und nach normalisiert sich die Stimmung wieder – sie wird pseudoharmonisch. Was längst ausgesprochen werden müsste, bleibt ungesagt. Konflikte werden nicht gelöst, Differenzen nicht beigelegt. Es ist nur eine Frage der Zeit, bis diese Harmonieblase platzt.

Auch Karl schafft in seiner Ehe immer wieder eine Harmonieblase. Er hatte schon als Single ein starkes Bedürfnis nach Gleichklang. Nachdem er in seiner Firma etliche Kommunikationsseminare mitmachte, lernte er seine Lektion allzu gut: »In einem funktionierenden Team darf es keinen Streit geben.« Karl sieht seine Partnerschaft mit Britta als Team, also nur keinen Streit. Sobald ein klärendes Gespräch fällig wäre, kalmiert er: »Wir werden uns doch nicht streiten.«

Mit ihrer ausgeprägten Harmoniesucht machen Nina und Karl ihren Partnern das Leben schwer. Fehlt die Übereinstimmung, wittern sie sofort Gefahr für die Beziehung. Wenn der Partner anders denkt und fühlt, ist das auch deshalb beängstigend für sie, weil sie die Begegnung mit der

Freiheit des anderen mit eigenen Freiheitsmöglichkeiten in Kontakt bringt.

Mir ist schon klar, dass sich Liebende danach sehnen, Unterschiede aufzulösen. Die Vorstellung, immer dieselben Empfindungen zu haben, sichert vielleicht einen friedlichen Alltag. Aber wenn Unterschiede und Konflikte nicht ausgesprochen werden dürfen, entsteht eine gefährliche Harmonieblase, die irgendwann platzt.

Oft bringt ein anderes Paar durch sein Verhalten oder das offene Ansprechen eines heiklen, beschwiegenen Themas die Harmonieblase zum Platzen. Dann quillt das Verdrängte undosiert hoch und ist nur schwer handhabbar. Paare in einer Harmonieblase vermeiden daher oft den Kontakt mit anderen: Sie wollen verhindern, dass ihr Schutzkokon aufgebrochen wird.

Einem zu schnellen Einverständnis folgen ewige Vorwürfe

Partner in einer Harmonieblase treten oft lächelnd von eigenen Wünschen zurück. »Das ist eben Liebe«, heißt es wohlwollend. Bei diesem einverständlichen Glück bleibt es häufig nicht. »Du denkst doch seit jeher nur an dich«, hört Alfons von Sonja immer öfter. Alfons ist sauer: »Wie? Was? Wir waren uns doch immer einig.« Alfons zählt die gemeinsam gefundenen Lösungen auf: »Dass du nach dem zweiten Kind nur mehr halbtags arbeitest, war so ausgemacht.« – »Du warst nicht dagegen, von der Stadt wegzuziehen.« – »Wir haben gemeinsam beschlossen, dass ich diesen Job mache, weil er so gut bezahlt ist.«

Was hat Sonja dazu zu sagen? Vermutlich: »Ja schon, aber ...«

Aber was? »Aber eigentlich habe ich mir erwartet, dass du auch an mich denkst, wenn ich meinen schönen Beruf gegen einen langweiligen Halbtagsjob aufgebe/wenn ich mit den Kindern in der Peripherie sitze und nie in die City komme/wenn wir kein Wochenende mehr miteinander verbringen können.«

Nichts passiert in Beziehungen so leicht wie eine Zustimmung, die nicht konsequent zu Ende gedacht ist. Viele Partner schlittern in eine Krise, weil für den einen eine schnelle Zustimmung einer magischen Beschwörungsformel für ein harmonisches Miteinander gleichkommt. Der andere wiederum geht davon aus, dass alles paletti ist, weil in eine bestimmte Sache ja eh eingewilligt wurde.

Atmen Sie bei einer zustimmenden Haltung Ihres Partners nicht sofort erleichtert auf. Das dicke Ende kommt erst nach einiger Zeit. Versetzen Sie sich in die Situation des anderen und durchdenken Sie die Konsequenzen. Sagen Sie jetzt nicht: »Sie (oder er) ist alt genug und weiß, was sie (oder er) will.« Viele Frauen und Männer stimmen nur aus einem Anpassungsdruck einer Sache zu. Im Moment erleben sie diese Anpassung, die oft eine Verkrümmung eigener Bedürfnisse ist, nicht einmal in Widerspruch zu sich selbst. Erst später entstehen Unzufriedenheit und Zweifel an der Loyalität des Partners. Das ist vielleicht ungerecht, aber es ist so.

Hinter Bemerkungen wie »Du denkst immer nur an dich« steckt in den meisten Fällen die Sehnsucht nach mehr Fürsorge. Ich weiß, das ist ein altmodischer Begriff, aber er ist aktueller denn je. Fürsorge ist ein Kriterium der Liebe. Ohne elterliche liebende Fürsorge gedeiht ein Kind nicht. Wenn Sie seelisch oder körperlich krank sind, wird – abgesehen von der familiären Begleitung – eine Therapeutin oder ein Arzt für Sie sorgen. Für Ihre Befindlichkeit sind Sie zwar selbst verantwortlich, aber im Idealfall sorgt sich auch Ihr Partner um Sie.

Fürsorge übernehmen heißt nicht, dass er/sie den Weg, den Sie gehen sollen, an Ihrer statt geht. Für-Sorge ist eine »Weg-Weisung«, quasi nach dem Motto: »Ich helfe dir, dir selbst zu helfen.« Wer diese Erfahrung macht, wird seinem Gefährten vertrauen.

Toleranz ist gut, zu viel davon gefährdet die Partnerschaft

Kaum ist von Vertrauen die Rede, kommt auch Toleranz zur Sprache. Ohne Toleranz geht's nicht, das ist klar. Aber das Missbrauchspotenzial der Toleranz ist groß. Es schützt die Liebe nicht, sondern gefährdet sie. Jetzt schön der Reihe nach.

»Wenn Sabine tanzen gehen will, dann geht sie eben tanzen«, sagt Theo. »Da bin ich tolerant.« Guter Theo, braver Mann. Er will ein moderner Partner sein, Sabines Freiheitswünsche respektieren und damit Sabine in der Beziehung halten. Natürlich verletzt es ihn, wenn Sabine den Typen, der sie öfter abholt und heimbringt, hin und wieder auch ohne Discobesuch datet. Ein Rockkonzert da, eine Party hier. »Das magst du sowieso nicht«, beschwichtigt Sabine Theo. »Und mit einem Walker fühl' ich mich wohler.«

Theo weiß, dass ein Walker nur ein harmloser Begleiter ist, also kein Grund zur Aufregung. Aber es bedrückt Theo, dass es zwischen ihm und Sabine Lebensbereiche gibt, die sie nicht miteinander teilen. Sie interessiert sich nicht für Bücher, er kann ihr Spaß- und Unterhaltungsbedürfnis nicht nachvollziehen. Theo ahnt, dass Sabine mit ihrem Tanzpartner eine Lebendigkeit erlebt, die sie mit ihm nie hat. Aber Herrgott noch mal, er ist zehn Jahre älter als dieses lebensfrohe Geschöpf, da muss man im Namen der Liebe ein bisschen Schmerz und Angst erdulden.

»Hut ab vor Theo«, sagen die Freunde. »Er ist kein Spießer und alles andere als kleinmütig.« Theo ist im klassischen Sinn tolerant. Sabine macht von seiner Toleranz ziemlich unverfroren Gebrauch. Manchmal kommt sie erst um fünf Uhr früh nach Hause, Lippenstift verschmiert, BH-Träger verrutscht. Meistens ist Theo wach, hört Scherze, Lachen, Autotüren knallen. Wenn Sabine zu ihm ins Bett schlüpft, stellt er sich schlafend. Toleranz hat ihren Preis.

Was glauben Sie, wie diese Geschichte endete? Nichts ist so leicht wie die Vorhersage des Schlimmsten. Also: Theos Toleranz war für A und F. Nach zwei Jahren verließ Sabine den edlen Theo wegen ihres »Walkers«, der dieselbe Freude an Unterhaltung und Abwechslung hat wie sie. Sabine war über Theos Liebeskummer überrascht: »Es war ihm doch sowieso gleichgültig, wenn ich allein weggegangen bin und meinen Spaß hatte.«

Toleranz wird oft mit Gleichgültigkeit verwechselt, die Verteidigung eines Wertes mit Spießigkeit. Aber was ist daran schlecht? Im Mittelalter waren Spießer schätzenswerte Bürger. Sie verteidigten ihre Stadt mit Spießen, die sie aus ihren Kellern holten, wenn es »Alarm« gab. Wer ihren Frieden bedrohte, wurde gnadenlos verjagt. Sie verteidigten das, was ihnen wertvoll und lebenswichtig war. Ihre Stadt, ihr Eigentum, ihren Grund, ihre Häuser, ihre Werte.

Passiert es, dass in das kleine Universum der Zweisamkeit jemand einzudringen versucht, soll er auch mit Abwehr und Angriff rechnen: »Finger weg!«

Wenn es um den Wert der Liebe geht, dürfen wir durchaus ein bisschen spießbürgerlicher sein. Gravierende Unterschiede im Wertesystem eines Paares sind mit Toleranz oft nicht auszugleichen. Was der eine mit wehem Herzen toleriert, gibt dem anderen das Gefühl, ohnedies nicht wichtig und noch dazu unverstanden zu sein. In dieser Schräglage hat ein Dritter gute Chancen.

Angst und Unsicherheit erzeugen Gefühle, die mit Liebe verwechselt werden

Die Katastrophe bricht nicht von einem Moment zum andern aus. Eher ähnelt sie der Meeresflut, die auf eine Sandburg aufläuft. Erst brechen kleinere Teile der Sandburg weg, dann klatschen die Wellen heftiger, unterspülen die Mauern, schließlich bricht die Sandburg zusammen.

So geschah es auch mit Flora und Josef. Der Beginn ihrer Beziehung war wie im Bilderbuch. Aber bald reagiert Josef zunehmend gereizt. Je aggressiver er wird, desto mehr bemüht sich Flora um ihn. Die Phasen, in denen Josef aggressiv ist, werden länger, die Momente, in denen er Flora umarmt, seltener.

Flora verzwergt und wagt nicht, etwas für sich zu fordern. Es gibt Streit, Josef schubst Flora immer öfter, sie weint immer öfter. Einem Zusammenbruch Floras folgt eine leidenschaftliche Liebesbezeugung (»love bombing«), unmittelbar darauf wieder eine Auseinandersetzung.

Josef weiß, dass Floras Freundinnen gegen ihn sind. Sie fragen wiederholt: »Was bindet dich an diesen miesen Kerl?« Eine paradoxe Liebe, what else? Mit Druck, Aggression und Betteln unterbindet Josef Floras familiäre und freundschaftliche Kontakte. Die Beziehung wird dramatisch schlechter, stimuliert aber paradoxerweise immer mehr »Liebe« bei Flora.

Die Wurzeln dieser fatalen Reaktion liegen in der frühesten Kindheit: Jedes kleine Wesen ist auf eine Bezugsperson angewiesen, die seine Lebensbedürfnisse erfüllt. Egal, ob es Hunger hat oder Nähe braucht – nur die Mutter oder eine andere Bezugsperson kann diese angstvolle Bedürftigkeit befriedigen. Das erlebt das abhängige Baby (ursprünglich) als Liebe. Die Koppelung von Angst und Liebe erzeugt im Gehirn neuronale Spurungen, die im Erwachsenenalter in Abhängigkeitsbeziehungen aktiviert werden können. Auch die Gehirnwäsche der Militärs beruht auf einer Angst-Liebe-Koppelung. Im Koreakrieg wurden US-Gefangene erst gequält, dann gepflegt. Es dauerte nicht lang, und die Gefangenen waren den »freundlichen« Koreanern hündisch ergeben.

Eine paradoxe Liebe kann mit dem Prinzip der Gehirnwäsche provoziert werden: Isoliere einen Menschen, verwirre ihn, behandle ihn schlecht und wende dich ihm dann freundlich zu. Dadurch entstehen bei dem Opfer Gefühle für seinen Peiniger, die als Liebesgefühle daherkommen. Sie sind Liebesgefühlen ähnlich, aber es handelt sich um eine angstvolle kindliche Abhängigkeit, in der sogar Gewalt toleriert wird. In 22 von 40 Frauenmorden lebten die Frauen in einer paradoxen »Liebes«-Beziehung.

Paradoxe Liebesgefühle sind nicht »typisch weiblich«, auch Männer sind betroffen. Für Männer ist es besonders schwierig, paradoxe Liebe einzusehen, weil emotionale Abhängigkeit als unmännlich gilt. Sie wehren sich dagegen durch Entwertung, Gewalt und seelische Aggression.

So manche Frau dreht die Schraube einer paradoxen Bindung unbewusst weiter: Sie bemüht sich noch mehr darum, Liebe zu bekommen. Aber je duldsamer sie ist, umso abhängiger wird er, desto mehr muss er dieses bedrohliche Gefühl mit einer Aggression abwehren, die bis zum Femizid reicht. Frauen leiden bis zur Selbstzerstörung, Männer zerstören. Wir hören jeden Tag davon.

»Keiner hasst dich so wie ich!«

Die Geschichte einer Liebe, die zu Hass wurde, kann auch so klingen: Lisa hatte Johann von Anfang an gesagt, dass sie sich ihrer Gefühle nicht sicher sei. Er war überzeugt, ihre Zuneigung mit der Kraft seiner eigenen Liebe gewinnen zu können. Aber trotz seiner Anstrengungen verließ ihn Lisa wegen eines anderen. Nach verzweifelten Rettungsversuchen kippten Johanns Gefühle. So wie er Lisa aus ganzem Herzen geliebt hatte, hasste er sie nun. Er ließ sich zu Hass-Postings hinreißen, klebte Totenkopf-Sticker auf ihren Briefkasten, forderte seine Geschenke zurück und schwärzte sie bei der Steuer an. Sogar ihren Tod stellte er sich vor. Er wollte und konnte nicht einmal mehr ihren Namen aussprechen.

Hass ist ein glühendes Gefühl, aber gesteuert wird es ganz cool mit dem Kopf. Dem Opfer, das ins Visier eines Hassenden gerät, wird gezielt geschadet und überlegt Böses angetan. Je näher Opfer und Täter einander waren, umso dramatischer können Hassaktionen ausfallen.

Bevor Hass aufflammt, ist ein Ohnmachtsgefühl zu spüren, das Johann so beschreibt: »Ich habe alles versucht, aber da war keine Chance mehr für mich. Dass ich gar nichts mehr tun konnte, um Lisa umzustimmen, hat mich gelähmt. Mein Hass auf sie war wie eine Erlösung aus diesem Zustand.« Johann war besessen von »blindem« Hass – er konnte Tatsachen nicht mehr zur Kenntnis nehmen, Situationen nicht mehr realistisch einschätzen, nur noch hassen. Auch auf die Gefahr hin, sich damit selbst zu schaden.

Eine pervertierte Form des Hasses ist die Hassliebe. Ein Paar, das einander quält, besudelt und sich buchstäblich immer wieder »zusammenrauft«, ist oft durch Selbsthass aneinandergekettet. Hasspartner machen einander fertig, damit eine vermeintlich unverdiente Liebe erst gar nicht entsteht.

Um der Hölle einer Hassliebe zu entkommen, sind drei Schritte notwendig. Schritt Nr. 1 ist die Einsicht, dass der Hass aus einem selbst kommt. Der zweite Schritt besteht darin, die Selbstbejahung zu erlernen, zu der man bis jetzt nicht fähig war.

Kein Mensch kann sich hundertprozentig akzeptieren, aber das ist auch gar nicht notwendig. Jeder hat Schattenseiten, man muss sie – dritter Schritt – erkennen und lernen, damit umzugehen. Erst wenn sie nicht mehr verdrängt werden, müssen sie nicht mehr auf den anderen projiziert werden und man muss ihn nicht mehr so inbrünstig hassen.

Das tückische Spiel der Projektion: »Ich liebe dich, aber du mich nicht!«

Projektionen spielen in der Liebe eine große Rolle. Johanna prüft ständig, also wirklich bei jeder Gelegenheit, Michaels Liebe. Bedeutet es etwas, dass Sibylle hartnäckig behauptet, Helmut sei ganz versessen darauf, mit anderen Frauen Sex zu haben?

Zweifel sind berechtigt. Sibylle & Co unterstellen ihren Partnern Eigenschaften, die in ihnen selber stecken. Sie projizieren eigene Empfindungen auf den anderen. Auch ich projiziere. Sie machen es, jeder tut es. Um ungewollte Gefühle wie Schmerz, Schuld, Scham oder Angst von sich abzuwehren, aktiviert unsere Seele einen Kunstgriff – die Projektion. Bei diesem raffinierten psychologischen Mechanismus wird eigenen, ungewollten negativen Gefühlen der Zugang zum Bewusstsein blockiert. Aber Gefühle lassen sich nicht so leicht abwimmeln, sie werden nur nach außen verschoben, dem anderen angedichtet und dort bekämpft: »Ich liebe dich wie früher, aber du liebst mich nicht mehr.« »Ich hätte gerne Sex mit dir, aber du hast ja nie Lust.«

Damit Sie sich den Mechanismus einer Projektion besser vorstellen können, erzähle ich Johannas Geschichte. Erst ist Johanna verliebt und drängt Michael, seine Wohnung aufzugeben und zu ihr zu ziehen. Nach dem stürmischen

Anfang stellt sie seine Gefühle in Frage: »Wenn ich dich anrufe, klingt deine Stimme anders als früher.« »Du küsst mich nicht leidenschaftlich.« »Wahrscheinlich fehle ich dir nicht, wenn du beruflich unterwegs bist.« Es gibt keinen Grund, dass Johanna an Michaels Liebe zweifelt. Er ist ein guter, liebender Partner. Johanna steht nicht mehr auf ihn. Allerdings macht ihr ihre schwindende Liebe ein schlechtes Gewissen. Schließlich hat Michael ihretwegen sein Leben geändert und bemüht sich ernsthaft um die Beziehung.

Johannas Situation ist die klassische Voraussetzung für eine Projektion. Unsere Seele wehrt sich gegen Unbehagen, verleugnet Gefühle, die dafür verantwortlich wären und schiebt sie auf einen anderen. »Ich liebe dich wie am ersten Tag«, beteuert Johanna, »aber deine Gefühle für mich lassen nach.« Damit ist das heikle Thema sozusagen am Tisch und könnte bearbeitet werden.

Jetzt wissen Sie, wie es um Sibylle bestellt ist: Eigentlich ist sie es, die Lust hat, mit fremden Männern ins Bett zu gehen und neue erregende sexuelle Erfahrungen zu machen. Aber Sibylle schämt sich für ihre geilen Fantasien. Also wohin mit diesen lästigen Impulsen? Zu Helmut, logo. Was Sibylle über Helmut sagt, sagt mehr über Sibylle als über Helmut.

Die wichtigste Frage, die Sie sich im Zusammenhang mit wiederkehrenden Vorwürfen stellen müssten, lautet: »Was hat das, was mich am anderen so aufregt, mit mir zu tun?« Wenn Sie es schaffen, den Zusammenhang herzustellen, gewinnen Sie ein erstaunliches Stück Macht über sich selbst.

Emotionale Platzangst kann eine Vermeidungshaltung auslösen

Lilly geht nun schon das zweite Mal in ihrer angeblich glücklichen Beziehung zu Bertram fremd. Er ist ratlos: »Ich weiß, dass sie mich liebt! Warum passiert das ausgerechnet dann, wenn wir es besonders schön hatten?« Lilly bleibt ihm eine Antwort schuldig.

Noch eine Geschichte, dann die Erklärung. Bei Sophie und David gibt es immer wieder Streit aus heiterem Himmel. Er beleidigt und verletzt Sophie in einem solchen Ausmaß, dass Sophie lange Zeit braucht, bis sie sich David wieder öffnen kann.

Für diese unterschiedlichen Situationen gibt es oft eine einzige Antwort: emotionale Platzangst. Angst vor Nähe veranlasst manche Menschen zu einem rätselhaften Wechselkurs. Nach einer Ruhephase passiert ein Crash, der für Distanz sorgt, dann kommt wieder eine Ruhephase, und zwar sofort. Blöderweise endet der Krisenabschnitt manchmal sogar mit einer Trennung. Der Bruch steht dann in keinem Verhältnis zur Qualität der Beziehung. Aber wie bei der Platzangst, die einen Menschen aus einer Kinoschlange ausbrechen, aus einem Bus oder engen Raum davonstürmen lässt, brechen Menschen mit Angst vor Nähe eine zu »eng« gewordene Beziehung ab.

Emotionale Platzangst hat viele Gesichter: Widerstand gegen ein inniges Vorspiel oder jede Form des Kuschelns, Potenz- und Orgasmusstörungen, Überbewertung sexueller Aktivität, sich Abschotten mit Freunden, nur um nicht zu zweit sein zu müssen, ja sogar Arbeits- und Putzwut oder Alkoholexzesse können dazu benutzt werden, Zustände emotionaler Platzangst zu beenden.

Ursprünglich hat jedes Lebewesen ein starkes Bedürfnis nach Bindung und Nähe. Manchmal wird dieses unbändige Verlangen danach zu wenig gestillt. Mit dieser

Frustration kann und muss man fertig werden. Man sagt: »Ich brauche keine Nähe« – und erspart sich Enttäuschungen. Oder man versucht dauernd, doch die Nähe zu kriegen, nach der man sich so sehnt. Am Anfang haben also beide dieselbe Frustration, nämlich zu wenig Nähe. Aber jeder geht damit unterschiedlich um, der eine klammert, der andere hat emotionale Platzangst. Was soll so ein unglückliches Pärchen tun? Auseinanderrennen ist keine Lösung.

Am besten bewährt sich eine Therapie, die in der Verhaltenstherapie auch bei Platzangst angewandt wird: schrittweise Exposition. Beide lernen, das Vermeiden zu vermeiden. Der eine übt sich darin, Nähe immer besser auszuhalten, der andere lernt, Distanz immer leichter zu ertragen. In der Mitte trifft man sich.

Frauen haben Nähemöglichkeiten, Männer Distanzmanöver

Die goldene Mitte zu finden, wäre für Karl und Viktoria das Richtige.

Seit einem Jahr sind sie jetzt ein Paar und sie kennt noch immer nicht seine Eltern. Jedes Mal, wenn es fast so weit wäre, kommt etwas dazwischen. Karl muss dringend an einem Projekt arbeiten. Oder Karl wird Tage vor dem Zusammentreffen auf subtile Weise feindselig. Richtigen Streit gibt es nicht, aber ständig kleinliche Sticheleien. Viktoria leidet, weint, versucht, Einvernehmen herzustellen. Letztlich passt sie: »Es ist besser, wir sehen einander ein paar Tage nicht.« Die geplante Zusammenkunft mit seinen Eltern wird abgesagt. Karl atmet auf. Wieder einmal davongekommen.

Liebt Karl Viktoria nicht? Doch. Schon. Ja. Aber nicht in dem Moment, in dem er sich dazu bekennen sollte, da packt auch ihn die emotionale Platzangst. Nächste Frage: Warum macht Viktoria nicht Schluss? Klare Antwort: Weil er sich nach der Phase des Abstands, in der sich Viktoria zurückzieht, auf sie zubewegt: »Sei doch nicht so. Du weißt doch, dass ich dich liebe.« In dieser Phase hat Karl Angst, dass Viktoria ihn verlassen könnte. Er plant, mit ihr seine Oma am Land zu besuchen, er spricht von gemeinsamen Festen mit seinen Eltern. Sein Verhalten ist ein deutliches »Ja« zu Viktoria. Kaum hat sich die Beziehung wieder stabilisiert, versucht Viktoria neuerlich, auch ein formales Bindungssignal zu erkämpfen, und Karl drückt sich wieder.

Es ist kein Geheimnis, dass Männer justament dann Distanzmanöver inszenieren, wenn die Beziehung innig ist. Ich will so einen mühsamen Zickzack-Kurs nicht beschönigen, aber es gibt eine Erklärung: Buben erleben die innige Nähe und Abhängigkeit von der Mutter oft als Behinderung bei der Entfaltung ihrer männlichen Identität. Im Erwachsenenalter werden dann intensive Näheerlebnisse oft als Bedrohung erlebt – vor allem, wenn sie von anderen gespiegelt werden. »Ihr zwei gehört zusammen.« »Bei eurem ersten Kind bin ich Pate.« Großes Flügelschlagen: »Was denn, was denn! Davon ist doch noch keine Rede!«

Kleine Mädchen fühlen sich durch Näheerlebnisse in ihrer Identitätsentfaltung nicht so leicht bedroht – sie haben ja das gleiche Geschlecht wie die Mutter. Höchstwahrscheinlich ist das der Grund, warum sich Frauen leichter binden können und wollen.

Die Intimität, die durch erfüllten Sex entsteht, erleichtert es vielen Männern, vorübergehend an die Näheerfahrungen ihrer frühesten Kindheit anzuknüpfen. Aber kaum klingt die Erregung ab, wird die Angst davor, dass Gefühle der Verbundenheit die Männlichkeit bedrohen könnten, wieder wirksam. So wie Frauen über ein Reservoir an

Nähemöglichkeiten verfügen, haben Männer ein Reservoir an Distanzmöglichkeiten. Sie umgeben sich mit Freunden, schweigen, gehen weg, trinken Bier, sitzen am Computer oder zetteln einen Streit an.

Wer von Liebe redet, sich aber andererseits dauernd der damit verbundenen Verpflichtung und Verantwortung entzieht, sollte sich auch mit der heiklen Frage nach dem Wert der »langen Leine« auseinandersetzen.

Ist es klug, einem Partner Freiheiten zu geben?

Die fieseste Rolle im Leben spielt ja oft das Leben selbst. Justament dann, wenn alles so läuft, wie man es erträumte, kommt – »Peng!« – die unerwartete Wende. Dazu gehört die Sache mit der »langen Leine«. Die Geschichte von Peter kommt mir da gelegen.

Peter wollte einmal allein Urlaub machen. Argumente dafür hatte er genug. 1. Wenn man das ganze Jahr zusammenpickt, steht einem ein bisschen Freiheit zu. 2. Schließlich ist man ja nicht nur Teil eines Paares, man ist auch ein Individuum, das Anspruch auf einen eigenen Lebensraum hat. Blablabla.

Hätte Marie um einen gemeinsamen Urlaub betteln sollen? Hätte sie Peter verbieten sollen, allein wegzufahren? Will sie einen frustrierten, von Freiheit träumenden Mann an ihrer Seite? Marie entschloss sich, Peter an der langen Leine zu lassen. Nur wer weg geht, kann auch zurückkommen.

Bevor Peter loszog, hätte er der Welt ein Loch reißen können. Freiheit! Endlich! Heute sagt er, dass er schon am ersten Abend, als er allein beim Essen saß, an den letzten Skiurlaub mit Marie dachte und Heimweh nach der Zweisamkeit mit ihr spürte. Der Himmel war blau, der Schnee glitzerte, aber die Tage ohne Marie waren untergründig freudlos. Das Gesetz der langen Leine wirkte – Peter fühlte sich in seiner Freiheit verloren. Sie lockte nicht mehr, die Frauen in der Hotel-Disco waren nicht so reizvoll wie in seinen Fantasien. Das Prinzip »lange Leine« ist ein simples, aber wirksames Beziehungsgesetz: Gib dem anderen seine Freiheiten und er geht nicht weg. Das ist leicht gesagt, aber schwer durchzuhalten.

Richard weiß seit jeher, dass Ulla mehr Freiraum braucht als er. Er sucht Nähe, sie geht auf Distanz. Nähe-/Distanz-konflikte haben nicht zwangsläufig mit mangelnder Liebe des Distanzbedürftigen zu tun. Ich vergleiche unterschiedliche Bedürfnisse mit dem Empfinden für Zimmertemperatur: Wenn sich mein Liebster bei 20 Grad Raumtemperatur wohlfühlt, ist mir kalt.

Zurück zu Ulla und Richard. Ulla genießt Trödel-Abende alleine und geht ab und zu gerne mit einer Freundin zum Italiener. Ulla braucht eine lange Leine, Richard kann sie ihr nicht geben. Wenn sie nicht bei ihm ist, schickt er im Stundentakt WhatsApp-Nachrichten: »Wie geht's? Was machst du?« Antwortet sie nicht sofort, setzt er nach: »Wo bist du denn?« Je mehr Richard versucht, die Leine kürzer zu halten, desto mehr zerrt Ulla daran, um Raum zu kriegen. Nicht erst einmal endete der Kampf um eine längere oder kürzere Leine mit beidseitiger Resignation: »Du klammerst.« – »Ich friere neben dir.«

Partner an der langen Leine zu führen, ist kein Kinderspiel. Verlustängste, Selbstunsicherheit und Eifersucht verführen immer wieder dazu, die Leine kurz zu halten. Das ständige Freiraumgerangel endet oft in einer zerrütteten Partnerschaft.

Einen Beziehungs-Crash könnten Sie vermeiden, wenn Sie von Anfang an den Spielraum, den Sie beide brauchen, durch drei Fragen klarstellen: »Was will ich?« – »Was kann

ich?« – »Wo gibt es für uns beide einen Kompromiss?« Das
ist nicht bequem, aber Leinenkämpfe sind noch unbequemer.

Ungeduld ist in Wahrheit oft verdeckte Mutlosigkeit

Während ich das Wort Geduld schreibe, fällt mir auf, wie
altmodisch es anmutet. Wer hat heute noch Geduld! Alles muss schnell gehen, Geschwindigkeit ist ein Kriterium
unseres High-Tech-Zeitalters. Höchste Zeit, dass ich einmal sage, wie wertvoll Geduld ist und wie negativ sich Ungeduld in der Liebe und beim Sex auswirkt.

Ungeduld hat auch mit Mutlosigkeit zu tun. Ein Mutiger hat nicht nur das Ziel im Kopf, sondern auch den Weg
dazu. Er kann sich etwas versagen und aufschieben, zum
Beispiel den eigenen Orgasmus.

Da fällt mir Jakob ein, von dem in seiner Clique mit Bewunderung gesagt wird: »Er kam, sah und f…te.« Jakob
verdankt seine zahlreichen Erfolge bei Frauen dem Umstand, dass er gut erobern kann. Halten kann er nichts.
»Erst hat er mich überrannt«, sagt Patrizia. »Ich war aber
noch unsicher und hätte bei ihm Sicherheit spüren müssen.
Aber bei ihm war sofort die Luft draußen.« Das ist bei Ungeduldigen übrigens ganz charakteristisch – wenn sie nicht
gleich ankommen, geben sie auf. Abwarten, Dranbleiben,
Aufbauen gibt's nicht.

Viele Nicht-Könner sind Ungeduldige, die nicht gelernt
haben, Widerstände zu überwinden. Verwöhnt als Kind,
ungeduldig und schnell entmutigt als Erwachsener. Marie
ist so ein Mensch. Kaum steht sie vor einem schwierigen
Lernprozess, klickt sie sich weg: »Das kann ich nie.« Ihr fehlt
nicht nur bei der Arbeit ein großer Spannungsbogen, sondern auch in Beziehungen. Sobald sie Energie aufbringen

muss, um sich an einen Partner anzupassen, schmeißt sie alles hin: »Das wird nichts.«

Ich weiß, dass sich die Idee der Anpassungsarbeit mit der Illusion der großen, perfekten Liebe nicht verträgt. Aber ohne geduldige Feinabstimmung ist eine reife Dauerbeziehung nicht möglich. Anpassung hat evolutionsgeschichtliche Bedeutung. Zum Beispiel gingen bei den Vögeln die schweren Zähne verloren und die Knochen wurden hohl, um die Flugleistung zu optimieren.

Oft ist die Ungeduld, endlich die Liebe des Lebens zu finden, so groß, dass in einer neuen Bekanntschaft unterschiedliche Wünsche oder Standpunkte nicht bearbeitet werden. Dann genügt schon eine kleine Belastung, die Seifenblase platzt und die ungeduldige Partnersuche geht weiter.

Große Künstler und Wissenschaftler beißen sich oft jahrelang durch, bis sie ein Werk geschaffen und ihr Ziel erreicht haben. Auch in der Liebe wird einem nichts geschenkt.

Anstrengung und Beharrlichkeit lohnen sich – lohnt sich auch Mitleid?

Ohne geduldiges Bemühen kann sich Liebe manchmal nicht entfalten. Aber Bemühen und Mitleid auf eine Karte zu setzen, ist heikel. In meinen Praxisstunden höre ich immer wieder Sätze wie: »Eigentlich habe ich nur aus Mitleid mit ihm geschlafen« oder »Ich bin nur noch aus Mitleid mit ihr zusammen.«

Kurt schwor unzählige Male, dass er eigentlich mit Josefine leben will und bloß aus Mitleid mit Anita zusammen sei. »Sie lebt nur für mich. Sie ist ein Hascherl, ich habe Mitleid mit ihr.«

Kurts Rücksicht und Einfühlsamkeit beeindruckten Josefine. Er ist ein guter Mensch, sagte sie sich. Ich muss Geduld haben. Zufällig lernte sie Anita kennen. Schon nach Minuten erkannte Josefine, dass diese selbstbewusste starke Frau kein armes Hascherl ist. Anita braucht Kurts Mitleid nicht. Aber warum benutzte Kurt nicht eine andere Ausrede dafür, dass er in Wahrheit gar keine Trennung will? Die Antwort ist simpel: Weil Mitleid reingeht.

Mitleid gilt als Tugend, als moralische Stärke. Damit punktete Kurt bei Josefine. Sie schenkte ihm ihre Wertschätzung sozusagen als Blankoscheck des Vertrauens. Hätte Kurt eingestanden, dass er eigentlich nur ein raffinierter Seitenspringer ist, hätte Josefine ziemlich schnell genug von ihm gehabt.

Einerseits wird Mitleid hochgeschätzt, andererseits wird in der Liebe gerne darauf verzichtet. Als Charlotte die Diagnose einer chronischen Krankheit bekam, machte ihr Thomas den Heiratsantrag, auf den sie früher jahrelang gehofft hatte. Jetzt lehnte sie ihn ab. Thomas konnte sich Charlottes Reaktion nicht erklären, ich schon: »Wenn er mich nur aus Mitleid heiratet«, meint sie, »ist das eine Bankrotterklärung der Liebe.« Charlotte hat Recht: Thomas' Mitleid war bestenfalls Nächstenliebe. Charlotte spürte das Distanzierende darin, sie fühlte sich nicht der »richtigen« Liebe wert.

Ich komme aus einer Generation, in der es unter Verwandten und Freunden noch Kriegsversehrte gab. Ein Wahlonkel von mir hatte im Krieg einen Arm verloren. Das Schlimmste, was man ihm antun konnte, war mitleidiges Verhalten. Auch wenn es noch so gut gemeint war, fühlte er sich in dem Moment nicht gleichwertig. Natürlich reagierte er überempfindlich, aber dieses Gefühl der Unterlegenheit, ja sogar Minderwertigkeit, erlebe ich in Paartherapien immer wieder, wenn ein Partner eine gut gemeinte Mitleidsbekundung des anderen ablehnt.

Es gibt noch ein Mitleidsphänomen, mit dem ich in meiner Praxis regelmäßig zu tun habe: Mitleidsschwärmerei. Mitleidsschwärmer opfern sich für einen Menschen auf, dem es gerade dreckig geht. Kaum ist er wieder auf den Beinen, wird er uninteressant. Dass Tragödien für Außenstehende große Anziehung haben, erkennt man spätestens, sobald sich Schaulustige um ein Unfallgeschehen scharen. Neu ist diese Neigung nicht. Friedrich Schiller schrieb schon *Über den Grund des Vergnügens an tragischen Gegenständen.* Auch Rousseau brachte es auf den Punkt:

»Das Mitleid ist süß, weil man, während man sich an die Stelle des Leidenden versetzt, trotzdem gleichzeitig das Vergnügen empfindet, nicht einem gleichen Leiden unterworfen zu sein.«

Vom Reden, Schweigen und Verhandeln

Auf dem Diwan von Prof. Sigmund Freud liegt Bertha Pappenheim. Sie erzählt von ihren Sehstörungen, Gehbeschwerden und Angstzuständen. Während sie ihre Probleme ausspricht, durchlebt sie die dazugehörigen Gefühle noch einmal und »reagiert« sie auf diese Weise ab.

Die Redekur (»talking cure«) und deren reinigende Wirkung wurde zu einer Säule der Psychotherapie. Aber auch ohne Therapie steht fest: Reden bringt fast immer was.

Schweigen ist Gift,
Reden kann Medizin für Körper und Seele sein

Herzschmerz kann man sich buchstäblich »von der Seele reden«. Meine Liebeskummer-Studien zeigen, dass bei denjenigen, die einen Ansprechpartner haben, die einzelnen Phasen des Trauerprozesses kürzer sind. Die Unglücklichen, die alles in sich hineinfressen, trauern länger.

»Wer nicht spricht, zerbricht!«, das gilt erst recht in einer Entfremdungskrise. Dazu die aktuelle Geschichte von Helena und Thomas. Bei einem Abendessen spricht Helena unerwartet von Trennung, Thomas ist fassungslos: »So schlecht ist unsere Beziehung doch nicht.« Wirklich nicht? Können zwei Menschen ein und dieselbe Sache so unterschiedlich erleben? Ja, wenn es zu einer Paar-Abwehr kommt. Dann gibt es nur noch harmlose »Small Talks«. Signale und Zeichen der Entfremdung werden nicht wahrgenommen oder umgedeutet, um Angst und Schmerz zu verhindern.

Oft versucht der Körper mit »unerklärlichen« Symptomen das Verdrängte doch irgendwie zur Sprache bringen – er ist klüger als der Kopf.

Empathie ist im Beruf und im Liebesleben der Erfolgsfaktor Nr. 1

Reden ist nicht gleich Reden. Ein Small Talk ist die kleine Erfrischung zwischendurch. Man plappert irgendwas daher, und aus. Oder man fasst Mut und führt ein empathisches Gespräch. Einfühlungsvermögen wird gerne als Erfolgs- und Weltverbesserungsfaktor hochgejubelt, andererseits wird Empathie im Alltag auf phrasenhaftes

Mitfühlen reduziert oder mit Mitleid verwechselt. Empathie ist mehr.

Vereinfacht gesagt ist Empathie die Fähigkeit, die eigene Perspektive aufzugeben und sich mit Hirn, Herz, Vernunft und sogar körperlich in einen anderen hineinzuversetzen. Die schlimmste Empathie-Sünde ist das Abschasseln mit platten Phrasen:»Diesen Typ Mann mochte ich nie«, »Pfeif einfach drauf.« Empathische Menschen nehmen sich Zeit für das Thema des anderen und hinterfragen seine Gefühle:»Hast du Angst, allein zu bleiben?«,»Ist dir diese Geschichte vor den Kollegen peinlich?«

Empathieforscher vergleichen Empathie mit einer Form des Gedankenlesens und des intuitiven Erfassens der Körpersprache und -signale. Den entsprechenden Satz höre ich oft von Frauen, die sich von einem Schlitzohr finanziell ausbeuten ließen, immer wieder:»Ich habe mich so verstanden gefühlt.« Bei einem Empathie-Symposium beeindruckte mich, dass nicht nur»gute« Menschen empathisch sind. Heiratsschwindler und ausgeklügelte Kriminelle sind oft sogar sehr empathiebegabt.

Mein Diskussionsbeitrag zum Phänomen der Empathie war bei dem Symposium Martins Geschichte. Martin ist nicht auffallend attraktiv, nicht überdurchschnittlich gebildet und nicht besonders potent. Trotzdem schwärmten alle Frauen, mit denen Martin im Bett war, von ihm.»Wir waren einander so nahe«, sagten manche. Sogar der Ausdruck »Sex-Gott« fiel. Ein Kollege schmunzelte und meinte, dass es beim Sex halt kein besseres Gleitmittel gäbe als Empathie. Martin erfasst nicht nur mit seinem Hirn, was in einer Frau vorgeht, er spürt es mit seinem Körper und seiner Seele. Neurowissenschaftler bestätigen, dass sich zwei Menschen empathisch verkoppeln und synchronisieren können.

»Brain-to-brain Coupling« (die Verbindung zweier Gehirne) **und die biologische Basis der Empathiefähigkeit wurden**

erst kürzlich zwischen Mutter und Kind nachgewiesen. Das war zu erwarten. Für guten, erfüllten Sex gibt es keine bessere Voraussetzung als die Hirn-zu-Hirn-Koppelung. Dass diese Koppelung auch bei Betrügern und Heiratsschwindlern funktioniert, sollte uns allerdings vorsichtig machen.

Die »neue Ehrlichkeit« bestimmt den Beziehungsalltag

Empathie setzt eine gewisses Maß an Offenheit voraus, zu viel davon ist allerdings toxisch. Susannes Geschichte macht das schmerzlich klar. Susanne wollte wissen, warum sie keine Geschwister hat. »Ich wollte dich auch nicht«, gestand die Mutter. »Zwei Abtreibungsversuche habe ich gemacht. Aber keiner hat geklappt.«

Kein »Gottseidank, dass es dich gibt«. Kein Wort davon, dass die missglückten Abtreibungsversuche eigentlich ein Segen seien. Die Botschaft, die bei Susanne ankommt, ist vernichtend: »Eigentlich ist es ein Pech, dass du lebst.«

Lukas trieb es jahrelang in der Welt herum. Er war in der internationalen High Society und auch in der Unterwelt zu Hause. Sein Geld machte er mit dunklen Geschäften und auch durch schöne Frauen, die er in Südamerika auf den Strich schickte. Aber Lukas wurde ein anderer, besserer Mensch. Als Laura über das Heiraten sprach, gestand er ihr alles. Wirklich alles. Was sie da zu hören bekam, machte ihr Angst. Laura brach die Beziehung ab.

Noch eine Geständnis-Geschichte. Nach fünfzehn Jahren zerbrach die Ehe von Barbara und Max. Tochter Sophie hielt die liebevolle Beziehung zum Vater aufrecht. Zum 21. Geburtstag gestand er ihr, dass er gar nicht der leibliche Vater sei. Das sei ein Schwede, mit dem Sophies Mutter in betrunkenem Zustand während eines Sprachurlaubes nur einmal geschlafen hatte.

Was für überflüssige Geständnisse! Für Susanne und Sophie waren sie Seelenmord. Nicht akzeptiert oder verraten worden zu sein, ist für den Selbstwert vernichtend. Aggressionen, Zynismus und Kälte können die Folgen darstellen und das Leben des Betroffenen vergiften. Laura und Lukas trifft es nicht ganz so hart, aber ein Vertrauensproblem haben jetzt beide. Sie vermutet hinter jedem erfolgreichen Mann eine kriminelle Vergangenheit, er glaubt, dass es wirkliche Nähe zwischen Mann und Frau nicht gibt.

Auch wenn wir heute in einer Geständniskultur leben, in der schon in Nachmittags-Shows vor Millionenpublikum die abstrusesten Geständnisse gemacht werden, behaupte ich: Die Erwartung, dass absolute Freimütigkeit und Offenheit Nähe erzeugt, ist unangebracht. Mit der kirchlichen Beichte entstand zwar die fixe Idee, dass Enthüllung zwischenmenschliche Harmonie erzeugt, aber sorry, das funktioniert meist nicht. Radikale Selbstoffenbarung gegenüber einem Menschen, der dazu gar nicht bereit ist, macht weder frei noch ermöglicht sie Selbstkenntnis.

Der Zwang zu gestehen ist oft ein Hinweis auf eine Angst vor dem eigenen Fühlen. Unfreiwillige Beichtabnehmer sind mit dem, was sie zu hören kriegen, fast immer überfordert. Sie können weder auf seelische Nöte, Ängste und Schuldgefühle objektiv reagieren, noch können sie die ersehnte Absolution erteilen.

Eine absolut schonungslose Beichte ist bei einem professionellen Geheimniswahrer – einem Kirchenmann oder einer Psychotherapeutin – besser aufgehoben als beim Partner. Anstatt Nähe werden nur Kränkungen, Ängste und Misstrauen verursacht. Besser, man gesteht nur das, was der andere verkraften kann.

Der Wohlfühlfaktor in der Liebe
ist Verhandlungssache

Wir alle wissen, dass es Empathie leichter macht, zum richtigen Zeitpunkt zu schweigen oder sich »zusammenzureden«. Aber wie geschieht das eigentlich?

Philipp und Claudia schlafen seit einiger Zeit miteinander. Ob sich Philipp als Partner gebunden fühlt, weiß Claudia nicht genau. Sie jedenfalls möchte, dass sie ein Paar werden. Claudia ist eine coole, junge Frau. Sie sagt, was sie denkt.

Philipp meint, dass er zwar auch verliebt sei, aber Bindungsbedenken habe. Er ist ja grad erst geschieden, beruflich will er sich umorientieren, vage Auslandspläne gibt es auch, und überhaupt.

Claudia versteht, dass er sich nicht Hals über Kopf in eine formale Beziehung stürzen will. Aber sie will sicher sein, dass er nicht auch mit einer anderen Sex hat oder sich womöglich weiterhin nach neuen Bekanntschaften umschaut. Und den bevorstehenden Urlaub will sie auch nicht mehr alleine planen müssen.

Philipp sieht das ein, aber er will Claudias Eltern nicht als Schwiegersohn vorgeführt werden. Außerdem braucht er jetzt viel Zeit für sich, ohne ein schlechtes Gewissen haben zu müssen. Das gesteht Claudia ihm zu. Aber …

Stopp, was tun Claudia und Philipp da? Sie verhandeln. Das klingt zwar prosaisch, aber Verhandeln gehört zur Liebe wie das Salz ins Meer. Manchmal ergibt sich das Verhandeln ganz harmonisch, manchmal geht es dabei zu wie in einem orientalischen Basar.

Ich verfolge seit vielen Jahren die Art, wie Krisen-Paare um einen Wohlfühlfaktor in ihrer Beziehung feilschen. Wie viel Freiheit braucht der eine? Wie viel Bindung, Nähe, wie viel Distanz muss sein? Wer übernimmt welche Pflichten? Wo ist meine sexuelle Grenze, wo deine? Ohne

Verhandlungsmoral ist die Welt der sexuellen Vorlieben schon lange nicht mehr denkbar. Sadisten und Masochisten handeln sich klar und deutlich aus, wie weit ihre Spiele gehen dürfen.

Emotionale und sexuelle Beziehungsmuster zu verhandeln ist die häufigste Methode, um um die Liebe zu kämpfen. Verhandeln ist auch für eine Zeit charakteristisch, in der weder Traditionen noch Knigge und schon gar nicht Gesetze das Zusammenleben regeln.

Dass die Verhandlungsmoral oft unter die Gürtellinie abgleitet, ist kein Geheimnis. Zum Beispiel wird die sogenannte »Brinkmanship«-Strategie (»brink« = Rand eines Abgrunds, »manship« = Geschick) zwar tabuisiert, deswegen aber nicht weniger häufig praktiziert: Man geht bis zum Äußersten und zwingt den anderen mit Drohungen zum Nachgeben. Als Alexander erklärte, dass er kommen und gehen will, wie es ihm passt, drohte er Lilly, die Beziehung zu beenden, falls sie nicht einwilligt. Lilly hat sich noch nicht entschieden, denn ohne Alexander könnte sie nicht in dem Wohlstand leben, den sie will und den er ihr ermöglicht.

Wir leben in einer Zeit der Verhandlungsmoral. Faires Verhandeln unter ebenbürtigen Partnern stellt die Balance von Freiheit und Bindung her.

»Ich liebe dich« ist der magische Spruch der Sicherheit

Ich liebe dich. Zwölf Buchstaben, die es in sich haben. Kein noch so süßes Emoji, keine noch so schönen Worte haben die Wucht dieses ausgesprochenen Liebescodes. »Ich liebe dich« kann die Welt verändern. Ich habe es selbst gespürt und oft beobachtet. In etwa so:

Ein Paar bei mir in der Praxis. Sie (ihre Augen flehentlich auf ihn gerichtet): »Sag, dass du mich liebst.« Er (windet sich): »Du weißt es doch.« Sie (bettelnd): »Dann sag es.« Er (schief lächelnd): »Natürlich hab' ich dich lieb.« Sie (tränenerstickt): »Ich will, dass du es richtig sagst. Richtig!«

»Ich liebe dich« ist ein Bekenntnis mit Konsequenzen: »Erst wenn der andere sagt, dass er mich liebt, bin ich in Sicherheit.« Nach dieser Sicherheit hungern wir seit allerfrühester Kindheit. Momente, in denen einem hilflosen Baby das Bedürfnis nach Nähe oder Sättigung nicht erfüllt wird, bedeuten Todesangst. Gehalten und genährt werden ist für Babys die Sprache der Liebe. Später wird »Ich liebe dich« zum magischen Spruch der Sicherheit.

Zweifeln Sie trotzdem nicht an den Gefühlen eines Verweigerers der Liebescodes. Vielleicht kommuniziert er Liebe mit kleinen Gesten. Misstrauen Sie eher den Typen, die schon nach einer feuchtfröhlichen Nacht oder oberflächlichen Chats behaupten: »Ich liebe dich.« Vollmundige Versprechen werden halt nicht nur auf Lebensmittelpackungen gemacht.

In der Hitze des Gefechts steckt oft eine geheime Sehnsucht

In unserer Welt werden dauernd SMS, WhatsApps und Emojis abgefeuert, da schreibt man auch schnell was von Liebe. Moderne Kommunikation läuft zunehmend schriftlich ab, »Texten« geht vor Reden. »Ich liebe dich.« auszusprechen fällt schwer, aber auch Streiten ist kein Bemmerl.

»Es gibt fast nie einen echten Grund zu einem Streit«, sagt Marie, »aber Tobias gelingt es immer wieder, etwas zu inszenieren.« Es sind unschöne Szenen, die dann stattfinden.

Verletzende Worte, Unterstellungen, Geschrei. Irgendwann kippt die Streitsituation. Nicht alle, aber viele Streits enden im Bett. Es sind intensive sexuelle Umarmungen, aber mit einem unerklärlich bitteren Nachgeschmack. Auch Tobias braucht den Streit. Er ist ein unsicherer Mensch, der Angst hat, nicht wirklich geliebt zu werden. Wenn Tobias als Kind eine schlechte Note nach Hause brachte oder in der Schule mit einem Gleichaltrigen raufte, bestraften ihn die Eltern mit Liebesentzug. Dazu gehörten tagelanges Schweigen und allein essen müssen. Mit seinen inszenierten Streits will Tobias den Beweis, dass er auch dann geliebt wird, wenn er »schlimm« ist.

Ich kenne Frauen und Männer, für die Streit und Distanz Mittel zur Nähe sind. In solchen Partnerschaften wird beim Streiten eine Initialenergie frei, die »Versöhnungssex« und Nähe ermöglicht. Es ist, als ob ein brennendes Streichholz an eine Lunte gehalten wird, und flutsch, schon brennt es. Danach ist Frieden angesagt. Wenn nur einer auf durch Streit befeuerten Sex steht, kann das für den Gefährten eine ziemlich belastende Herausforderung sein.

Nach außen hin ist der Seelenfrieden schnell wieder hergestellt. Aber der Scheinfrieden täuscht. Konflikte lassen sich nicht wegvögeln. Probleme werden im Bett nie gelöst, sie werden höchstens unters Bett gekehrt.

»Whataboutism« – das ungute Streitmanöver

Ulrich ist fremdgegangen. Nein, es war nichts Ernstes. Nein, es wird nie wieder vorkommen. Ehrlich, es war nur einziges Mal. Ja, er bereut es. Ulrich findet die Diskussionen mit seiner Gefährtin langsam fruchtlos. Diese Vorwurfsmiene ist ja unerträglich. Eine Frau muss auch verzeihen können. Außerdem – was ist mit Johannes, der seit einem halben Jahr eine Geliebte hat? Eine fesche Blondine, noch keine 40. Zweimal in der Woche gehen sie miteinander ins Bett, die Spatzen pfeifen es schon von den Dächern. Dagegen ist doch das, was Ulrich passierte – wirklich passierte, denn geplant hat er im Gegensatz zu Johannes diesen kleinen Fehltritt nicht – eine Lappalie. Ein Klacks ist das gegen das, was Johannes seiner Frau antut. Johannes verrät seine Beziehung, das hat Ulrich nie getan, nie. Im Gegenteil, für ihn gibt es eigentlich nur eine einzige Frau. Traurig, dass er das extra sagen muss.

Um ein Gespräch zu torpedieren und gleichzeitig die Last des eigenen schlechten Gewissens zu erleichtern, liefert so mancher Seitenspringer einen anderen Untreuen ans Messer. Hören Sie, was Barbara ihrem Freund entgegnete, als er dahinterkam, dass sie schon seit einiger Zeit ziemlich intim mit einem Typen chattet. »Und was war das mit dir und deiner Bürokollegin? Wer hat damals Herzerl-SMS verschickt?« Peinlich war das, echt peinlich! Erst unlängst erfuhr ich von einer besonders häufigen Variante des »Whataboutism« – das Messen mit zweierlei Maß. Christian hatte während eines Auslandssemesters eine Affäre, seine Freundin Anna auch. Christian empfand seinen eigenen Sündenfall harmlos, aber den von Anna als Verrat.

Liebe Freunde, bei Christian, Ulrich und Barbara haben wir es mit klaren Fällen von Whataboutisms zu tun. Ärgern Sie sich nicht, falls Sie davon noch nie etwas gehört haben. Der Ausdruck kommt aus dem englischen »What about …?« – »Was ist mit …?« und ist erst durch Politiker ins Gespräch gekommen. Der rhetorische Trick besteht darin, die Aufmerksamkeit von einem eigenen Vergehen auf Fehler des Gegenübers oder eines anderen zu lenken. Ulrich und Barbara werden von ihren jeweiligen Gefährten kritisiert, und was tun sie? Sie sind nicht einsichtig, sondern weisen auf ähnliche oder sogar noch größere Vergehen des Kritikers hin.

Im *Duden* hat »Whataboutism« erst seit Kurzem einen Eintrag, aber die einfachste und älteste Form davon kennen Sie: »Kehr doch erst einmal vor deiner eigenen Tür.« Der unsachliche Umgang mit Kritik ist nirgendwo mehr verbreitet als in der Welt der Liebe. Wenn wir ehrlich sind, ist die ganze Beziehungslandschaft vermint. Im Treueverhalten, bei den Sexgewohnheiten, im täglichen Umgang – überall kann man schuldig werden. Einsicht und Verhaltensänderung sind schwieriger als sich mit Angriff zu verteidigen. Neu ist die Variante, dass der Vergleich zwischen dem eigenen Fehlverhalten und dem eines anderen, schwereren Vergehens das persönliche Versagen relativieren soll.

»Ich bin vielleicht schwach, aber XY ist ein Schwein.« Das eine oder andere Mal wirkt Whataboutism tatsächlich. Aber auf Dauer wird der rhetorische Kunstgriff durchschaut. Man merkt die Absicht und ist verstimmt.

Noch schlimmer als die Verteidigung durch Angriff ist tödliches Schweigen

Veronika und Stefan. Ein Paar in der besten Zeit ihres Lebens. Würde eine versteckte Kamera sie beobachten, könnte man meinen, es gäbe Probleme mit dem Ton. Außer dem Doppelpiepsen eines ankommenden SMS, dem eiligen Eintippen einer Antwort und dem Rascheln der Zeitung hört man keine Worte. Nach langem Schweigen hin und wieder ein leises Hüsteln von Veronika und ein hilfloser Versuch, ein Gespräch in Gang zu bringen.

Ich kenne die Atmosphäre, die schweigende Paare verbreiten. Tödliche Stille. Es ist kein einvernehmliches

Schweigen, das spürt jeder. So stellt man sich einen Krisengipfel vor.

Schweigen und »Mauern« sind die Waffen eines kalten Krieges. »Was hab' ich eigentlich getan?«, unterbricht Veronika die tödliche Stille. Stefan wirft ihr einen Blick zu, der töten könnte. Von Stefans Seite nur ein Zucken der Mundwinkel, ein Hochheben der Brauen, ein schiefes Lächeln. Eine perverse Kommunikation. Veronika ist zum Heulen zumute. Nach Tagen fließen die Tränen. Dafür wird sie von Stefan noch einmal bestraft: »Sei nicht hysterisch! Ich hab' doch kein Wort gesagt.« Eben.

Veronika kann noch so strenge Selbsterforschung betreiben, ihr wird nicht einfallen, was sie angestellt haben könnte. Daran, dass sie vor Tagen darauf vergessen hat, ihn nach seinem Anruf sofort zurückzurufen, denkt sie nicht. Aber Stefan fallen dazu gleich noch andere Vergehen ein. Im Italienurlaub hat sie für ihn kein Eis von der Strandbar mitgenommen. Vorige Woche hat sie ihn beim Heimkommen nicht begrüßt, sondern mit ihrer Freundin weitertelefoniert. Bagatellen, aber für Stefan Grund genug, seine Frau anzuschweigen.

Das mauernde Schweigen in einer Beziehung ist eine der fiesesten Methoden, die Geschichte und verdeckte Ängste – »Liebt sie mich nicht mehr?« »Denkt er an eine andere?« – umzuschreiben. Anstatt ein harmloses Ärgernis offen anzusprechen, wird durch das Schweigen beim anderen schlechtes Gewissen erzeugt. Je öfter geschwiegen wird, desto leichter entstehen Schuldgefühle im Angeschwiegenen. Die unbewusste Hoffnung, dass er dann die Kraft aufbringt, wieder für eine liebevolle, sichere Atmosphäre zu sorgen, wird meist enttäuscht.

Schuldgefühle breiten sich aus wie Schimmelpilze. Sogar, wenn der Partner grundlos übellaunig oder das Sonntagswetter schlecht ist, quälen sie. So richtig in Fluss kommen sie beim Thema Sex. Schuldgefühle, weil man Sex haben will. Schuldgefühle, weil man keinen Sex will. Schuldgefühle, weil man ausgefallene Sexwünsche äußert. Schuldgefühle, weil man ausgefallene Sexwünsche nicht äußert. Schuldgefühle, weil man sagt, dass man keine Lust hat. Schuldgefühle, weil man so tut als hätte man Lust. Zugegeben, alles nicht ideal. Aber kein Grund, durch Anschweigen eine Beziehung auszutrocknen.

Glückliche Paare haben zwar auch ihre Krisen, aber sie reagieren selbst dann mit kleinen Bemerkungen auf das, was der andere sagt. Unglückliche Paare wenden diesen Kommunikations-Thermostat nicht mehr an.

Schweigen reguliert das Beziehungsklima nicht moderat, es kühlt es gefährlich ab. Miteinander schweigen zu können, ist ein Zeichen von Harmonie. Aber ungewollt angeschwiegen und in Schuldgefühle getrieben zu werden, ist kränkender Seelenfraß.

Von den seelischen Wunden der Kränkungen

Kränkbar ist jeder Mensch, denn jeder hat seine wunden Punkte. Es sind die Narben früher seelischer Kränkungen, zum Beispiel Gefühle des Ausgeschlossenseins, Demütigung, Beschämung oder Zurückweisung. Sogar eine berechtigte Kritik kann einen wunden Punkt treffen, eine gar nicht mehr erinnerliche, konkrete Seelenwunde aktualisieren und einen Supergau an Schmerz auslösen.

Kränkungen sind unvermeidlich und hinterlassen wunde Punkte

Ich weiß, dass Männer kränkbarer als Frauen sind. Gekränkte Männer wehren den damit verbundenen Schmerz durch Wut und Gewaltakte ab. Frauen haben den Bonus eines Geschlechts, das gebären kann. Vor allem wird ihnen nicht von Kind an vermittelt, dass ihnen schon allein wegen ihres Geschlechts Macht zusteht. Dadurch haben Frauen eine stabilere Identität und können Kränkungen besser verarbeiten. Nicht jeder gekränkte Mann wird ein gefährlicher Terrorist, aber viele gekränkte Männer sind schwierige Partner.

Wenn Liane Richard um mehr Rücksicht beim Hören seiner Hard-Rock-CDs ersucht, zucken seine Mundwinkel. Liane lenkt dann sofort ein. Noch eine Bemerkung und Richard würde explodieren. Bei Suzie und Oskar geht es anders zu. Suzie ist berufstätig, schupft den Haushalt und kümmert sich um die zwei Kinder. Sie ist übermüdet und nicht ständig bereit, mit Oskar zu schlafen. Sagt sie »Nein«, kann es sein, dass er tagelang nicht mit ihr redet und die Familie schikaniert. Sexuelle Zurückweisung heißt für Oskar, nicht geliebt zu werden, kein richtiger Mann zu sein.

Gewalttätige Männer sind nicht vereinzelte schwarze Schafe. Sie sind das tabuisierte Problem einer Zeit, in der das »starke Geschlecht« durch den Verlust des Privilegs, die Krone der Schöpfung zu sein, eine Männlichkeitskrise erlebt. Männer haben mehr Drogenprobleme, bringen sich sechsmal häufiger um als Frauen und leiden öfter an psychosomatischen Erkrankungen.

In einer Zeit, in der häufige Partnerwechsel gang und gäbe ist, gibt es immer mehr Enttäuschte, die mit einer Kränkung nicht fertig werden und darauf mit einer chronischen Verbitterungsstörung reagieren. Obwohl schon Aristoteles die Symptome dieser seelischen Störung beschrieb, ist sie noch nicht lange wissenschaftlich definiert, mittlerweile aber sogar als Psychokrankheit unserer Zeit eingestuft.

Nora vertraute Friedrich und plante mit ihm eine gemeinsame Zukunft. Als sie eine Erbschaft machte, kaufte sie ein Grundstück. Nora war selig:»Eines Tages wird hier unser Haus stehen und unsere Kinder werden im Garten spielen.« Während Nora Hochzeitstermine überlegte, wanderte ihr vermeintlich zukünftiger Ehemann nach Australien aus. Eine schwere Kränkung und Enttäuschung, aber letztlich eine Belastung, wie sie im Leben nun einmal vorkommt. Üblicherweise trauert man eine gewisse Zeit, ist wütend und hadert mit seinem Schicksal. Aber dann siegen doch die Vitalkräfte. Das Leben geht weiter.

Bei einem verbitterten Menschen hört das Grübeln über die erlittene Kränkung nicht auf. Obwohl Noras unglückliche Liebesgeschichte Jahre zurückliegt, spürt sie Schmerz, Wut und Hilflosigkeit, als wäre alles erst gestern passiert.

Zu einer chronischen Verbitterungsstörung kommt es umso leichter, je massiver eine »Grundannahme« verletzt wird. Grundannahmen sind Wertorientierungen, die sich bei jedem Menschen zwischen fünf und 15 Jahren bilden. »Arbeit ist der Sinn des Lebens«, »Geld ist alles«, »Frauen sollen ihr Leben der Familie widmen«, so klingen Grundannahmen. Noras Grundannahme war, dass Männer Frauen beschützen und sich für sie verantwortlich fühlen müssen. Friedrich verletzte mit seiner heimlich geplanten Auswanderung und seinem Bruch des Hochzeitsversprechens Noras Grundannahme zutiefst.

Fachliche Hilfe lehnt Nora ebenso ab wie das Bemühen um eine andere Lebensperspektive. Sie denkt dauernd an ihre seelische Verwundung und traumatisiert sich dadurch selbst immer wieder aufs Neue. Das Schlimmste ist, dass sich Nora nicht damit auseinandersetzt, wie sie ihren Selbstwert wieder stärken könnte, warum sie nichts von Friedrichs Auswanderungs-Vorbereitungen spürte und warum immer nur sie alleine Zukunftspläne verbalisierte. Anstatt ihr eigenes Verhalten zu reflektieren, entwertet Nora pauschal alle Männer.

Dass auch Sie einmal enttäuscht, verletzt, verraten werden, können Sie nicht verhindern. Aber dass Sie sich selbst vergiften, indem Sie Ihr ganzes Weltbild negativ verändern, also nein, das müssen und dürfen Sie nicht zulassen.

Illoyalität zerstört das Vertrauen

Wenn ich in einer Paartherapie frage, was den beiden in einer Beziehung wichtig ist, werden viele Werte genannt: sexuelle Treue, Gemeinsamkeiten und so weiter. Meist frage ich dann:»Und was ist mit Loyalität?!« Na was denn, natürlich ist Loyalität wichtig. Bei Hochwasserkatastrophen ist jeder von dem kollektiven Loyalitätsverhalten der Menschen schwer beeindruckt. In Beziehungen ist Loyalität als Ausdruck des Teilens gemeinsamer Werte zugunsten eines höheren Zieles zu wenig präsent.

»Einen Seitensprung hätte ich verzeihen können«, sagt Sophie von ihrem Freund Tobias.»Jetzt bin ich aber schon zum dritten Mal dahintergekommen, dass er mich betrogen hat. Das ist mir zu viel.« Sophie hat die gemeinsamen Heiratspläne aufgegeben. Ich verstehe sie. Sophie hatte sich für Tobias entschieden, weil sie nach zwei schlampigen Beziehungen monogam leben wollte.»Wir machen es richtig«, hatte Tobias versprochen, und Sophie vertraute ihm.

Bei Sophie und Tobias geht es nicht nur darum, dass er ein stärkeres sexuelles Verlangen hat als sie. Tobias ist illoyal, weil er permanent einen gemeinsamen Wert verrät.

Karoline verhält sich Bernhard gegenüber nicht loyal, weil sie nicht bereit ist, sich auf seine Seite zu stellen, sobald ihr Vater an ihm herumstichelt. Hannes geht immer noch bei seiner Ex-Frau aus und ein, frühstückt jeden Sonntag mit ihr und setzt ihre Wünsche und Interessen vor die seiner zweiten Frau. Auch Hannes verhält sich illoyal. Daran ändert weder die Großzügigkeit gegenüber seiner Frau etwas noch sein Hinweis darauf, dass die Ex schließlich seine beste Freundin sei.

Illoyalität ist eine häufige Kränkung und ein ebenso unterschätzter Beziehungskiller wie fortwährende Demütigungen. Tobias lässt keine Gelegenheit aus, Klara zu demütigen:»Du warst tatsächlich beim Ballett? Das hätte ich mir bei deiner Figur nicht gedacht.«»Putzilein, das verstehst du nicht mit deinem kleinen Hirn.« Tobias' demütigende Bemerkungen treffen Klara wie Messerstiche. Aber Klara schweigt.»Sie hat eine dicke Haut«, meinen die Zeugen der zahllosen Demütigungen. Irrtum.

Klara hat seit Monaten therapieresistente Hautprobleme. Sie rennt von einem Arzt zum anderen und investiert viel Geld in unnütze Kosmetika. Erfolglos. Klara ist taub für das, was ihr Körper ihr sagt: Die demütigende Beziehung zu Tobias ist für sie zum»Aus-der-Haut-Fahren«. Nur aus Angst vor dem Alleinsein bleibt Klara bei diesem präpotenten Kerl. Sie trägt ihre Haut zu Markte.

Was kränkt, macht krank. Dem ist nichts hinzuzufügen.

Je näher der Mensch, desto schmerzlicher seine Demütigung

Gefühle der Demütigung haben das Potenzial, noch Jahre, ja sogar Jahrzehnte später zu Wut und Gewalt zu führen. Die Zeitungen sind voll mit Gewalttaten, die von den Tätern damit begründet werden, dass sie vor langer Zeit gedemütigt wurden. Das mag fraglich sein, aber eins weiß ich sicher: Fast nichts zerstört Beziehungen so dramatisch wie dauernde Demütigungen. Die destruktive emotionale Kraft der Demütigung kann einen verhängnisvollen Kreislauf von Demütigungsaktionen auslösen. Unüberbrückbare Feindschaften und nervtötende Rosenkriege sind meist nicht auf ein einziges dramatisches Vergehen, sondern auf fortgesetzte »kleine« Demütigungen zurückzuführen.

Nicht nur Frauen werden von Männern gedemütigt, auch umgekehrt kann es so sein. Wenn Marianne Fragen stellt, haben Männer das Gefühl, als würden sie wie Verbrecher verhört werden. »Du hast ja Haare auf den Zähnen«, sagte unlängst einer zu ihr. Recht hat er. Marianne kastriert Männer mit Worten. Zu dieser Redewendung kam es durch eine Verschiebung, ursprünglich waren die Haare über den Zähnen, also der Bartwuchs gemeint. Eine Frau mit Barthaaren war Inbegriff einer männlichen, »phallischen« Frau, die darauf aus ist, einen Mann mit bösen Worten symbolisch zu entmannen. Gibt es eine schmerzlichere Demütigung?

Vermutlich wurde Marianne irgendwann einmal selbst verletzt. Mit Entwertungen, Spott, Bosheiten oder Schweigen rächt sie sich für seelische Verletzungen zum falschen Zeitpunkt und an den falschen Menschen.

Demütigungen erniedrigen einen Menschen umso stärker, je mehr sie den Demütiger bewundern, je näher sie ihm stehen und je weniger bewusst die dahinterstehenden Ängste (»Ich finde keinen Partner mehr.« »Irgendwas an mir ist nicht ok.«) sind. Seit Jahrzehnten wird mir in der Praxis immer wieder vor Augen geführt, dass Demütigungen nicht ohne Reaktion bleiben.

Viele Opfer leiden unter »unerklärlichen« Erkrankungen: Panikattacken, Schlafstörungen oder Magen-Darm-Beschwerden.

Gefühle der Aussichtslosigkeit, Selbstwert-Zweifel oder diffuse Wut und Racheimpulse sollten immer Anlass sein, sich zu fragen: Gibt es in meinem Leben demütigende Beziehungen oder Situationen? Stellen Sie sich nicht tot! Auf Dauer lässt sich die destruktive Kraft der Demütigung nicht unterdrücken.

Fassen Sie Mut, bringen Sie die Gefühle zur Sprache, die eine Demütigung auslöst. Wenn Sie es nicht tun, tut es Ihr Körper oder die Seele mit Kurzschlusshandlungen.

Kränkungen sind Liebeskiller, Entschuldigungen und Wiedergutmachungen Liebes-Chancen

Früher entschuldigte man sich, wenn man im Restaurant den Tisch verließ, um auf die Toilette zu gehen: »Bitte entschuldigen Sie mich.« Heute gibt es mehr Entschuldigungs-Verweigerer denn je. Untersuchungen zeigen, dass das mit dem trügerischen Gefühl zusammenhängt, mehr Kontrolle über sein Leben zu haben. Was für ein Unsinn!

Ein Beispiel: Freunde unter sich. Es geht um eine historische Jahreszahl, Paula tippt richtig und Stefan grinst: »Auch blinde Hühner finden ein Korn.« Paula weiß, dass er mit seiner boshaften Bemerkung auf ihre Bildungslücken anspielt, und schweigt für den Rest des Abends. Nachdem sich die Runde verabschiedet hat, macht sie Stefan Vorwürfe: »Du hast mich blamiert.« Stefan lächelt von oben herab: »Tschuljung. Gib mir ein Bussi und sei nicht so angerührt.« Aha. Paula soll also nicht darüber gekränkt sein, dass sie ihr Partner demütigt. Richtig entschuldigen will sich Stefan nicht. Andererseits: Richtig verziehen hat ihm Paula auch nicht.

Auch wenn Paula nach diesem Zwischenfall zur Tagesordnung übergeht und Stefan glaubt, alles sei in Ordnung, ist es doch nicht so. In Paartherapien vergleiche ich eine Beziehung wie diese mit einem Gummiband. Eine Partnerschaft ist relativ elastisch und hält alltägliche Kränkungen aus – vorausgesetzt, man entschuldigt sich und macht sie wieder gut. Das Problem ist, dass der Verlust der Entschuldigungskultur ansteckend ist. Entschuldigt sich der eine nicht, tut's der andere auch nicht. Eines Tages ist das Gummiband überdehnt, es reißt. Die Kommunikation versandet, im Bett klappt es nicht mehr. Paula hat keine Lust auf Sex, kommt nicht mehr zum Orgasmus, Stefan reagiert darauf mit Erektionsstörungen oder einem vorzeitigen Samenerguss. Game over.

Vom Standpunkt der Paartherapeutin kann ich Ihnen nur eins sagen: Machen Sie es sich nicht zu leicht, indem Sie sich hudriwudri entschuldigen und den bitteren Kelch gleich weiterreichen: »Du bist dran, verzeih mir gefälligst.« Erst wird der Partner verletzt, schon wird ihm wieder Toleranz und Versöhnungsleistung zugemutet.

Richtigerweise müsste es heißen: »Wie kann ich das, was ich getan habe, wieder gut machen?« Kränkungen strapazieren ja nicht nur die Beziehungstoleranz, sie reißen auch alte Wunden auf – Erfahrungen der Demütigung, der Vernachlässigung oder Entwertung.

Die Seele schreit nach Wiedergutmachung, aber der Täter lehnt sich zurück und erwartet, dass der Gekränkte auch noch Sanierungsarbeit leistet. Er soll auf den Verursacher des Schmerzes zugehen, ihm die Hand reichen und sagen »Schon vergessen«. Wer das erwartet, ist ein Dodel. Tschuljung.

Die dunkle Triade

Auf der Suche nach einer erfüllenden Partnerschaft ist die Begegnung mit »anerkennungsgeilen«, »ausnützerischen« und »kaltblütigen« Menschen unvermeidlich. Obwohl in einem psychologischen Nachschlagerwert diese negativen Persönlichkeitsmerkmale nicht als »psychische Störung« diagnostiziert werden, finden sich in dem unseligen Mix dieser dunklen Triade die Charakterstrukturen eines Narzissten, eines Machiavellisten und eines Psychopathen. Mit so einer Person hat man also keinen klinischen Fall vor sich, sondern schlicht und einfach ein gewöhnliches A…loch. Friedrich ist eins.

Fürs Erste würde Ihnen Friedrich vielleicht sogar imponieren. Er kann sich gut verkaufen, hat ein cooles Auftreten, ein paar gute Sprüche auf Lager, setzt sich in Gesellschaft gekonnt in den Mittelpunkt, hat Erfolg und Geld. Auch wenn Ihnen auffällt, dass er Sie nur wahrnimmt, sobald Sie ihm beipflichten oder ihn bewundern, würden Sie sagen, dass er »ein toller Typ« ist. Wäre Friedrich Ihr Arbeitskollege oder gar Ihr Partner, hätten Sie eine andere Meinung.

Freunde interessieren ihn nur, wenn sie für ihn wichtig sind. Wenn er hilft, tut er es, um seine Macht auszukosten. Seine Mitarbeiter nutzt er aus bis zum Gehtnichtmehr und in Lokalen jagt er das Bedienungspersonal so lange herum, bis Extraleistungen erbracht werden. Um eine schlichte Speisenbestellung macht er so viel Tamtam wie um die Verabschiedung eines Gesetzes. Die Aufmerksamkeit, die er auf ungute Weise von anderen erpresst, schenkt er einem Gegenüber nicht. Friedrich interessiert es nicht, wie es seine Mitarbeiterin schafft, mit seinen unmäßigen Ansprüchen und ihrem pflegebedürftigen Mann fertig zu werden. Er überschätzt sich in seinen Fähigkeiten und unterschätzt, was andere leisten und auch was seine Partnerin Klara für ihn tut.

Egal ob Karten fürs Fußballmatch, Schuheinlagen für seinen Opa oder die gesamte Erziehungs- und Haushaltsarbeit, Friedrich überlässt alles Klara. Natürlich ohne Dank und Rücksicht auf ihren beruflichen Stress. Auch beim Sex geht es nur nach seinem Willen und Wollen. Das ist um fünf Uhr morgens am stärksten. Also muss Klara bereit sein, obwohl sie um diese Zeit sexuell grundsätzlich nicht ansprechbar ist. Aber das kümmert Friedrich nicht. Sollte sie ihn zurückweisen, sagt er nur: »Es gibt genug andere Frauen.« Das ist emotionale Erpressung pur! Als Klara mit Verdacht auf Brustkrebs einige Tage ins Krankenhaus musste, ließ er sich von Geschäftsfreunden zur Jagd einladen.

Es gibt zwar viele unangenehme Zeitgenossen mit einer »dunklen Triade«, aber auch viele mit einer »hellen Triade«: Bei einem Test mit 1500 Personen gehörten knapp mehr als die Hälfte der »hellen Triade« an.

Emotionale Erpresser können bedrohlich, aber auch charmant sein

Weinen Sie einem Typen mit den Zügen der »dunklen Triade« keine Träne nach. Machen Sie sich bereit für eine Beziehung, die genauso kompliziert verlaufen kann – die Liebe zu einem emotionalen Erpresser.

Gewöhnliche Erpresser benutzen ein bestimmtes Wissen über einen Menschen dazu, sein Ansehen zu schädigen oder Geld für sich herauszuschlagen. Emotionale Erpresser manipulieren den anderen über seine Gefühle – Ängste, Abhängigkeit, Harmoniebedürfnis, Schuld, Verantwortung. Emotionale Erpresser erkennen genau, auf welcher Gefühlsklaviatur sie spielen müssen. Kurt ist ein gutes Beispiel.

Als das letzte Kind auszog, wollte Liane wieder zurück in ihren Beruf als Pharmazeutin. Kurt reagierte so fies, wie es emotionale Erpresser meist tun:»Mach, was du willst. Aber wundere dich nicht, wenn ich bei deinen Nachtdiensten nicht zu Hause bin.« Liane ist in einem Konflikt: Soll sie sich durchsetzen und riskieren, dass Kurt fremdgeht? Oder soll sie sich um des lieben Friedens willen fügen?

Auch Florian fühlt sich unter Druck. Er will schon seit Jahren die Scheidung von Bea. Wenn er davon spricht, droht sie:»Die Kinder würden das nicht packen. Aber die siehst du dann sowieso nicht mehr.« Schuldgefühle destabilisieren das Selbstwertgefühl so sehr, dass man zu vielem bereit ist, nur um wieder ins Lot zu kommen.

Jeder Mensch will einen unguten Zustand möglichst schnell beenden. Das Zugeständnis an einen Erpresser stellt kurzfristig das seelische Gleichgewicht wieder her. Aber das ist ein fauler Zauber. Die Konsequenzen sind kalte Wut, Verbitterung, Zynismus und das Gefühl, sich irgendwie schadlos halten zu müssen. In so einem Beziehungsklima hat ein Dritter Chancen. Wann immer Sie emotionale Erpressung spüren, sollten Sie sich wehren. Nachgeben verstärkt den Erpresser in seinem Verhalten. Und:

Lassen Sie sich keinesfalls von dem Appell an die Liebe einlullen. Druck bleibt Druck. Auch wenn er noch so sanft daherkommt.

Unterdrückte Aggressionen vergiften Liebe und Sex

»Ferdinand ist ein Schatz«, schwärmte Valerie anfangs. »Er ist so sanft und zärtlich.« Nur leider, Ferdinand ist nicht potent. Beim Vorspiel ist er noch dick da. Er küsst, streichelt, alles ist super. Aber Ferdinand kommt innerhalb einer Minute. Wie er Valerie dennoch befriedigen könnte, kümmert ihn nicht mehr.

Nach einem Jahr, in dem es zwar Liebenswürdigkeit und Zärtlichkeit, aber keinen einzigen leidenschaftlichen Verkehr gab, wurde Valerie immer gereizter, Ferdinand immer depressiver. Enttäuschung auf beiden Seiten: Wie soll das bloß weitergehen?

Andreas ergeht es mit Helene ähnlich. Er weiß nie, woran er in puncto Sex bei ihr ist. Wie soll er sich erklären, dass Helene auch in Situationen sexuell abblockt, in denen alles stimmt? »Nicht jetzt! Warum zerstörst du diese schöne Stimmung?« Eine Woche vorher hatte ihn Helene mit den Worten zurückgewiesen: »Nicht jetzt, die Stimmung ist nicht gut.« Kommt es doch einmal zu Sex, weiß Andreas nie, ob Helene dabei Genuss hat oder nicht. Fragt er sie, schweigt sie unbestimmt. Drängt er weiter, weicht sie aus: »Ein Mann spürt das doch.«

Helene ist auch im Alltag schwierig. Sie vergisst Verabredungen mit Freunden oder verhindert Ausflüge mit fadenscheinigen Ausreden. Will er wissen, warum sie so oft scheinbar grundlos schlecht gelaunt ist, behauptet sie mürrisch: »Es ist doch gar nichts.«

Ferdinand, der zu früh kommt, und Helene, die Andreas nicht offen sagt, ob sie einen Höhepunkt hat oder nicht, haben ein Aggressionsproblem. Helene ist passiv-aggressiv, Ferdinand ist aggressionsgehemmt. Er überträgt auf jede Partnerin einen unbewussten Mutterkonflikt, daher seine grundsätzlich ängstliche, negativ aufgeladene Einstellung Frauen gegenüber. Aber Ferdinand ist gleichzeitig abhängig von einer Frau, also unterdrückt er seine Aggression. Damit ist sie allerdings nicht aus der Welt. Sie richtet sich gegen ihn selbst und trifft ihn genau dort, wo sich seine Vitalität ausdrücken sollte – in seiner Potenz. So wirkt die unterdrückte Aggression gleich doppelt giftig. Der

Partnerin gegenüber kommt sie als Bestrafung daher, denn mit einem vorzeitigen Erguss bringt man(n) ja seine Gefährtin um die ersehnte Lust. Und selbst macht sich der arme Kerl auch noch zum Opfer, indem er sich die Rolle eines Versagers aufbürdet.

Was ist über Helene zu sagen? Sie gilt als »gute Seele«, weil sie scheinbar immer tut, was andere wollen. In Wirklichkeit wagt sie aus Angst vor Liebesverlust nicht zu widersprechen, eigene Wünsche oder gar Aggressionen zu äußern. Aber Helene ist passiv-aggressiv. Sie verschweigt Andreas ihre sexuellen Empfindungen, verzögert Entscheidungen, an denen ihm etwas liegt, und vergisst Dinge, die für ihn wichtig wären. Ihre Aggression äußert sich im Verschweigen, Verhindern und Verzögern.

Dass ungehemmte Aggressionen zu Unglück und Gewalt führen, weiß jeder. Aber gehemmte Aggressionen sind auch belastend – sie verursachen Sexprobleme, ein Beziehungsklima, in dem Feindlichkeit und Kränkungen zu Hause sind, und nur allzu oft kommen durch das Verschweigen, Verhindern und Verzögern Beziehungen auch gar nicht zustande.

Kränkungskompetenz verhindert Beziehungsprobleme

Der Small Talk mit Philip beeindruckte Carola nicht besonders. Aber als er sie um ihre Handy-Nummer bat, gab sie sie ihm. »Ich melde mich vor dem Wochenende«, sagte er. Sie nickte gleichgültig. Am Donnerstag ertappte sich Carola dabei, dass sie öfter an diesen Anruf dachte. Obwohl sie nicht verliebt war, checkte sie am Freitag pausenlos ihr Handy: Habe ich seinen Anruf verpasst? Übersehe ich ein SMS? Am Sonntag war sie deprimiert und weinerlich. Ihre Gekränktheit über den ausbleibenden Anruf stand in keinem Verhältnis zu der belanglosen Begegnung.

Kann es sein, dass Ihnen dieses unangemessene Kränkungsgefühl vertraut ist? Vermutlich kennen Sie auch diese Szenen: Sie machten eine harmlose kritische Bemerkung, aber der andere zuckte aus. Hallo, was soll denn das? Oder Markus. Er hätte große Chancen, würde er nur einen Schritt auf eine Frau zugehen. Aber Markus zieht sich zurück und lässt Gelegenheiten ungenutzt.

In allen diesen Geschichten geht es um mangelnde Kränkungskompetenz. Sogar bei der coolen Hanna, die an keinem Mann ein gutes Haar lässt. »Der ist ja dumm.« »Der ist ein Weichei.« Wer sich immer nur abschätzig über das andere Geschlecht äußert, konnte nie die Kränkungskompetenz entwickeln, die das Beziehungsleben leichter macht. Höchstwahrscheinlich schleppt Hanna unverarbeitete Kränkungen ihrer Weiblichkeit mit sich herum. Nicht die Männlichkeit der demontierten Männer steht in Frage, sondern ihre Weiblichkeit.

Sie wissen es ohnedies schon – jeder von uns hat »seinen« wunden Punkt –, Neurobiologen sprechen von einem »somatischen Marker«. Eine Kleinigkeit aktualisiert eine lange zurückliegende Kränkungs-Situation, und schon sind Sie wieder mittendrin in einem alten Schmerz. Sie fühlen sich entwertet, übersehen, gedemütigt, beschämt oder lächerlich gemacht, so wie schon einmal als Kind. Dieser emotionale Stress hat dieselben Wirkungen wie äußerer Stress, etwa in einer Aquaplaning-Situation, in der Sie panisch auf die Bremse steigen.

Wenn Sie etwas »mitten ins Herz« trifft, werden jene Gehirnfunktionen ausgeschaltet, die ein überlegtes, reflektierendes Verhalten ermöglichen würden. Es funktioniert nur der entwicklungsgeschichtlich ältere Teil des Gehirnes, das Stammhirn. Er ist auf Überlebensfunktionen programmiert – Flüchten, Totstellen, Angreifen oder Unterwerfen. Man flüchtet sich in die Distanz wie Markus, zuckt aus oder kränkt sich wie Carola.

Kränkungen bleiben niemandem erspart. Auch nicht Filmstars und Nobelpreisträgern. Es geht nicht darum, kränkungsbefreit durchs Leben zu kommen, sondern mit Kränkungen umgehen zu können. Falls Sie immer wieder mitten ins Herz getroffen werden, müssten Sie erst dafür sorgen, dass in Ihrem Stammhirn wieder Ruhe herrscht. Das Simpelste: tief durchatmen, damit die Erregung im »falschen« Gehirn abklingen kann. Später fragen Sie sich: »Hatte ich früher auch schon solche Gefühle? Bin ich diesmal auch wieder beschämt, übersehen, nicht verstanden oder entwertet worden?

Sobald Sie Ihr »Kränkungsthema« kennen, können Sie Situationen angemessen bewerten. Das ist Kränkungskompetenz. So schnell trifft Sie dann keiner mehr mitten ins Herz.

Von geheimen Lebensaufträgen und tabuisierten Liebesfallen

Eine der schmerzlichsten Kränkungen ist die Erfahrung, übersehen zu werden, eigentlich gar nicht da zu sein.

Unlängst stellte ich mich auf einer Party einem Mann vor. »Wir kennen einander ohnedies«, sagte er leise und zählte mehrere Anlässe auf. Ich konnte mich nicht erinnern. »Rudolf? Wer ist das?« Er war so unauffällig, so gar nicht präsent. Auch den Rest des Abends äußerte er keine Wünsche und Meinungen. Er beanspruchte nichts für sich.

Das fatale Lebens-Script:
»Sei nicht!«

Inzwischen kenne ich Rudolf näher. In all seinen Beziehungen tat er, was die jeweilige Partnerin von ihm verlangte. Trotzdem verließen ihn die Frauen immer. Echte Fehler warf ihm keine vor. Rudolf wurde nur irgendwann überflüssig. Letztlich machte es für eine Frau keinen Unterschied mehr, ob es die Partnerschaft mit ihm noch gibt oder nicht. Rudolf selbst hat immer das Gefühl, anderen lästig zu sein oder zu stören.

Emilia ist das Gegenteil von Rudolf. Sie drängt sich in den Mittelpunkt, ist laut, trinkt, raucht und nimmt Drogen. Wenn sie so weitermacht, zerstört sie sich selbst. Rudolf und Emilia sind total gegensätzlich, aber sie haben eine entscheidende Gemeinsamkeit: Beiden wurde als Kind die Botschaft vermittelt: »Sei nicht!« Ohne dass es ihnen bewusst ist, folgen sie einem »Auftrag«, der ihr Leben überschattet.

Rudolfs Eltern und eine Großmutter betrieben eine Gastwirtschaft mit Zimmervermietung. Tag und Nacht wurde gekocht, serviert und geputzt. Er war immer und allen im Weg. Im Sommer musste er sein Zimmer zur Vermietung frei machen.

Emilia hörte schon früh, dass sie eigentlich ein »Unfall« war. Drei große Töchter waren schon aus dem Haus, wenn schon noch ein spätes Kind kommt, sollte es wenigstens ein Bub sein. Der Vater machte aus seiner Enttäuschung nie ein Geheimnis.

Claudia wurde materiell verwöhnt, aber die Eltern sprachen immer wieder darüber, dass sie ihre Auswanderungs-Pläne ihretwegen aufgeben mussten: »Wenn es dich nicht gegeben hätte …« Die Mutter hätte als Sängerin Karriere gemacht, der Vater als Architekt. »Aber wir haben dich«, sagten sie versöhnlich, allerdings straften sie ihre Blicke

Lügen: »Wenn es dich nicht gegeben hätte, wäre unser Leben interessanter.«

Der »Sei nicht«-Begriff beschreibt die erste grundlegende Prägung eines Nichtwillkommenseins in dieser Welt, kein Recht auf Leben, Erfüllung und Glück beanspruchen zu dürfen. Sei-nicht-Botschaften sind tief eingeschärft und drängen auf Erfüllung. Aber, und jetzt kommt endlich die positive Nachricht, sobald sie bewusst werden, können sie ihre destruktive Macht verlieren.

Erlauben Sie sich zu sein, zu genießen, Nähe zu suchen, Wünsche zu äußern, beschützend und liebevoll auf sich zu schauen. Nutzen Sie das, was bisher als Sei-nicht-Botschaft Ihr Verhalten negativ gesteuert hat, als Ressource: Vielleicht können Sie sich besser als andere zurücknehmen, so wie Rudolf, oder in Szene setzen, wie Emilia. Geben Sie sich die Zeit, die das Umschreiben eines Lebens-Scripts beansprucht. Aber vertrauen Sie darauf: Selbstverantwortete Erlaubnisse lösen Einschärfungen auf.

Undankbar und unzufrieden

Theresa wurde schon als Kind eingeschärft, dass sie – schließlich sei sie ja ein Mädchen – fleißig im Haushalt mithelfen müsse. Ihre zwei Brüder saßen beim Fernsehen, Theresa machte den Abwasch. Die Burschen gingen Fußballspielen, Theresa half der Mutter in der Waschküche.

Jetzt ist Theresa mit Martin zusammengezogen und es ist nicht viel anders. Wenn sie nach der Arbeit staubsaugt, bügelt und auch noch die notwendigen Haushaltsreparaturen macht, beklagt sich Martin, dass sie ungemütlich sei. »Ich mach' es schon«, quengelt er. Fragt Theresa, wann, heißt es stereotyp: »Morgen.« Aber auch am nächsten Tag liegt Martin nur herum und wirft Theresa vor, sich nicht um eine Wohnung mit Balkon umzuschauen. Wenigstens sollte sie mit den Kindern in den Park gehen, damit er seine Ruhe hätte. Martin ist der Typ eines bequemen Menschen mit Riesenerwartungen.

Sabine ist aus demselben Holz wie Martin geschnitzt. Sie sieht sich als erfolgreiche Notarin mit einem tollen Auto, Terrassenappartement und prominenten Klienten. Inzwischen ist Sabine über 30 und ihre StudienkollegInnen haben sie längst überholt. Nur bei ihr geht nichts weiter. Sabine hat immer einen Grund, warum sie eine Prüfung aufschiebt. Über die Kollegen, die sogar schon arbeiten, macht sie sich nur lustig. Sie will eine eigene, schicke City-Kanzlei haben. Groß genug, um mehrere Mitarbeiter zu haben. Sie selbst würde nur für die wirklich interessanten Klienten da sein.

Bequemlichkeit und Riesenerwartungen – das ist eine Medaille mit zwei Seiten. Viele Beziehungen scheitern daran, dass einer der Partner »nichts weiterbringt«, gleichzeitig aber gewaltige Ansprüche hat. Ich behaupte sogar, dass die Ansprüche an die Umwelt umso größer sind, je weniger der Bequeme selbst auf die Beine stellen kann. Er will viel haben, doch dafür anstrengen soll sich die Frau, die Eltern oder der Ehemann. Doch was immer man tut, nichts ist genug. Martin, Sabine und all jene, die andere für sich arbeiten lassen, sind latent unzufrieden und auch noch undankbar. Das kränkt denjenigen, der Toleranz und Einsatz aufbringt, gleich zweimal: Er wird für sein Tun nicht wertgeschätzt und bekommt anstatt Dankbarkeit Vorwürfe, zu wenig oder das Falsche getan zu haben.

Früher lächelte man über die Kombination von Bequemlichkeit und Riesenerwartungen. Durch neue psychologische Erkenntnisse weiß man heute, dass diese Verzahnung eine folgenschwere Hemmung natürlicher Antriebskräfte ist. Jeder von uns ist irgendwie und irgendwo gehemmt.

Aber eine zu starke Hemmung der Antriebskräfte kann seelische Störungen verursachen.

Durch das Nichterreichen selbst gesteckter Ziele sinkt die Selbstachtung, Ängste nehmen zu, die Erwartung, dass andere für einen einspringen müssen, fixiert sich, und die Enttäuschung über vermeintlich falsche oder zu wenig Hilfe macht depressiv oder aggressiv. Als Reaktion darauf wird der Partner fortwährend gekränkt. Daran scheitern auch vielversprechende Partnerschaften.

Dass die Suche nach einem Partner eine endlose Kette von Irrtümern und Fehlern sein kann, ist jedem sensiblen Menschen klar. Kaum ist eine Beziehung etabliert, stellen Liebesfallen die Gefühle auf die Probe.

Liebesfalle Konkurrenz

Carla und Thomas studierten Medizin. Thomas machte sich selbstständig, Carla unterbrach ihr Studium und arbeitete in seiner Ordination mit. Er schätzte ihre Hilfe: »Mein guter Begleitstern.« Aber Carla studierte nebenbei fertig, »undercover« sozusagen. Nach ihrem Abschluss eröffnete sie eine kleine homöopathische Praxis, Thomas spöttelte über ihr »Hokuspokus-Hobby«, Carla machte sich einen Namen. Er begleitete ihren Erfolg mit Kritik und Entwertungen. Wie unweiblich sie werde. Wie ihr »Hobby« das Familienleben störe. Thomas rivalisierte mit seiner Frau, ohne es zu merken. Anstatt einander wertzuschätzen, entfremdeten sie sich. Nach vier Jahren ließen sie sich einvernehmlich scheiden.

Auch Dora, die kleine »Werbemaus«, und Ignaz, der erfolgreiche Manager eines Onlinehandels, erlebten Ähnliches.

Als Dora in ihrer Werbeagentur Art-Direktorin wurde, sagte er:»Ich bin stolz auf sie.« Im Stillen dachte er:»Wenn das so weitergeht, verdient sie bald besser als ich.« Dann war es so weit. So gut er konnte, verdrängte er seinen Neid auf Doras Einnahmen. Sein Penis nicht. Sie machte Karriere, er machte sexuell schlapp.

Ich kenne Powerfrauen, die Erfolge runterspielen und so tun, als suchten sie bei ihren Männern Halt. Manche setzen sogar berufliche Ziele niedriger an, um das Selbstwertgefühl und damit die Manneskraft ihrer Gefährten nicht zu gefährden. Eine Frau erzählte mir, dass sie die Skripten für einen Russischkurs, den sie für ihre Karriere brauchte, in einem Magazin für Musterstricken verbarg. Sie wollte ihren sensiblen Mann mit ihren beruflichen Plänen nicht aus dem Gleichgewicht bringen.

Männer konkurrieren oft geradeheraus angriffslustig, Frauen rivalisieren subtiler. Unlängst war ich mit meinem Liebsten zu einem Essen eingeladen, das der Hausherr zubereitet hatte.»Wunderbar ist das Lamm«, lobte seine Frau.»Aber wenn du das Backrohr früher ausgeschaltet hättest, wäre es saftiger.« Sie spendete Beifall, aber mit ihrer klitzekleinen Kritik signalisierte sie den Gästen:»Ich hätte es besser gemacht!«

Als junge Frau hatte ich es schwerer als mein Freund, mich auf Partys zu amüsieren. Bei Festen unterhielt er die Runde, ich hätte auch gerne etwas zur Stimmung beigetragen, traute mich aber nicht. Zu Hause mäkelte ich an ihm herum:»Es ist peinlich, dass du jede Unterhaltung an dich reißt.« Nach außen hin mimte ich die wohlerzogene Gefährtin, in Wahrheit nagte an meiner Seele Neid.

Liebe hin oder her, die Mischung von Nähe, Vergleich, echter oder eingebildeter Defizite erzeugt Rivalität und Neid. Diese verachteten Emotionen kommen maskiert als »gute« Ratschläge oder scheinbar konstruktive Kritik daher. Sie sind verlässliche Indizien einer Konkurrenz-Beziehung, die einen wohlwollenden Blick auf sich selbst und auf die Partnerschaft verhindern. Beziehungsfördernd wäre es, sich zu fragen, an welche eigenen Eigenschaften die Rivalitätsgefühle eigentlich andocken. Meist sind es Persönlichkeitsanteile, die man an sich selbst nicht mag, sich nicht erlaubt oder noch nicht entwickelt hat. An diesen Schattenanteilen zu arbeiten, würde destruktive Rivalität verhindern und für einen selbst wäre es ein Wachstumsgeschenk. Danke, geliebter Rivale.

Liebesfalle Neid

Neidgefühl sei »wie ein Stich ins Herz«, sagte einmal ein Klient. Er spielte bei einer Feier abwechselnd mit einem Freund Gitarre. Die Gesellschaft applaudierte nach dem Spiel des Freundes, bei ihm nicht. »Ich weiß nicht mehr, was in dem Moment stärker war«, erzählte er. »Mein Schmerz im Herzen oder mein Impuls, meinem Freund die Gitarre zu zertrümmern.«

Neid ist ein tabuisiertes Gefühl, gehört zu den Todsünden, ist aber nach Ansicht der Neidforscher eine evolutionäre Eigenschaft: Mehr als die anderen zu haben, bedeutete größere Überlebenschancen und größeren Fortpflanzungserfolg. Vergleichshandeln gab es also schon immer. Aber ich bin sicher, dass unsere sozialen Netzwerke eine Neidkultur geradezu schaffen. Noch nie war Vergleichen so leicht und so irreführend wie in Zeiten der verlogenen digitalen Performance. Eine einzige negative Erfahrung (»So attraktiv bin ich nicht!«, »Diese schönen Urlaube können wir uns nicht leisten.«) macht zwar noch keinen Neidkomplex, aber bei der Flut an Glücks- und Schönheitsdarstellungen auf Instagram und Facebook (pro Tag werden 93 Millionen Selfies gepostet) kommen schon etliche Minderwertigkeitserfahrungen und Neidgefühle zustande.

Ein Neidiger will das haben, was ein anderer besitzt. Wenn er es nicht haben kann, versucht er es zu zerstören oder zumindest abzuwerten. Etwas Verdorbenes hat keine Anziehungskraft mehr und schürt auch nicht den schwer zu ertragenden Neid. Dabei ist es gar nicht so schwierig, mit Neid fertigzuwerden: Schauen Sie auf das, was Sie haben, und weniger auf das, was Sie nicht haben.

Übrigens gibt's laut Neidforschern die meisten Neider justament im familiären und Freundeskreis. Im näheren Umfeld zeigt sich Neid allerdings nicht direkt, sondern maskiert. Sportneid kommt als Sorge daher (»Mit deinem Lauftraining ruinierst du dir noch die Knie«), Sexualneid als Warnung (»So viel Sex macht deine Seele leer«). Die sorgende Partnerin will sich nicht eingestehen, dass sie nicht die Gabe hat, sich sportlich etwas abzuverlangen. Die moralischen Eltern wollen nicht wahrhaben, dass ihnen die eigene sexuelle Lebendigkeit abhandengekommen ist.

Liebesfalle Optimierung

Lilly hat großes Talent, einen Mann zu überarbeiten. Sie ist seine Stylistin, seine Weight-Watcherin, Kulturbeauftragte, Sexualberaterin und Gesprächstherapeutin. Nahezu jeden Mann, mit dem Lilly eine längere Beziehung hat, macht sie zum Entwicklungsprojekt. Allerdings klagt Lilly bei den meisten Projekten über eine fehlende Nachhaltigkeit ihrer Optimierungsmaßnahmen. Das ist besonders bei solchen der Fall, die ohne Beteiligung der betroffenen Männer von Lilly geplant und durchgeführt wurden.

Die letzte Enttäuschung erlebte Lilly mit dem geschiedenen Simon. »Aus dem lässt sich was machen«, dachte sich

Lilly, als sie ihn kennenlernte. Eine Stil-Beratung lehnte Simon ab, aber Lilly traute sich das selber zu. Tatsächlich trug Simon bald keine Brillen mehr, Kontaktlinsen ließen seine Augen funkeln. Dank Lillys Einfluss aß er gesunde Kost und straffte seinen Körper. Er ließ sich die Haare wachsen, trug anstatt alter Krawatten Schals und bekam anstatt greller Polos lässige Hemden verordnet. Definitiv ein Update.

Lilly schenkte Simon auch eine Mitgliedschaft in einem Fitnessclub, organisierte ihm einen Arzttermin zu einer Prostata-Untersuchung und verschaffte ihm einen Zahnarzt zur Gebiss-Sanierung. Dass Lilly seine kleine Wohnung optimieren wollte, machte Simon unrund. Als er dann außerdem noch merkte, dass auch der Sex zu Lillys Projektarbeit gehört, offenbarte er eine unerwartete Veränderungsresistenz. Simon bockte. Aber Lilly wollte ihn gründlich überarbeiten und ließ nicht locker.»Das muss doch gehen!« Nein, Simon wollte keinen nächtlichen Spontansex. Er verteidigte den Wochenendsex, wenn man Ruhe hatte und sich ausschlafen konnte. Mit Sexspielzeug experimentieren war auch nicht seins. Gar nicht zu reden von Massagen, die ein Schwerpunkt in Lillys Projekt sein sollten.

Inzwischen sind die beiden getrennt. Lilly diskutiert mit ihren Freundinnen, ob Simon zu bequem oder zu alt für Verbesserungsvorschläge sei. Jedenfalls trägt er wieder Brillen, Kurzhaarschnitt und Polos, isst Junkfood und hat wieder zugenommen. Simon versteht Lillys Enttäuschung nicht. Sind heute alle Frauen so?

Nicht alle, aber viele. Was Lifestyle-Fragen und Gesundheit anlangt, wissen Frauen vieles besser als Männer. Oder haben Sie schon einmal eine Gruppe von Männern gesehen, die sich darüber unterhalten, welche Hosenfarben gerade in sind und wie sie ihre Hoden abtasten sollten? Frauen erziehen, verändern und beraten gern. Einerseits ist es ein Emanzipationsbeweis, wenn sie sich trauen, Wünsche und Vorstellungen hinsichtlich dem Äußeren, der Vitalität und dem sexuellen Verhalten eines Mannes einzubringen. Andererseits messen Frauen häufig mit zweierlei Maß. Oder sie versuchen durch Korrekturen ihre Machtbilanz aufzubessern.

Trotzdem bin ich sicher, dass so mancher Mann gut bedient wäre, würde ihn seine Gefährtin zum Projekt machen. Er könnte vielleicht glücklicher, attraktiver und sogar gesünder sein. Falls der Gefährte trotz intensiver Bemühungen nicht hinzukriegen ist, sollten Sie überlegen, ob Sie Ihre Energien überhaupt am richtigen Platz investieren. Wenn Sie eine Jacke kaufen und Kragen, Rückenschlitz, Länge und Ärmel kritisieren, würde man Sie auch fragen, ob Sie nicht eine ganz andere Jacke wollten.

Was also tun? Es müsste doch möglich sein, Kontrolle, Druck und Besserwisserei zumindest teilweise durch Humor und Gelassenheit zu ersetzen. Außerdem heißt es »Guter Rat ist wie Schnee. Je leiser er fällt, desto länger bleibt er liegen.«

Liebesfalle Scharlatanerie

So ist es mit dem Verliebtsein: Der andere erscheint vollkommen. »Andreas ist nicht nur attraktiv, er zeigt mir auch, wo's langgeht«, sagt Franziska bewundernd. Egal welches exotische Wissensgebiet, Andreas weiß einfach alles. Franziska hängt an seinen Lippen. Was wäre die Welt ohne seine universelle Bildung und seine Korrekturen! Diesem Mann gebührt Respekt, wehe, wenn eine Freundin Negatives über ihn äußert. Immerhin hat er einen Abschluss einer japanischen Universität, Hamimashi oder so ähnlich. Andreas war auch nahe dran, einen Lehrauftrag in Buenos Aires zu übernehmen. Aber er kann ohne die österreichische Kultur nicht leben, wirklich nicht.

Überflüssig zu sagen, dass er für Franziska auch im Bett ein Ass ist. »Ich habe mich noch nie so intensiv als Frau gefühlt«, schwärmt Franziska. Nicht, weil Andreas so potent ist, sondern weil er so schöne Worte für den Sex und ihren Körper findet.

Für Kurt ist Christiane die Superfrau schlechthin. Ihr Optimismus ist hinreißend, ihre Komplimente sind betörend, ihre Erotik ein Wahnsinn. Solche überwältigenden Liebesbekundungen hat er noch nie erlebt. Kurt ist schon nach kurzer Zeit bereit, ihr sein Erspartes für ein kleines Start-up-Unternehmen zu geben. Dass er seine Wohnung mit einer Hypothek belastet, um ihre ersten vielversprechenden Geschäfte zu finanzieren, ist selbstverständlich. Diese reizvolle, schicke Frau hat's drauf, ihr gelingt alles. Nächstes Jahr wird das Geld in Strömen fließen, da geht er jede Wette ein. Am Profit ist er dann beteiligt, Hand drauf.

Machen wir es kurz: Franziska und Kurt gehen Scharlatanen auf den Leim. Diese Frauen und Männer beherrschen das Bluffen, Verführen, Überzeugen und Betören so phänomenal, dass ihnen auch intelligente Menschen erliegen. Der Zauber wirkt, weil der Scharlatan selbst glaubt, was er erzählt. Ein »guter« Scharlatan ist vollkommen eins mit seiner verzerrten Selbstwahrnehmung. Und je mehr Beifall sein Gegenüber spendet, desto mehr ist er von sich überzeugt, desto überzeugender agiert er.

Ich bin immer wieder beeindruckt, wenn zum Beispiel ein Briefträger jahrelang erfolgreich an Kliniken agiert, Patienten zufriedenstellt und Kollegen täuscht. Einmal als Psychiater, dann als Allgemeinmediziner oder Neurologe. Zumindest im Fernsehen wirken diese Typen überzeugender als ihre echten Kollegen. Mich bewegte einmal ein charismatischer Scharlatan dazu, ihm einen wichtigen

Kontakt herzustellen und die Daumen für ein gigantisches Geschäft zu halten, alles natürlich Larifari.

Scharlatanerie setzt eine Menge Einfühlung, Anpassung und Beobachtungsgabe voraus. Auch Heiratsschwindler haben diese Gabe. Sie spüren die Eitelkeiten, Bedürfnisse und Schwächen ihrer Opfer ganz genau und gehen virtuos darauf ein. Zu Bravourleistungen bringen sie es in ihrer Fähigkeit, in kürzester Zeit Wissen aufzusaugen, verkürzt wiederzugeben und Vertrauen herzustellen.

Scharlatane verkaufen Träume. Die Sehnsucht, seine Träume zu leben, ist groß. Der einzige Schutz vor kränkender Scharlatanerie ist daher, kritisch zu bleiben, wenn ein Mensch verspricht, die geheimsten Träume perfekt zu erfüllen.

Liebesfalle Geld

Geld ist das letzte Tabu in Partnerschaften. Übrigens sind österreichische Paare Weltmeister im Beschweigen von Finanzen: 40 Prozent haben getrennte Finanzen, in anderen europäischen Ländern sind es nur 25 Prozent. Auch bei Paartherapien erlebe ich immer wieder, dass die meisten Frauen und Männer eher Details über vergangene Sexbeziehungen als ihren Kontostand verraten. Sparbücher, Wertpapiere, Notgroschen oder Sonderzahlungen werden sowieso totgeschwiegen. Ich will Sie jetzt nicht mit einschlägigen Untersuchungen langweilen, nur so viel: Verschwiegenes und vorenthaltenes Geld ist kränkend und oft ein Beziehungskiller.

Apropos vorenthalten – jetzt müssen wir von Thea und Viktor sprechen. Sie verliebten sich und zogen zusammen. Viktor traf keine Anstalten, einen Teil der finanziellen Alltagslasten zu übernehmen. Warum sollte er sich an den Heizkosten beteiligen, Thea hat es ja auch gern warm. Sie würde auch für sich Gemüse kochen, er isst halt ein paar Kohlsprossen mit. Und das bisschen Wäsche, das sie für ihn mitwäscht, ist auch nicht der Rede wert. Also Schwamm drüber. Eine Zeit lang klappte es, über Geld grundsätzlich nicht zu reden. Aber mit zunehmender Beziehungsdauer wurde es für Thea immer schwieriger, Geldregelungen anzusprechen. Sie fühlte sich in die Rolle einer Bittstellerin gedrängt und wurde unzufrieden und reizbar.

Sobald Liebesempfindungen zwiespältig werden und das Gefühl von Ungerechtigkeit schwelt, lädt sich das Beziehungsklima aggressiv auf. Neuerdings flaut bei Thea das sexuelle Empfinden ab. Sie hat immer öfter keine Lust oder sie initiiert justament dann einen Streit, wenn Viktor zärtlich werden will. Vorenthaltene sexuelle Lust und Wertschätzung sind nur einige von vielen unbewussten Strafen für vorenthaltenes Geld.

Dass Viktor geizig ist, steht außer Frage. Ich könnte Ihnen aber auch genauso viele, wenn nicht noch mehr Geschichten von berechnenden Frauen erzählen. Grundsätzlich gilt: Solange die Liebe frisch und die sexuelle Anziehung sehr stark ist, wird ein Partner idealisiert. In diesem euphorischen Zustand gelingt es leichter, gerechte und vernünftige Geld-Regeln zu finden. Mag schon sein, dass das Geldthema vorübergehend den Schleier der Romantik lüftet. Aber das gefährdet die Liebe nicht annähernd so wie der Moment, in dem sie vom Thema Geld eingeholt wird.

Mein Liebster und ich verbringen ein Wochenende an einem See. In einem überfüllten Lokal bekommen wir Platz an einem Tisch, an dem bereits ein turtelndes Pärchen sitzt. Wir plaudern und erfahren, dass er einen soliden Beruf hat, sie ist in einer AMS-Schulung. Es ist ihr erstes gemeinsames Wochenende und offenbar – zwinker, zwinker, auch ihr erster Sex.

Dann geht's ans Zahlen. Der Mann zahlt, kontrolliert Posten für Posten und sagt zu seiner Gefährtin, die er grad noch abgeschmust hat und mit der er jetzt in die Heia will: »Ich kriege von dir 31 Euro.« Noch ein genauer Blick auf die Rechnung: »Nein, 36 Euro, den Salat hast ja du gehabt.« Der krönende Abschluss dieser Geiz-Performance: Der Mann lässt zwanzig Cent Trinkgeld zurück.

Die Frau tut mir jetzt schon leid. Die Anstrengung, Geben grundsätzlich zu vermeiden, macht vor nichts halt. Geizhälse knausern meist nicht nur mit Geld, sondern auch mit Emotionen. So mancher zwanghafte Sparefroh will zwar seinen Geiz mit List, Energie und Organisationstalent bemänteln, aber Geiz bleibt nicht unbemerkt. Eine Klientin erzählte mir, dass sie von einem neuen Bekannten nur an Orte eingeladen wurde, wo es etwas gratis gab. Seine kleinen Präsente stellten sich als Firmengeschenke heraus und beim Einkauf im Supermarkt für das gemeinsame Kochen löste er sich an der Kassa in Luft auf. Sie trat übrigens noch an der Bettkante von dem stillschweigenden Übereinkommen zurück, dass »es« an diesem Abend passieren würde. Geben hat seit Menschengedenken etwas mit Gefühlen zu tun. Frauen schenken einem Kind das Leben, die Brust, vollkommene Hingabe. Daher unser Schluss: Kein Geben, keine Liebe.

Aus der Spiele-Forschung weiß man, dass der Drang besteht, einen Geizhals indirekt zu bestrafen. Lieber verzichtet man selbst auf einen kleinen Vorteil, bevor man ein unwürdiges, geiziges Angebot annimmt. In Liebesbeziehungen muss ein Geizhals mit subtilen Sanktionen rechnen: Vorenthaltene sexuelle Lust und Verachtung sind nur einige von vielen Strafen für kränkendes geiziges Verhalten.

Frauen werden zwar schlechter bezahlt als Männer, sind aber im Allgemeinen großzügiger. Verhaltensexperimente erklären das damit, dass im Gehirn von Frauen Großzügigkeit Belohnungssignale aktiviert, während sie bei Männern durch egozentrisches Verhalten (mein Geld, mein Vorteil, meins, meins, meins) ausgelöst werden. »Berechnend« können Frauen sein, wenn es darum geht, einen Geizhals, der sie immer kurzgehalten hat und jetzt die Scheidung will, zu bestrafen. Nicht erst einmal habe ich von einer Frau gehört: »Zahlen soll er, bis er schwarz wird.« Was so einem Partner auf dem Umweg über sein heißgeliebtes Geld angetan wird, ist erschreckend. Dabei geht es nicht so sehr um die persönliche Bereicherung des einen, sondern um die Vernichtung des anderen. Das hat er davon, ätsch.

Von falschen Gefühlen, Egoismus, Narzissmus und gefährlichen Masken

Lügen sind nicht so schlecht wie ihr Ruf – das nur zu Beginn, bevor wir uns mit Narzissten, Lügnern, Wahrheitsfanatikern und mit falschen Gefühlen auseinandersetzen.

Es ist fraglich, eine Partnerschaft
in Wahrheit zu führen

Norbert und Maria erneuerten nach 25 Jahren Ehe ihr Eheversprechen. Norbert wollte das Ritual mit reiner Seele begehen. Also gestand er Maria, dass er vor 17 Jahren eine Geliebte hatte. Monatelang belog und betrog er seine Frau. Erst als seine Geliebte einen Mann kennenlernte, der sie heiraten wollte, war die Affäre zu Ende.

Maria weinte während des ganzen Rituals. Familie und Freunde dachten, es seien Tränen der Rührung und Glücks. Aber Maria weinte über den Verlust ihrer Sicherheit und ihrer Illusion, dass ihre Ehe etwas ganz Besonderes, Exklusives, fast schon Heiliges sei. Nach Wochen beruhigte sich Maria. Aber so, wie es zwischen ihr und Norbert einmal war, wurde es nicht wieder.

Was sagen Sie? Hat Norbert recht getan? Oder hätte er den Schein wahren sollen?

Um den schönen Schein ging es auch bei Christiane und Josef. Sie waren noch kein Paar, aber spürten, dass sie eins werden würden. Christiane war schon lange von Verwandten nach Spanien eingeladen, Josef konnte sich beruflich nicht frei machen. Also diesmal noch getrennte Urlaube. Nach Christianes Rückkehr hatte Josef eine Ahnung: »War da was?« Josef spürte richtig. Das letzte Glas Sangria war zu viel und »es« war passiert. Aber einmal ist keinmal. Mit einer Beichte hätte Josef ein Bild von ihr bekommen, dem sie nicht entspricht. Falsch, oberflächlich, enthemmt, nicht paktfähig. Christiane beruhigt Josef. »Nichts ist passiert.«

Was sagen Sie? Hat Christiane recht getan, indem sie den schönen Schein wahrte? Oder hätte sie ehrlich sein sollen?

Ich will Sie nicht zum Lügen animieren. Aber Wahrheitsfanatiker, die anderen unter allen Umständen die nackte Wahrheit »ins Gesicht schleudern«, sind mir verdächtig.

Hinter Wahrheits-»Wut« verbergen sich oft Sadismus oder Überheblichkeit. Hätte Christiane ihren One-Night-Stand gebeichtet, hätte es lange gedauert, bis Josef wieder Vertrauen für eine Langzeitbeziehung hätte haben können. Vielleicht hätte er die Idee, zusammen zu bleiben, überhaupt aufgegeben. Eine Chance weniger für beide.

Auch Norbert hätte sich seine Beichte sparen sollen: Er hatte das Vergnügen alleine, er muss auch das schlechte Gewissen mit sich ausmachen. Dass Norbert seine Frau für die eigene Schwäche mit Seelenschmerz, Sicherheits- und Werteverlust büßen lässt, ist nicht loyal.

Abgesehen von diesen großen Lügen bin ich eine Anhängerin der kleinen Alltagsmogeleien. Sie helfen, den schönen Schein zu wahren, und sind die Weichspüler des täglichen Lebens. Ich möchte nicht hören: »Für diese Jeans sind Sie zu dick.« Mir tut ein beschönigendes: »Diese Marke hat einen ungünstigen Schnitt« wohler. Mein Liebster soll auch nicht sagen: »Mit X möchte ich gern schlafen.« Wozu Dinge aussprechen, die wehtun, ohne zu sinnhaften Veränderungen in einer Beziehung beizutragen?

Die Wahrheit ist: Wer im Zusammenleben nicht den schönen Schein wahrt, hat entweder zu wenig soziale Intelligenz oder er ist gefühlskalt. Wahrheits-»Liebe« ist es jedenfalls nicht.

Das Imposter-Phänomen

Was oft als Wahrheitsliebe daherkommt, ist in Wahrheit verzerrte Selbstwahrnehmung. Emmi berichtet: Sie war schon als 23-jährige mit ihrem Studium fertig. Glück gehabt. Mit 30 machte sie sich selbstständig. Das war nur einem Zufall zu verdanken. Mit 35 versorgte sie Haushalt, zwei Kinder und zwei Geschäfte. Eigentlich war das ganz easy. Nach der Scheidung ein Neustart, privat und beruflich. Das hätte jeder hingekriegt.

Emmi kann nicht stolz sein auf das, was sie erreicht. Jeden Erfolg macht sie klein, jede Leistung spielt sie herunter. Und das Schlimme ist, dass sie tief in ihrem Inneren wirklich glaubt, alles nur dem Glück oder Zufall und nicht ihrem Einsatz zu verdanken.

Ähnlich ergeht es Christian. Erst kürzlich war er der Einzige, an dem diese attraktive Blondine Interesse zeigte, obwohl sich zwei andere Männer um sie bemühten. Aber anstatt dranzubleiben, zog er sich zurück. Danach befragt, warum er bei so guten Anfangschancen klein beigab, sagte er wörtlich: »Es hätte doch sowieso nicht lange gedauert und diese Superfrau hätte sich gedacht, dass ich ein Dünnbrettbohrer bin.«

Christian schafft es sogar beim Sex, aus Gold Stroh zu machen. Als ihm eine Partnerin beteuerte, noch nie so guten Sex erlebt zu haben, gab er sich's so richtig: »Das sagt sie doch nur, weil sie in Wirklichkeit keinen Orgasmus gehabt hat. Oder sie war schon überfällig. Jeder Typ hätte ihr gutgetan. Ich bring's jedenfalls nicht.«

Emmi und Christian sind klassische »Imposters« – Menschen, die das, was sie können und schaffen, selbst nicht für gut halten. Sie sind überzeugt, dass sie überschätzt werden oder Erfolge nur äußeren Umständen zu verdanken haben.

Ich weiß aus meiner Praxis, wie sehr Imposters (»imposter« = Hochstapler) unter Druck stehen. Aus Angst, ein anderer würde dahinterkommen, dass sie eigentlich nur eine Mogelpackung seien, vermasseln sie sich durch Schüchternheit oder verkrampftes Auftreten vor allem im Liebesleben gute Chancen. Die Angst vor einer »Enttarnung« treibt so manchen Partnersuchenden in die Isolation. Eine gestörte Selbstwahrnehmung macht hoffnungslos: Wenn alles nur dem Zufall oder Glück zu verdanken ist, kann man auf die Wiederholung eines Erfolges nicht vertrauen. Mich wundert, dass das Imposter-Syndrom, das erstmals in den 70er-Jahren diagnostiziert wurde, bis heute so wenig bekannt ist. Ich bin überzeugt, dass viele Menschen, die wegen einer Essstörung, Kontaktproblemen, Perfektionismus oder sexueller Störungen psychologischen Rat suchen, »maskierte« Imposters sind. Sie halten nichts von sich und fürchten, dass ihre vermeintliche Minderwertigkeit entdeckt werden könnte.

Manchmal hilft es schon, mit guten Freunden über diese Angst zu sprechen. Auch die Frage »Handelt es sich um eine Annahme oder um eine Tatsache?« kann einem Imposter die Augen öffnen. Schließlich hilft es auch, ein Erfolgstagebuch zu schreiben. Schwarz auf Weiß wird so manche Wahrheit erst wirklich bewusst.

Einer lässt sich lieben,
der andere verausgabt sich
durch Anpassungsenergie

Ehrlich geführte Tagebücher sind großartige Beweismittel eigener Befindlichkeiten und der Qualität einer Beziehung. Hanna erkannte beim Durchlesen ihres Tagebuchs, dass ihrer Partnerschaft die Balance von Geben und Nehmen fehlt.

Zwei Jahre hatte sie gehofft, dass Christian beim Sex mehr auf sie eingeht. Aber Christian nervten die Berührungen, die Hanna zu einem Höhepunkt gebraucht hätte. Er pochte zwar darauf, dass Hanna ihn mit Reizwäsche und oralen Zärtlichkeiten in Schwung bringt, trug aber seinerseits nichts zu ihrer Befriedigung bei.

Hanna bemühte sich ernsthaft, im Bett »gut« zu sein. Sie trug Dessous, praktizierte Oralsex, stöhnte, wenn Christian es wollte, und verwendete die Dirty Words, die er gern hörte. Er blieb dabei: Für Hanna kein Vorspiel, keine manuellen Zärtlichkeiten. Er war potent, das sollte genügen. Die Denkweise eines Egoisten. Scheinbar ohne Anlass sagte Hanna eines Tages: »Es reicht.« Die Reaktion einer Frau, die sich nicht mehr verbiegen will.

Für viele Frauen ist es noch immer ein Ausdruck der Weiblichkeit, nicht egoistisch zu sein, sondern sich anzupassen. Obwohl diese Anpassung meist eine groteske Verkrümmung der eigenen Bedürfnisse ist, erleben sie sie lange Zeit nicht in Widerspruch zu sich selbst. Aber die einseitige Anpassung an die sexuellen Wünsche des Partners führt zwangsläufig in erotische Selbstvernichtung. In der ersten Verliebtheit kann sich eine Frau vielleicht auch unter ungünstigen Bedingungen ihren Höhepunkt »holen«. Wenn sich das anfänglich wilde Begehren normalisiert und der Sex nach wie vor nur für den Partner maßgeschneidert ist, sind Orgasmusstörungen unvermeidlich. Mit der Zeit verkommt die Erotik zu Dienstleistungs-Sex. Schade um die Anstrengungen des Gebenden – Dienstleistungs-Sex wird von dem, der nur konsumiert, seltsam blass erlebt.

Hinter so harmlosen Bemerkungen wie »Er denkt immer nur an sich« oder »Von ihr kommt nichts zurück« steckt meist eine chronische Schieflage des Systems der Gegenseitigkeit. Im Idealfall gibt der eine etwas, der andere gibt etwas zurück. Wenn dieses Prinzip der Reziprozität nicht funktioniert, gerät eine Beziehung aus der Balance. Der Frust des Gebenden ist ein Liebeskiller und macht anfällig für Seitensprünge. Der totale Verzicht auf das Ausleben eigener erotischer Impulse kann sogar ein Burn-out verursachen. Diese Erschöpfungsdepression verstärkt sich, wenn das Anpassen und das einseitige Geben im Bett auch im Alltag fortgesetzt werden.

Nicht nur Frauen verzichten auf angemessenen Egoismus, auch Männer sind oft Big Spender. Bernhard gab sich ganz seiner geliebten Sabina hin. Er umsorgte sie wie eine Mutter, sie nahm wie ein unersättliches Kleinkind. Liebe empfand sie trotzdem nicht für Bernhard. Als Sabina keine Lust mehr hatte mit ihm zu schlafen, erwartete er wenigstens Dankbarkeit für seinen Einsatz. Sabina wollte nicht für etwas danken, was ihr aufgedrängt wurde. Kaum tauchte ein anderer passabler Typ auf, ließ sie sich auf einen Seitensprung ein, der zum Absprung aus der Beziehung wurde.

Wir haben die Lektion, nur ja nicht egoistisch zu sein, allzu gründlich gelernt. Die selbstbehauptende Kraft eines gesunden Egoismus ist eine der Voraussetzungen für seelische Gesundheit und eine geglückte Partnerschaft. Für erfüllten Sex sowieso.

Es ist ziemlich leicht, sich selbst zu hintergehen

Wenn in einer Partnerschaft das Prinzip der Reziprozität nicht stimmt oder Ängste das Beziehungsleben dominieren, hören sich die damit verbundenen Geschichten zwar unterschiedlich an, haben aber einen gemeinsamen Nenner – den maskierten Selbstbetrug.

Sophie weiß für alles Rat und ist für alle da. Keine Arbeit ist ihr zu viel, kein Wunsch eines anderen zu groß. Aber ihren Partner hat sie bis heute noch nicht um die Liebkosungen gebeten, die sie brauchen würde, um einen Höhepunkt zu haben. Ihr Freund meint, Sophie sein ein Anpassungsgenie, eine Frau ohne eigene Bedürfnisse. Irrtum, Sophie hat Bedürfnisse und Wünsche, aber sie äußert sie nicht. Als Extrabonus ihres Selbstbetrugs redet sich Sophie ihren Verzicht schön. »Am glücklichsten bin ich, wenn er glücklich ist«, behauptet sie.

Das Gegenteil von Sophie ist Markus. Er stellt sich als Womanizer dar, ist fordernd und unstet. Kaum hat er bei einer Frau Erfolg, baggert er die nächste an. Erwartet eine mehr von ihm, wird er patzig: »Ich hab' nie etwas versprochen.« Markus und Sophie praktizieren ein Verhalten, das wir in der Verhaltenstherapie »Vorwärtsvermeiden« nennen: Mit ihrer Hilfs- und Opferbereitschaft wehrt Sophie aktiv ihre Angst ab, nicht gemocht zu werden. Lieber ein Verzicht als eine Ablehnung! Sophie will unter allen Umständen und von allen Menschen geliebt werden.

Markus hält mit seinem aufreißerischen Getue aktiv seine Angst vor einer tiefen Bindung in Schach. Wenn seine jeweilige Gefährtin enttäuscht Schluss macht, hat Markus sein unbewusstes Ziel erreicht: Er ist einer tieferen Bindung entkommen.

Vorwärtsvermeiden hat seinen Preis. Eigentlich ist Markus durch seine raschen Partnerwechsel einsam. Sophie bleibt durch ihre vermeintliche Bedürfnislosigkeit konturlos. Ihr Freund sagt, sie sei so bequem wie ein alter Hausschuh.

Genauso häufig wie das aktive Vorwärtsvermeiden dieser beiden ist das passive »Rückzugsvermeiden«. Jeder von uns kennt es: Aus Angst nicht akzeptiert zu werden, zieht man sich zurück und vermeidet jedes Risiko, das ein Scheitern in sich bergen könnte.

Ich wagte jahrelang nicht, mich nach einem Vortrag mit einem Kommentar zu Wort zu melden. Mein Herz schlug wie verrückt, aber meine Furcht, dass ich nicht gescheit genug sein könnte, war größer. Also würgte ich mein Wissen runter und schwieg. Im Nachhinein kränkte ich mich über meine Schwäche und über die Wortmeldungen Mutigerer, die meist nicht viel besser gewesen waren als meine Überlegungen.

Rückzugsvermeiden und Vorwärtsvermeiden sind »Stop-and-go-Strategien« eines Selbstbetrugs, der das Leben und Lieben beschwerlich macht. Man meint, cool oder gut zu sein, und will die Angst, die einem im Nacken sitzt, nicht wahrnehmen. Eine fatale Selbsttäuschung. Denn durch die Einsicht in die eigentlichen Ängste könnten die dadurch verursachten Konflikte – zum Beispiel eine unangemessene, destruktive Scham – aufgelöst werden.

In jedem Menschen sind Wahrheiten als blinde Flecken verborgen

Bei einem »Stop«- oder »Go«-Verhalten kann zwar die Devise »Angst erkannt, Selbstbetrug gebannt« Probleme entwirren, aber blinde Flecken auf der Seele machen alles schwieriger.

Barbara passiert es schon zum vierten Mal, dass sie mit einer Beziehung, an der ihr viel liegt, Schiffbruch erleidet. Flop Nummer eins war Bruno. Drei Jahre erzählte er Barbara von seiner unglücklichen Ehe und dass er keinen Sex mehr mit seiner Frau habe. Dass seine angeblich ungeliebte, sexuell zurückgewiesene Frau ein lang ersehntes und geplantes Kind erwartete, erfuhr Barbara durch Zufall. Auch Details hörte sie: Das Paar bemühte sich schon lange um diese Schwangerschaft.

Der zweite Flop war Dorian, ein sehr erotischer Mann. Aber immer, wenn sie einander besonders nahe waren, krachte es. Eine Kleinigkeit, und rrrums, Trennung war angesagt. Fast vier Jahre lebte Barbara in einer nervenaufreibenden On-off-Beziehung.

Der dritte Flop war der schlimmste. Günther war ein schillernder Krimineller, über den alle Medien berichteten. Unmittelbar nachdem Barbara ihn kennengelernt hatte, wurde er inhaftiert. Niemand ahnte, dass Barbara ein Jahr lang mit ihm eine leidenschaftliche, romantische Korrespondenz führte. Sie fühlte sich diesem Mann so verbunden wie noch keinem zuvor. Als Günther aus dem Gefängnis kam und bei ihr einzog, erlebte Barbara wochenlang euphorisches Glück. Dann bekam sie Panikattacken. Günther wich keinen Schritt von ihr, die Panikattacken häuften sich. Plötzlich tauchte Günthers Ex-Partnerin auf. Er verließ Barbara, ohne zu zögern, und die Panikattacken hörten auf.

Jetzt haben Sie genug von Barbaras schwierigem Liebesleben gehört. »Was ist denn los mit ihr?«, wollen Sie wissen. Barbara hat einen »blinden Fleck«. Der Ausdruck wird in Anlehnung an den blinden Fleck des Auges gebraucht: An dem Punkt, an dem der Sehnerv an die Netzhaut andockt, sitzen keine Sehzellen. Mit diesem Areal kann daher nichts gesehen werden. So geht's uns auch mit unserer Seele: Wir alle haben blinde Flecken in unserer Selbstwahrnehmung. Obwohl es immer wieder Schwierigkeiten gibt, die nachdenklich machen, wird wegen eines »blinden Fleckes« justament die Eigenschaft, die für die Zores verantwortlich ist, nicht gesehen. In einem blinden Fleck verstecken sich Erfahrungen, die irgendwann einmal verwirrt haben, unbequem oder beängstigend waren. Später ist es der Wahrnehmung nicht möglich, diese Aspekte bewusst zu erkennen.

Barbara ist nicht bewusst, dass sie ein Nähe-/Distanzproblem hat. Als Kind bekam sie nicht genug Nähe, heute sehnt sie sich danach, aber gleichzeitig macht ihr Nähe Angst. Daher verliebte sie sich in Bruno, weil er ihr nie ganz gehörte. Daher inszenierte sie mit Dorian Krach, sobald es besonders harmonisch war. Daher war sie mit Günther so glücklich – seine Inhaftierung ermöglichte es ihr, von Nähe zu träumen, ohne Nähe aushalten zu müssen. Als er bei ihr wohnte, bekam sie Panikattacken – die Nähe erstickte sie.

Blinde Flecken entstehen, wenn Schmerz und Angst verdrängt werden. Später verursacht eine Selbstwahrnehmung, die durch blinde Flecken verzerrt ist, Beziehungsprobleme.

Narzissmus-Alarm!

Nellys blinder Fleck betrifft ihre scheinbare Anpassungsfähigkeit. Was immer andere wollen, ihr soll's recht sein. Durch diese falsche Bescheidenheit strahlt Nelly eine unzufriedene Introvertiertheit aus, mit der sie die Aufmerksamkeit anderer auf sich zieht.

Das Gegenteil ist Johann. Souverän und wortgewandt gewinnt er auf Anhieb Menschen für sich. Frauen fahren auf ihn ab, Männer beeindruckt er. Bei näherem Kennenlernen blättern die Fassaden von Nelly und Johann: »Sie ist nicht authentisch.« »Er ist ein Angeber.« Übereinstimmend heißt es: »Die/der ist narzisstisch!« Narzissmus ist immer und überall.

Zwischeneinschub zur schnellen Orientierung: Als Narzissmus wird eine übertriebene Selbstliebe bezeichnet. Mindestens einmal in der Woche sagt mir jemand im koketten Stil Woody Allens: »Ich bin ein Narzisst.« Narzisstisch zu sein ist in.

Eine Modediagnose, für die man sich ebenso wenig schämt wie für ein Burn-out. Man macht sich ein bisschen interessanter und erwartet als Sekundärgewinn eine Sonderbehandlung.

Neu ist der Narzissmus nicht. Er wird schon in der griechischen Mythologie beschrieben und wird so lange weit verbreitet sein, wie Eltern ihre Kinder gleichzeitig anbeten und vernachlässigen. Übrigens hat auch der Narzissmus zwei Seiten. Der Großartigkeits-Narzissmus mit Pseudo-

Männlichkeit auf der einen, Pseudo-Angepasstheit mit Weiblichkeits-Faktor auf der anderen Seite. Das»Material« der Medaille ist dasselbe – Selbstliebe. Das ist grundsätzlich nix Schlechtes, man wird ja schon als Narzisst geboren. Einem vitalen Narzissmus ist nämlich zu danken, dass man seine Bedürfnisse spürt, sich ihnen positiv zuwendet und Willensstärke hat. Aber diesem gesunden Narzissmus steht der pathologische Narzissmus gegenüber. Machtanspruch, Selbstdarstellungslust, mangelnde Einfühlung und skrupellose Manipulationswünsche sind typisch. Wenn Sie jetzt an Trump, Erdoğan und Putin – also Männer mit Zerstörungspotenzial – denken, liegen Sie richtig.

Der Alltags-Narzissmus dreht sich nicht um Atomraketen, sondern oft um »Likes« auf Facebook und Instagram, um banale Selfies, Internet-Flirts und anonymisierte Sex-Chats. Unsere digitalisierte Welt erzeugt narzisstische Persönlichkeitszüge. Das macht Beziehungen schwierig, denn narzisstische Partner sind Energieräuber. Sie haben wenig Selbstkritik und ein unersättliches Resonanzbedürfnis, kein Liebesbeweis ist genug. Ich werde oft gefragt, wie man mit Narzissten umgehen soll. Einfache Regel: Bewundern ja, aber in dem Wissen, dass hinter einer eindrucksvollen Fassade ein schwacher Mensch steckt.

Komplizierte wissenschaftliche Tests kommen übrigens zu demselben Ergebnis wie die direkte Frage:»Sind Sie narzisstisch?« Wenn Sie spontan mit»Ja« antworten, haben Sie tatsächlich narzisstische Persönlichkeitszüge.

Narzisst sucht Echoistin

Meine psychotherapeutische Praxis ist ein verlässliches Barometer aktueller Volkswehwehchen. Narzissmus-Verdacht steht zwar auf der Hitliste der seelischen Auas ganz oben, um ein Alzerl aktueller ist allerdings sein Gegenpart – der Echoismus. Der Name geht auf den Mythos von Narziss und Echo zurück: Die Nymphe Echo verliebt sich in den schönen, selbstverliebten Jüngling Narziss und ist dazu verdammt, immer nur dessen letzte Worte zu wiederholen. Sie selbst hat keine eigene Stimme. Genau das ist typisch für Echoisten.

Es kommt immer häufiger vor, dass eine Klientin, die für ihre gescheiterte Beziehung schon ihre eigene Erklärung parat hat: Der Ex war ein Narzisst. Ein Urteil über sich selbst hat sie nicht. Oft lautet es: Echoismus.

Was tut Marie nicht alles, um Anton für sich zu gewinnen. Sie hält seine Wohnung in Schuss, reißt sich um jede noch so niedrige Arbeit, kümmert sich um seine Verwandtschaft, gibt ihm Recht, auch wenn sie anderer Meinung ist, und lacht in Gesellschaft über Antons alte, blöde Witze. Marie springt über ihren Schatten, mehr noch, sie demütigt sich für Anton.

Auch im Bett zählt nur das, was Anton will. Sie verzichtet auf einen Orgasmus, Hauptsache, für Anton ist der Sex super. Anstatt auf sich zu hören, ihre Bedürfnisse zu äußern, legt Marie immer noch einen Gang zu. Hinter all dem Einsatz steht die Absicht, »nur ja nicht egoistisch zu sein«, und das Flehen »Liebe mich! Erkenne meinen Wert!« Marie ist wie alle Echoisten sensibel, einfühlsam und opferbereit. Anton ist der Prototyp des Narzissten – selbstherrlich, anspruchsvoll und entwertend.

Leider fügt es sich bei Paarbindungen oft, dass sich justament zwei zusammentun, von denen einer narzisstisch und der andere opferbereit ist. Der Narzisstische glitzert und ist anspruchsvoll, der Echoistische tanzt nach der Pfeife des anderen. »Wenn ich einen Mann liebe«, sagt Marie, »schrumpfe ich.« Diese tüchtige, warmherzige Frau macht sich klein, wo es nur geht. »Ständig frage ich mich, wie er mich sehen, was er hören will.« Gleichzeitig hat Marie Angst, eine Belastung für Anton zu sein, Dank erwartet sie sowieso nicht. Marie verzwergt angesichts ihrer Gefühle. »Ich bin eine Null«, lautet Maries Beziehungsbotschaft. »Du bist herrlich.« Antons Beziehungsbotschaft heißt:»Ich bin grandios und du bist nichts.« Das Ergebnis dieses verzweifelten Bemühens der Echoisten? Nichts, nullo, niente. Liebe lässt sich nicht erzwingen, und der werbende Echoist verliert zunehmend an Reiz. Seine Anstrengungen wirken so schwerfällig wie ein Schulaufsatz. Vor allem Frauen haben die Lektion, nur ja nicht egoistisch zu sein, gründlich gelernt. Aber auch Männer sind in den Reihen der Echoisten zu finden. Sie umsorgen ihre Partnerin wie eine Mutter, investieren in sie Aufmerksamkeit und Geld. Dankbarkeit bekommen auch sie nicht. Wer will schon für etwas danken, was ihm aufgedrängt wird.

Als Echoist wird man nicht geboren, man wird dazu, weil man als Kind nur dann geliebt wurde, wenn man das Echo der Eltern war oder weil schon ein Elternteil ein Echoist war und Egoismus als abstoßend galt. Aber gesunder Egoismus ist eine der Voraussetzungen für seelische Gesundheit und eine balancierte Partnerschaft. Für erfüllten Sex sowieso.

Narzisstische Menschen haben emotionale Wachstumsstörungen

Ein Geständnis: Als 15-Jährige ließ ich mir von meinem ersparten Taschengeld Visitenkarten drucken. Das allein war zur damaligen Zeit ziemlich ungewöhnlich. Ich ließ nicht meinen richtigen Namen schreiben, sondern »Katharina von Narajow«, der ukrainische Ort, aus dem meine

Großmutter kam. Das war noch nicht alles. Ich besorgte mir große Brillen mit Fenstergläsern und erzählte jedem, der es hören wollte, und auch denen, die es nicht interessierte, dass ich Theoretische Physik studieren werde. Ausgerechnet! Ich verachtete die »Stinos«, die Stinknormalen, und hätte wahnsinnig gern einen exotischen Vornamen gehabt – Hyazinthe oder so ähnlich. Es war mir peinlich, Gerti zu heißen. Gerti war Mittelmaß. Etwas, wofür ich keinesfalls gehalten werden wollte. Ich wollte etwas ganz Besonderes sein, spitze auf allen Gebieten.

Das alles ist nicht rühmlich, aber ich gestehe es, weil ich heute als praktizierende Psychotherapeutin weiß: Niemand will mittelmäßig und beliebig austauschbar sein. Jeder Mensch hat den Wunsch, unverwechselbar, etwas Besonderes zu sein. Wie stark dieses Bedürfnis ist, merken Sie, wenn man Ihren Namen vergisst, verwechselt oder entstellt.

In der Pubertät, dieser schwierigen Zeit der Identitätsfindung, ist das Selbstwertgefühl extrem labil. Als Übergangsstadium sind narzisstische Wünsche nach Grandiosität, wie ich sie damals hatte, ebenso normal wie schmerzliche Versagenserlebnisse. Es ist unvermeidlich, dass die eine oder andere grandios geplante Performance lächerlich endet. Aber irgendwann hat diese schwierige Phase ein Ende, also Schwamm drüber.

Hier geht es mir um all jene Erwachsene, die diesen jugendlichen Narzissmus nicht überwunden haben und mit Selbstüberschätzung und Egozentrik ihren Partnern das Leben schwer machen. Sie sind Erwachsene mit einer prächtigen Fassade, leben aber noch immer in einem kindlichen Zustand von Größen- und Wunschfantasien. Wie ein Kind ein idealisiertes Bild von sich selbst hat, weil es sogar für ein Bäuerchen und den Topfinhalt bewundert und gelobt wird, haben auch narzisstische Menschen ein verzerrtes, aufgeblähtes Selbstbild. Sie sind, einfach ausgedrückt, unreif. Ein erwachsener partnerschaftlicher Pakt eines ausgewogenen Gebens und Nehmens funktioniert mit Narzissten daher gar nicht oder nur so lala.

Narzisstische Menschen verhalten sich wie Märchenprinzessinnen und Märchenprinzen. Erst wenn sie kapieren, dass sie kein Königreich besitzen, könnten sie die wunderbaren Partner werden, für die sie sich von Anfang an halten.

Einsame Wölfe sind die neuen Narzissten

Sophie hat Schwierigkeiten mit Bernhard. Wenn ein Wochenendausflug geplant ist, muss Bernhard plötzlich dringend den Keller aufräumen. Gemeinsamen Einladungen weicht er mit faulen Ausreden aus. Kocht sie Bernhards Lieblingsessen und lädt ein paar Freunde dazu ein, sitzt er lieber zu Hause vor seinem Computer und isst ein ausgetrocknetes altes Brot.

»Ich bin ein selbstgenügsamer Mensch«, rechtfertigt sich Bernhard. »Ich habe keine materiellen Ansprüche und brauche kein Remmidemmi.« Das Alleinsein hinterm Lenkrad ist sein idealer Rückzugsort fürs Ich, da ist die Welt ausgesperrt. Kein Wunder, dass Bernhards Beziehungen an dieser Flucht vor Nähe scheitern. Bernhard bezeichnet sich selbst als einsamen Wolf. Er sagt das nicht ohne Stolz. Dabei weist er auch immer wieder auf die eitlen narzisstischen Typen hin, die von äußerem Glanz und Bewunderung nicht genug bekommen.

Mit entwertenden Anspielungen sollte Bernhard vorsichtiger sein. Seine überhebliche Selbstgenügsamkeit ist nämlich ein maskierter Narzissmus. Richtig ist, dass Bernhard asketisch lebt und sich selbst genügt. Aber diese

Haltung ist meist nur ein Schutz davor, auf Ablehnung zu stoßen. Einsame Wölfe von der Sorte wie Bernhard haben ein toxisches Ideal-Ich: Bernhard zieht sich aus Unsicherheit zurück. Womöglich könnten andere unzufrieden mit ihm sein und er bekommt nicht das Feedback, das seinem Ideal-Ich gebühren würde. In Wahrheit ist Bernhard noch abhängiger von Anerkennung und Bewunderung als die herkömmlichen Narzissten, über die er sich mokiert.

Die zweite Sorte einsamer Wölfe sind Männer, die sich gegen Nähe wehren, weil sie als Kind erlebten, dass die Abhängigkeit von der Mutter die Entfaltung ihrer männlichen Identität behindert. Oft wird das Bedürfnis eines Buben nach Nähe als Schwäche und Unmännlichkeit hingestellt. Wen wundert's da, dass später eine vermeintlich gefährliche Nähe vermieden wird.

Möglich ist auch, dass ein kleiner Junge zum Ersatzpartner der Mutter wurde. Jedes Mal, wenn er versuchte, seinen Weltbezug zu vergrößern, sich von ihr ab- und anderen zuzuwenden, wurde er zurückgeholt und festgehalten. Als erwachsener Mann ist er dann auf Rückzug aus, wenn die Partnerin Nähe erwartet. Ihre Wünsche nach Gemeinsamkeit wecken in ihm die Angst, sich der Einflusssphäre der Mutter wieder nicht entziehen zu können.

Egal, aus welchem Grund ein Mann dazu neigt, sich lieber zurückzuziehen als gemeinsam mit einer Partnerin und anderen zu sein – das Modell »einsamer Wolf« ist für viele Frauen eine Herausforderung.

Trotz frustrierender Erfahrungen lassen Sie sich immer wieder auf eine schmerzliche Beziehung mit einem einsamen Wolf ein. Warum tun Sie sich das an? Vermutlich, weil Sie wild entschlossen sind, diesen einsamen Wolf zu zähmen, ihm zu zeigen, dass er ja doch eine Frau braucht. Und zwar Sie, nur Sie. Tja, Narzissmus hat eben viele Gesichter.

»Ich liebe mich, so wie du dich«

Bei unserer Hochzeit sang mein Liebster das Beethoven-Lied »Ich liebe dich, so wie du mich, am Abend und am Morgen … noch war kein Tag, wo du und ich nicht teilten unsere Sorgen«. Als ich davon Bekannten erzählte, hörte ich, dass ein Sänger absichtlich den Text verdrehte und sang: »Ich liebe mich, so wie du dich«. Keiner im Publikum merkte es. Im Dusel des schönen Klangs kann man die Textverdrehung natürlich überhören. Aber vielleicht gingen die Worte so leicht rein, weil sie einen wahren Kern enthalten: die in Verruf geratene Eigenliebe.

Begonnen hat die Tabuisierung der Eigenliebe mit dem neuen Gemeinsinn. Beziehungstheoretiker redeten uns ein, dass man in einer Partnerschaft immer nur das »Du« mit all den Bedürfnissen und Grenzen des anderen berücksichtigen sollte. Das war die Zeit, als man anfing, sich schon nach kurzer Bekanntschaft zu duzen und mit Küsschen zu verabschieden. Seither geht es mit dem Ich-Verständnis auf und ab. Erst wurde suggeriert, dass ohne die »Marke Ich« nix geht. Sich gut verkaufen, sich was gönnen (»Weil ich es mir wert bin«) war die Devise. Dann wieder ein Salto rückwärts: Wer sich von einer Meinung abgrenzt, ist harmoniefeindlich. Horcht einer in sich hinein, »betreibt er Nabelschau«. Jemand, der seine Bedürfnisse klar äußert, ist »am Ego-Trip«.

Was für ein Schwachsinn! In Wahrheit entstehen viele Depressionen und psychosomatische Erkrankungen deshalb, weil die wahren (!) eigenen Wünsche und Bedürfnisse gar nicht aufgespürt und berücksichtigt werden. Auch die Verödung einer Zweierbeziehung und der Erotik kann die Folge eines Mangels an authentischer Ich-Bezogenheit sein.

Männer tun viel, um eigene Gefühle nur ja nicht wahrzunehmen. Wenn Tobias traurig ist, schaut er sich einen

Actionfilm an. Macht ihn etwas nachdenklich, lenkt er sich mit Sport ab. Er ist nie gut zu sich und verzeiht sich keine Schwäche. Tina schluckt alles runter und lässt sich von einem Partner so viel gefallen, dass sie jede Selbstachtung verloren hat. Um sich überhaupt etwas wert zu fühlen, ist sie allerdings zu Spezialeinsätzen bereit. Die taugen aber nicht dazu, sie von ihrem eigenen Wert zu überzeugen, daher ist Tina extrem verletzlich, misstrauisch und eifersüchtig. Ständig mit sich unzufrieden, findet sie auch in ihren Beziehungen nie Frieden.

Geraldine wiederum ist harmoniesüchtig. Sie will unbedingt so fühlen und denken wie ihr Geliebter. Hinter ihrer Harmoniesucht steckt der Wunsch, einer Auseinandersetzung mit sich selbst auszuweichen. Sie glaubt, dass sie sich in einem Partner wie in einem Spiegel sehen kann, wenn sie gleich denkt und fühlt wie ihr Gefährte. »Du bist/ denkst/fühlst wie ich. Also weiß ich, wer ich bin.« Damit schließt sie persönliches und partnerschaftliches Wachstum radikal aus. Um sich nicht wie tot zu fühlen, bleibt solchen Paaren als Flucht vor der Stagnation oft nur noch die Trennung.

Beziehungsfähigkeit schließt auch die mutige Beziehung zu sich selbst mit ein. Wer sein Ich nicht erkennt, wird das Wir nie kapieren.

Oft behandeln Männer ihre Frauen so, wie sie eigentlich ihrer eigenen Mutter gegenübertreten sollten

In der Kapitelüberschrift habe ich Geschichten »falscher Gefühle« angekündigt. Das ist ein dehnbarer Begriff, denn Gefühle, von denen zu wenig oder zu viel da ist, die das

Ziel verfehlen oder unangemessen kommuniziert werden, können als falsch bezeichnet werden. Auch wenn sie noch so gut gemeint sind, können dadurch größere oder kleinere Konflikte entstehen.

Zu mir kommen Menschen nicht, um mir zu erzählen, was für eine glückliche Kindheit sie hatten, wie großartig der Ehemann und wie bezaubernd die Partnerin ist. Zu mir kommen Menschen mit seelischen Konflikten. Jeder von uns weiß, dass es dafür viele Ursachen gibt. Über einige davon reden wir hier.

Ein Klassiker ist ein Gefühl, das man früher den »gesunden Mutterinstinkt« nannte. Er verhindert, dass der Sohn als Ersatzpartner emotional missbraucht wird, weil der Ehemann ein Versager ist.

Ein gesunder Mutterinstinkt lässt nicht zu, dass ein Sohn durch den eigenen falschen Ehrgeiz überfordert und zu einem Studium gezwungen wird, obwohl er handwerklich begabt ist.

Ein gesunder Mutterinstinkt befähigt zu Zärtlichkeit, aber auch dazu, den Sohn zum richtigen Zeitpunkt »wegzulieben«, ihn sein eigenes Leben mit seinen Bedürfnissen leben zu lassen.

Spürt ein Sohn – oft nur vermeintlich – zu viel oder zu wenig mütterliche Liebe, können spätere Liebesbeziehungen schwierig werden. Ich erinnere mich an Friedrich und Nina. Wenn Nina Friedrich bat, ihr eine Arbeit abzunehmen, reagierte er grundsätzlich widerwillig. Nina fühlte sich zu Recht nicht wertgeschätzt. Schließlich erfüllt Friedrich schon seit seiner Kindheit der fordernden Mutter jeden überflüssigen Wunsch.

Man sagt zwar, Mutterliebe kann nie genug sein, aber das stimmt nicht – Friedrich wurde mit Liebe »erstickt«. Heute muss Nina dafür büßen, dass die Mutter Friedrich zwar mit Liebe überschüttet, ihm aber gleichzeitig ihre unerfüllten Bedürfnisse aufbürdete. Schon der kleinste

Anspruch Ninas weckt in Friedrich den Druck seiner Kindheit, nämlich machtlos zu sein und von einer mächtigen Frau überwältigt zu werden. Seine unbewusst anflutende Aggression durfte und darf er nicht gegen seine Mutter richten. Ja, sie setzt ihn zwar unter Druck, aber sie hat ihn geboren, sie liebt ihn, sie ist seine Göttin. Im Guten wie im Bösen.

Friedrich leidet an zu viel Mutterliebe, Rudolf an zu wenig. Als Kind betete er seine blutjunge, schöne Mutter an. In ihrer Selbstverliebtheit hatte sie nur Augen für sich, ihren kleinen Sohn nahm sie gar nicht wahr. Jetzt, als Erwachsener, bekommt Rudolf nie genug Zuwendung von Marie, kein Liebesbeweis ist ausreichend, nie spürt er emotionale Sicherheit. Auch der Sex ist mit dieser Bürde befrachtet. Ein harmloses »Jetzt nicht, ich bin müde« ist für ihn eine Bankrott-Erklärung der Liebe. Nach und nach zerstört Rudolfs emotionale Unersättlichkeit die Beziehung.

Neue Forschungen zeigen, dass übermäßige Mutterliebe genauso negativ sein kann wie zu wenig. Liebe muss nur »gut genug« sein. Ich weiß, dass es heikel ist, über das richtige Maß an Liebe zu theoretisieren, und wer ohne Schuld ist, der werfe den ersten Stein.

Solang ein Mann nicht den Mut hat, sich damit auseinanderzusetzen, welche Macht die Mutter seiner Kindheit immer noch über ihn hat, wird er in bestimmten Situationen auf seine Partnerin so reagieren, wie er als Kind auf seine Mutter reagieren hätte wollen, aber nicht konnte. Seine Frau wird eine fremde Rechnung zahlen müssen. Auch das muss einmal gesagt sein.

Durch ständige Überfürsorge verliert man die Erotik leicht aus den Augen

Fürsorge ist ein Kriterium dafür, dass man geliebt wird, Überfürsorge kann zum Grab der Liebe werden. Thomas fühlt sich zwar geliebt, aber nicht wie ein gleichwertiger Geschlechtspartner, sondern eher wie ein gehätscheltes Kind. Nur zu Beginn der Beziehung konnte Lisa Thomas zeigen, dass sie ihn begehrenswert findet. Seither kommt von ihr kein sexuelles Signal mehr, nur noch mütterliche Fürsorge. Lisas überbehütendes Verhalten beschrieb der israelische Psychologe Haim G. Ginott schon in den 70er-Jahren bei Eltern, die wie »Helikopter« ständig über dem Weh und Wohl ihres Kindes schweben. Mit der Überbehütung verlieren Helikoptereltern meist das große Ganze des Lebens aus den Augen. Gleichzeitig fühlen sie sich aber als Eltern außerordentlich kompetent. Der Helikopter-Vergleich passt auch auf Lisa: Sie hält sich für eine perfekte Partnerin, hat aber die Liebesbeziehung mit ihren erotischen Anteilen total aus den Augen verloren.

Helikopterfrauen sind wie Beobachtungs-Hubschrauber in ständiger Alarmbereitschaft: »Alles roger, Liebling?« Oft geht die exzessive Bemutterung einer Helikopterpartnerin so weit, dass sie sogar Unehrlichkeit und Unzuverlässigkeit ihres Schützlings in Kauf nimmt. Hauptsache, sie selbst hat das Gefühl, dass alles in Ordnung ist.

Lisa wiederholt in ihren Beziehungen Teile ihrer eigenen Mutterbeziehung: Sie identifiziert sich mit den egoistischen Bedürfnissen ihrer Männer und verwöhnt sie so, wie sie selbst gerne von ihrer Mutter verwöhnt worden wäre. Je unentbehrlicher sie für ihren Schützling wird, desto besser kann sie auf diesem Umweg ihre eigenen verdrängten Wünsche nach Fürsorge ausleben.

Manchmal passt die Rollenverzahnung und die Frau bemuttert, während der Mann die Rolle des Kindes auskostet.

Sex ist dann für beide kein Thema. Sie ist lustlos, seine sexuelle Kraft versandet in der kindlich-wohligen Sicherheit, ständig beobachtet und gut behütet zu werden.

Ich weiß, wie wunderbar das Gefühl ist, von einem liebenden Partner wahrgenommen zu werden. Wer Grippe hat, genießt es, von einer Helikopterpartnerin heißen Tee ans Bett serviert zu bekommen. Wer sich gerade seelisch geschwächt fühlt, ist glücklich, sich an einen Helikoptermann anlehnen zu dürfen. Aber dann, bitte, sollte man auch wieder die Geliebte, der Lover, der Flirtpartner sein.

Wenn der Rollenwechsel vom fürsorglichen Helikopterbetreuer zum erotischen Liebenden gar nicht mehr klappt, gilt womöglich ein anderer Funkspruch: »Roger, over and out.«

Liebe vergeht, Eifersucht besteht

Rita kann sich nicht mehr daran erinnern, wann sie das letzte Mal mit Martin geschlafen hat. Vor fünf Jahren? Oder sind es schon sechs? Eine Zeit lang bemühte sich Martin, Rita zu verführen, aber sie blockte ab: »Lass das!«

Jetzt hat Martin eine Geliebte. Rita dreht durch: »Ich ertrage es nicht, dass er mit einer anderen schläft!« – »Da geht es nur um Sex«, beschönigt er. Seit Rita von Martins Beziehung weiß, glaubt sie, ihn immer noch zu lieben. Glauben Sie das auch?

Noch eine ähnliche Story. Patrizia und Sascha haben ein Faible für Zelt-Trekking. Jetzt ist es aus zwischen ihnen, Patrizia hat längst einen anderen, Sascha ist auch wieder verliebt. Als er hörte, dass Patrizia mit ihrem neuen Partner an einer Trekking-Tour teilgenommen hatte, traf ihn der Eifersuchtsschmerz zentral, er konnte ihn gar nicht verbergen.

Wenn solche Situationen bekannt werden, wird getuschelt: »Der liebt seine Ex ja noch.« Oder: »Sie ist noch immer nicht drüber hinweg.« Am meisten verwirrt, dass man als Betroffener die anfallenden Liebesgefühle oft selbst glaubt. Rein theoretisch müsste es Sascha, der doch sowieso in eine andere verliebt ist, gleichgültig sein, was Patrizia macht. Aber sowohl bei Sascha als auch bei Rita geht es nicht um echte Eifersucht, sondern um Besitzansprüche. Ein Partner hat unbewusst auch die Bedeutung eines Reviers. Ein Revier besitzt man und verteidigt es gegenüber Eindringlingen: »Meins! Meins!« ist kein Zeichen von Liebe.

Bei der Eifersucht »post amorem« spielt auch der Anspruch, für den Partner das Wichtigste zu sein, eine Rolle. Dieser Impuls ist ein Relikt der Lebensphase, in der die Welt eines Kleinstkindes nur aus ihm selbst und aus der Mutter besteht. Sie ist seine erste Ressourcenquelle, mit ihr bildet es bereits vor der Geburt eine symbiotische Einheit, auf sie hat es einen exklusiven Anspruch. Eine Mutter kann zwei Kinder gleich stark lieben. Ein Kleinkind, das sich nicht so wichtig wie ein Geschwister oder der Papa fühlt, ist tief gekränkt: »Mama gehört mir.« Erst später werden Vater, Großeltern und Geschwister, dann auch Freunde und Bekannte nicht nur als Eindringlinge, sondern als Erweiterung des Beziehungsgeflechtes erlebt, vielleicht sogar geliebt oder zumindest akzeptiert.

Hinter der Eifersucht auf einen Ex steckt wie anno dazumal der Wunsch, die alleinige Gunst eines Elternteils zu haben: Wer ist wichtiger? Die Neue – oder ich? Wer ist bei der Ex Nummer eins? Der neue Lover – oder ich?

Auch mit einer pervertierten Form von Heimweh kann Eifersucht, die die Liebe überdauert, zu tun haben. Die gute Zeit mit dem Ex war auch eine seelische Beheimatung. Die Vorstellung, dass jetzt eine andere bei dem Ex ihr emotionales Zuhause gefunden hat, ähnelt dem Heimweh nach einer verlorenen Gemeinschaft. Ist man selbst womöglich einsam, kann dieses Heimweh sogar in nagenden Neid kippen.

Ein Eifersüchtiger hat Angst, etwas zu verlieren, was er wirklich oder vermeintlich besitzt. Ein Neidiger will das haben, was ein anderer besitzt. Sich den Unterschied bewusst zu machen, erleichtert den Schmerz.

Der Gaslighting-Effekt

»So geht das nicht weiter«, sagt Ulrich. »Du machst jedem dahergelaufenen Kerl schöne Augen.« Rita ist sprachlos. Sowohl mit Ulrichs Kollegen hat sie ganz normal gesprochen als auch mit dem Kellner in der Pizzeria. Aber Ulrich kommt immer wieder darauf zurück: »Du biederst dich den Männern an.« Nachdem er einmal aus einem Café davonstürmte und Rita allein sitzen ließ, weil sie angeblich einem Tischnachbarn »kokett zulächelte und ihren Mini hochschob«, beginnt sie, an sich zu zweifeln. Bin ich wirklich so? Ist mein Kleidungsstil tatsächlich so billig? Rita vertraut Ulrich. Er liebt sie, er hat vielleicht recht.

Mit der Zeit häufen sich seltsame Vorfälle. Ulrich behauptet, dass Rita mit Absicht ihre Mails löscht. Er bestreitet, in Ritas Abwesenheit die Utensilien auf ihrem Schreibtisch umgestellt zu haben – aber sie stehen anders. »Du hast ein Gedächtnis wie ein Sieb«, sagt er, »du hast sie selbst neu geordnet.«

Was da mit Rita passiert, ist »Gaslighting«. Der Begriff stammt aus dem Theaterstück *Gaslight* (Gaslicht) aus dem Jahr 1938. Um sich mit dem Schmuck seiner Frau davonmachen zu können, stellt deren Mann ihre Wahrnehmung in Frage, bis sie den Verstand verliert. Er behauptet zum Beispiel, dass das Gaslicht gleich stark sei, obwohl er es vorher gedimmt hat. Oder er sucht Gegenstände, die er vorher entwendet hat. Heute wird mit »Gaslighting« subtiler Psychoterror bezeichnet. Mit einer systematischen Manipulationstechnik werden dem anderen dauernd falsche Informationen gegeben, damit er seiner eigenen Wahrnehmung misstraut und der Manipulator mehr und mehr Kontrolle bekommt.

Auch Paulina betreibt mit Friedrich Gaslighting. »In Wirklichkeit mag dich deine Mutter nicht. Sie liebt nur deine Schwester.« Paulina unterstellt Blicken von Friedrichs Mutter Ablehnung, führt als Beweis an, dass die Schwester das größere Kuchenstück bekommt, und »vergisst«, Anrufe der Mutter auszurichten. Gleichzeitig mit der Erschaffung dieses Feindbildes stilisiert sie sich selbst als Liebende hoch: »Nur auf mich kannst du dich verlassen. Nur ich liebe dich wirklich.« Schließlich zieht sich Friedrich tatsächlich von seiner Familie zurück. Jetzt hat Paulina die Macht über ihn, die sie haben wollte.

Dass Gaslighting so wirksam ist, liegt an der Blindheit für verräterische Signale. Würden Rita und Friedrich der Situation ins Auge schauen, müssten sie sich unangenehme Fragen stellen: Liebt er/sie mich in Wahrheit gar nicht? Was beabsichtigt er/sie? Rita und Friedrich sind unsichere, verletzliche Menschen. Sie wollen sich Schmerz und Angst ersparen, also verdrängen sie, was nicht bewusst werden soll. Die innere Verwirrung äußert sich nicht zur Sache, sondern anderswo, buchstäblich »ver-rückt«, zum Beispiel durch Panikattacken, Zweifel an der eigenen Denkfähigkeit oder durch körperliche Beschwerden.

Es dauert lange, bis ein Gaslighting-Opfer spürt, dass irgendetwas nicht stimmt. Trauen Sie diesem Gefühl und aktivieren Sie vernachlässigte Freunde. Sie sind das Netz, das Sie auffängt, wenn Sie die Balance verlieren.

Fremdbestimmung gefährdet
die Balance der Beziehung

Es gibt ein Lebensthema, über das man in der Schule leider nichts lernt: Man erfährt nichts über das Grundbedürfnis nach Selbstbestimmung. Das ist ein Jammer, denn in Beziehungen ist die Frage »Selbstbestimmt? Oder fremdbestimmt?« ein heikles Thema.

In unserer liberalen Zeit wird Selbstbestimmung großgeschrieben. Emotionale Abhängigkeit gilt als verachtenswerte Schwäche. Paradoxerweise erzeugt unsere Zeit justament das, was sie so verachtet – emotionale Abhängigkeit. Die zerrütteten Ehen der Eltern, der Verlust von Werten und Idealen, Stress, Kommunikationsmangel, ein »anything goes«, das kein gemeinsames Maß ermöglicht, all das erschwert ein stabiles Selbstwertgefühl und die daraus resultierende Willens-»Kraft«.

»Ich will nicht«, sagt das Kind. »Du musst«, sagen Mama und Papa. Aus dieser Macht-Ohnmacht-Situation kann ein wunder Punkt und später das fatale Bedürfnis entstehen, diese alte Beziehungsstruktur zu wiederholen: Man sucht sich einen dominanten Partner und will einen späten Sieg erkämpfen.

Tina wollte immer einen »gestandenen« Mann als Partner. Mit dem erfolgreichen, zielorientierten Martin konnte sie endlich ein gemeinsames Leben planen. Wohnung im Grünen, Kinder, Freunde, Familienleben. Alles paletti. Seit Kurzem gibt es Probleme: Martin beschließt, ohne sie zu fragen, das Sonntagsprogramm oder wer wann zum Essen kommt.

Tina wehrt sich gegen dieses fremdbestimmte Leben: »Heute bleibe ich zu Hause.« »Samstag koche ich nicht.« Martin ist enttäuscht von Tina. Sie war doch glücklich darüber, dass er ein »gestandenes Mannsbild« und kein Seicherl ist. »Tina passt sich nicht an«, meint er. »Sie ist für ein Leben zu zweit gar nicht geeignet.«

Auch Jakob lebt fremdbestimmt. Er ließ sich schon mehrmals auf Beziehungen ein, nur weil eine Frau hartnäckig genug war, ihn davon zu überzeugen: »Ich bin die Richtige für dich.« In eine Verlobung willigte er ein, obwohl er von Verlobungen nichts hält und ihm das Mädchen gar nicht so viel bedeutete. Später steckte er ohne es wirklich zu wollen auf eins-zwei-drei in einer Partnerschaft, in der er gegen seinen Willen Ersatzvater für drei Kinder sein musste.

Entweder beendet Jakob seine fremdbestimmten Beziehungen abrupt und ohne Erklärung (»Ich kann doch nicht zugeben, dass ich das eigentlich nie wollte«). Oder er verhält sich passiv-aggressiv, indem er sich emotional verweigert und so das Beenden der Beziehung an seine Partnerin delegiert (»Irgendwann reicht's, dann macht sie Schluss«).

In Liebesbeziehungen fremdbestimmt zu leben ist nur fürs Erste bequem. Aber die vermeintliche Komfortzone kann zum Minenfeld werden: Fremdbestimmung ist nur in Maßen verträglich. Im Alltag sind wir gezwungen, fremdbestimmt zu handeln. Sie fahren nicht bei Rot über die Kreuzung und kommen nicht im Pyjama zur Arbeit. Solche Regelungen sind notwendig, um die soziale Ordnung zu erhalten. In einer Liebesbeziehung ständig fremdbestimmt zu sein blockiert die erotischen Fantasien, die den Gefährten als Sexualpartner reizvoll machen sollen.

Fremdbestimmte erleben Partner als autoritären Elternteil und werden plötzlich selbst wieder Kind. Gut gemeinte Ratschläge werden dann als Vorschriften »von oben herab« empfunden. Dagegen lehnt man sich dann oft sogar gegen die eigene Überzeugung auf.

Ich warne Sie vor trotzigen Befreiungsversuchen. Aus einer Selbstbestimmungs-Fremdbestimmungs-Konstellation gehen Sie genauso geschwächt hervor wie der scheinbar »besiegte« Partner.

»Ich kann wirklich nichts dafür!«

Eins ist klar: Für eine Theorie der Selbstverantwortung brauche ich mehr Seiten. Besser also zwei typische Geschichten.

Müsste uns Valentina leidtun, weil aus keiner ihrer Bekanntschaften etwas Ernsthaftes wird? »Männer wollen Frauen nur ausnutzen«, behauptet Valentina. »Entweder sie sind auf Sex oder einen Vorteil aus.« Erst kürzlich beendete Valentina eine vielversprechende Beziehung. Der neue Bekannte hatte sie höflich gefragt, ob sie ihm für ein paar Stunden ihr Auto leihen könne, weil es eine große Ladefläche habe. »So fängt es an«, ätzte Valentina. »Erst will er den kleinen Finger, dann die ganze Hand.« Für ihre männerfeindliche Einstellung hatte sie eine Erklärung. Als Kind setzten die Eltern voraus, dass sie das Kinderzimmer aufräumen und in der Küche helfen musste, von ihrem Bruder verlangten sie nichts. Valentina fühlt sich als Opfer einer Gesellschaft, in der Männer alle Rechte haben.

Harry erwartet von Liane mehr Verständnis dafür, dass er immer wieder Jobs verliert oder selbst kündigt und dann auf Lianes finanzielle Unterstützung angewiesen ist. Für seine beruflichen Probleme fühlt er sich absolut nicht verantwortlich. Schuld haben seine unfähigen Lehrer, die ihn immer unterdrückten. »Ich kann nichts dafür«, verteidigt sich Harry. Liane muss einsehen, dass Harry für die Schwierigkeiten mit seinen Vorgesetzten nichts, rein gar nichts kann.

Es muss einmal gesagt sein: Eine frustrationsfreie Kindheit gibt es nur selten. Mütter, Väter und Großeltern sind nicht perfekt und die Zeit der kindlichen Abhängigkeit und Verletzbarkeit ist lang. Ich rede jetzt nicht von den großen seelischen Verwundungen, sondern von unvermeidlichen alltäglichen Kränkungen. Wir alle haben den einen oder anderen wunden Punkt, der immer wieder schmerzt.

Es ist unsere Lebensaufgabe, mit diesen wunden Punkten fertigzuwerden und uns damit nicht in der Komfortzone des Opferstatus einzurichten. Selbstverantwortung ist anstrengend, der Opferstatus bietet Annehmlichkeiten – egoistisch sein zu dürfen, das Recht auf Nachsicht einzufordern, Vorurteile unkritisch anzuwenden und Mitgefühl und Toleranz zu erwarten.

In der Hoffnung auf Freispruch lehnen sich falsche Opfer zurück und werfen dem Partner Verständnislosigkeit und Lieblosigkeit vor. Plötzlich ist er der Schuldige, der dafür verantwortlich gemacht wird, dass die Beziehung nicht hinhaut. Das ist meist das Ende einer Partnerschaft, in der sich einer davor drückt, Selbstverantwortung zu übernehmen. Der Schlussrefrain ist bekannt: »Ich kann wirklich nichts dafür.«

Von Macht, Ohnmacht und den dazugehörigen Typen

Vor Kurzem erzählte ich in einer Runde, dass ich zurzeit über Abhängigkeit schreibe. Fast jede Frau hatte eine Abhängigkeits-Story parat. Bei Clara war es so:

Er sagte: »Ich glaube, es ist besser, wir machen Schluss.« Sie flehte: »Alles, nur das nicht.« Daraufhin tat er, was er wollte, und Clara verging vor Schmerz. Er war kein Sadist, der sein Opfer quält. Aber Clara war ihm gleichgültig geworden. Sex gab es nur noch, wenn bei ihm Alkohol im Spiel war. Und immer schwang dabei ein Hauch von Claras Verzweiflung und seinem Überdruss mit. Die Fantasie, dass die Abhängigkeitsbeziehung nur deshalb existiert, weil es außerirdische Erregungszustände und Mega-Orgasmen gibt, ist absurd.

Abhängigkeitsepisoden sind ein Tabuthema

Clara ließ nichts unversucht – von der Partnerberatung bis zum x-ten Lebenshilfebuch, alles probierte sie. Eine Zeit lang verharrte er in der Komfortzone der Gewohnheit, dann gab es eine andere und sein Seitensprung wurde zum Absprung aus einer Beziehung, die schon lange kaputt war. Es dauerte lange, bis Clara das panische Gefühl, ohne ihn nicht leben zu können, überwunden hatte. Heute fragt sie sich: »Um Himmels willen – was war da los mit mir?«

So oder ähnlich schaut die Dramaturgie einer durchschnittlichen Abhängigkeitsgeschichte aus. Männer, die so eine Story hören, schütteln oft den Kopf und protestieren: »Mir kann das nicht passieren!«

Irrtum, liebe Freunde, auch Männer kippen in eine Phase emotionaler Abhängigkeit. Viele wehren ihre Abhängigkeit mit aggressivem Verhalten ab. Erst die Abhängigkeit und dann auch noch hilfsbedürftig sein, was für eine Niederlage! Erst wenn sie die Partnerin verlassen hat, rennen sie von einer Beratung zur nächsten.

Die verwunderte Frage »Was war denn da los mit mir?« stellen sich rückwirkend Frauen und Männer gleichermaßen.

In einer Zeit, in der psychologisches Wissen Allgemeingut ist, wird in der Vergangenheit nach einer Erklärung für das »unerklärlich« abhängige Verhalten geforscht: War Mama oder Papa nicht genügend zugewandt und trieb sie der berühmt-berüchtigte »Wiederholungszwang« in diese demütigende Abhängigkeit? Heute ist ja bekannt, dass ein Kind, das sich nicht ausreichend geliebt fühlt, als Erwachsener vielleicht immer wieder einen emotional unerreichbaren Partner sucht, mit dem man das Kindheitstrauma positiv beenden will. Aber oft gibt ist keine schwerwiegenden emotionalen Defizite, außer, dass der Kanarienvogel nie gesprochen hat oder der Hamster wegen Überfütterung frühzeitig verstarb. Emotionale Abhängigkeit kann jeden jederzeit treffen. Auch ein psychisch stabiler, selbstbewusster Mensch hat nicht immer die nötige Willenskraft, um eine frustrierende Beziehung rechtzeitig zu beenden.

Ein emotionaler Kontrollverlust bringt schnell eine Abwärtsschraube von Selbstentwertung – Partneridealisierung – Angst – mangelnder Willenskraft – Abhängigkeit oder Co-Abhängigkeit in Gang.

Wer das Leben eines Partners wichtiger nimmt als das eigene, ist co-abhängig

Als Andrea Leopold begegnete, hatte sie eine Karriere als Helferin vom Dienst hinter sich: Wer immer in ihrem Familien- und Freundeskreis etwas brauchte, wandte sich an Andrea. Umziehen? Andrea hilft. Geldprobleme? Andrea springt ein. Babysitten? Andrea hat Zeit.

Andrea fand diesen Zustand normal. Jemand braucht Hilfe, sie ist dazu bereit, noch bevor sie gebeten wird. Bei Leopold war es auch so. Leopold kokste, trank zu viel und arbeitete zu wenig. Er verdiente zu wenig und gab zu viel aus. Er hatte zu wenig Interesse am gemeinsamen Sex und zu viel an anderen Frauen. Andrea duldete, verzieh und vermittelte, wenn Leopold wegen seiner Räusche am Arbeitsplatz Probleme hatte. Ob mit ihr vielleicht etwas nicht stimmt, fragte sich Andrea nicht.

Jahrelang hoffte sie, dass Leopold ihren Einsatz würdigen würde:»Eines Tages wird er begreifen, was ich für ihn tue.« Leopold begriff nichts. Anstatt an ihm zu zweifeln, zweifelte Andrea an sich selbst:»Vielleicht tue ich noch zu wenig? Vielleicht sehnt er sich nach etwas, wovon ich nichts weiß? Vielleicht bin ich nicht perfekt genug?«

Als Leopold seinen Job verlor und rücksichtslos Andreas Geld verprasste, mehr betrunken als nüchtern war, nur noch heimkam, um sich für das Rendezvous mit einer Internet-Bekanntschaft umzuziehen und die zerrüttete Andrea schließlich selbst gekündigt wurde, erlitt sie einen Zusammenbruch. Erst jetzt und mit fachlicher Hilfe erkannte sie Leopolds Suchtverhalten und ihre eigene Krankheit: Co-Abhängigkeit.

Co-Abhängigkeit ist ein Seelenfraß, der jahrelang sein unheilvolles Werk tut. Der Ursprung steckt in emotionalen Defiziten oder dysfunktionalen Beziehungen aus einer Zeit, an die oft nur wenig Erinnerung besteht. Andrea wurden als Kind alle Gefühle abgesprochen: »Nein, du bist ja gar nicht traurig.« »Das tut doch nicht weh.« »Lächerlich, wenn du dich fürchtest.« Heute kommt Andrea mit »normalen« Gefühlen nicht zurande. Sie erlebt Ängste, Wut, Scham und all die seelischen Verletzungen, die zum Leben gehören und von einem psychisch stabilen Menschen auch verarbeitet werden können, entweder besonders intensiv oder irrational oder sie hat dazu gar keinen Zugang.

Wie die meisten Co-Abhängigen glaubte auch Andrea, dass sie ihre Gefühle besser kontrollieren kann, wenn sie für alle Menschen hilfsbereit ist und dafür anerkannt wird. Aber unter dieser Voraussetzung ist eine gesunde Abgrenzung zu unangemessenen Forderungen unmöglich. Im Gegenteil. In der Hoffnung, die Anerkennung zu bekommen, nach der man für sein Seelengleichgewicht genauso giert wie ein Süchtiger nach seinem »Stoff«, lässt man sich scheinbar selbstlos auf alle, auch auf dreiste und demütigende Forderungen ein.

Dass wir alle aufeinander angewiesen sind, ist eine Binsenweisheit. Wenn sich das Leben allerdings nur noch um den anderen dreht und eigene Bedürfnisse gar keine Rolle mehr spielen, ist diese Verstrickung in das Leben des

anderen ein behandlungsbedürftiger Knoten im eigenen Dasein. Oft hat er einen Namen: Machtkampf.

»Heute bitte nicht«:
Verdeckte Machtkämpfe

Ein verdeckter Machtkampf ist nicht nur eines der häufigsten Liebesprobleme, er ist auch immer mit verdeckten Abhängigkeitsgefühlen verbunden. Justament in der Zeit, in der Nora und Karl Heiratspläne hatten und alles happy-peppy sein sollte, gab es die ersten Sexprobleme. Er hatte eine vorzeitige Ejakulation, sie hatte Orgasmusschwierigkeiten. Diese Probleme tauchten genau dann auf, als die beiden die Terrains ihrer zukünftigen Ehe absteckten. Ein verdeckter Machtkampf, wie er im Büchl steht. Ausgetragen beim Sex, wo es ja darum geht, dem Partner etwas zu geben – oder zu verweigern. Aber jetzt darf ich nicht abschweifen. Zurück zu Nora und Karl, deretwegen ich ja diesen kleinen Abstecher gemacht habe. Hören Sie.

Die beiden wohnten vor vielen Jahren im Nebenhaus. Wenn es bei ihnen Streit ohne Versöhnung gab, kam einer von beiden bei mir vorbei und klagte über den anderen. »Sie leistet sich wieder ihre Migräne«, ärgerte sich Karl. »Er ist so verletzend«, klagte Nora.

Noras Migräne bedeutete, dass sie sich jeder Zärtlichkeit, selbst der kleinsten Berührung, entzog. Karl bemühte sich eine Weile um sie, hatte aber keine Chance. Manchmal dauerte Noras Migräne zwei Tage, manchmal eine Woche. In der Akutsituation war Karl rücksichtsvoll. Dann wurde sein Umgangston schärfer, zuletzt machte er zynische Bemerkungen. Nora weinte, schwieg oder keifte. Auf eins, zwei, drei steckten sie in einer Sackgasse: »Fang du doch einmal an!« »Nein, du.« Beide litten unter der Situation, änderten aber nichts daran.»Freezing« – »Einfrieren« sagt man dazu in der psychologischen Praxis. In dieser Stimmung ist nicht an Sex zu denken.

Dabei begann alles unglaublich banal. Nora bestand darauf, dass Karl den Mist runterträgt. Karl bockte:»Ich entsorg' doch schon das Altpapier und das Glas.« Damals wunderte ich mich, dass Alltagsthemen so eskalieren können. Heute weiß ich: Weil es darum geht, das Gefühl eigener Ohnmacht zu überwinden.

Eigentlich war es Nora egal, ob sie den Mist runterträgt oder nicht.»Aber ich muss Karl um eine Nasenlänge voraus sein«, sagte sie.»Wenn nicht, ist er am Drücker.« Ihr ging es nicht um den Mistsack, sondern darum, die Machtbilanz ihrer Beziehung zu regulieren. Sie bestimmte zwar, welche Freunde man wann sehen wollte, aber Karl verdiente besser als Nora und hatte bei Urlaubsreisen und Anschaffungen für den gemeinsamen Haushalt das letzte Wort. Nora hatte dadurch das Gefühl, den Kürzeren zu ziehen. Um die Machtbilanz wieder zu ihren Gunsten zu regulieren, musste er den Mist übernehmen, basta. Karl weigerte sich standhaft, weil er sich von Noras Haushaltsführung vereinnahmt fühlte. Der Machtkampf durfte nicht aufhören, denn das hieße für jeden, sein Terrain zu verlieren.

Der letzte Austragungsort eines Machtkampfes ist meist der Sex: Derjenige, der »Nein« sagt, ist immer der Stärkere.

Die Waffen der Machtlosen

Machtlosigkeit bedeutet allerdings nicht, dass der Betroffene nicht dennoch nach Wirkmacht strebt. Je nach Persönlichkeitsstruktur steht Machtlosen ein ansehnliches Arsenal an Waffen zur Verfügung.

Die Trotzigen

Als junge Frau lebte ich eine Zeit lang mit einem klugen, attraktiven Freund zusammen. Wir hatten kein Geld, in der winzigen Untermiete gab es weder Geschirrspüler noch Kühlschrank. Die anfallende Hausarbeit teilten wir uns. Aber wenn ich meinen Freund daran erinnerte, dass er zum Geschirrwaschen dran war, machte er es nicht. Justament. War er an der Reihe zum Abstauben und ich fragte:»Wann?«, sagte er:»Dann.« Letztendlich erledigte er, was vereinbart war. Aber sein permanenter Widerstand war mühsam und mit seiner Intelligenz nicht zu vereinbaren.

In meiner Unerfahrenheit fragte ich mich dauernd, was ich falsch gemacht oder gesagt hatte. Ich wusste es nicht. Ich merkte nur: Sobald ich ihn um etwas bat, was kein Geschenk, sondern sowieso eine Vereinbarung war, oder wenn wir unterschiedlicher Meinung waren, bockte, schmollte, schwieg oder verweigerte er sich. Er war ein Trotzkopf.

Ich überhörte damals die Bemerkungen seiner Eltern über die Streitereien zwischen ihm und dem älteren Bruder:»Er bekam wegen nix und wieder nix einen Trotzanfall!« Halt! Heute würde ich mir sagen:»Nix« ist nicht »nix«. In einem trotzigen Verhalten konzentriert sich die Angst, dass der Wille eines anderen stärker sein könnte als der eigene und dadurch die eigene Unabhängigkeit und Selbstsicherheit gefährdet sind.

Nicht viel anders ist es bei einem erwachsenen Trotzkopf. Egal, ob es um eine vereinbarte Hausarbeit, um einen kleinen Verzicht oder um einen Kompromiss hinsichtlich des Sonntagsausfluges ging – mein Freund kippte in eine Kindheitsphase und »verteidigte« seine vermeintlich bedrohte Selbstbestimmung mit Trotz wie ein Dreijähriger. Meist stecken im Trotz unaufgelöste, frühe Beziehungen zu einer überlegenen Bezugsperson – zum Beispiel einem Elternteil oder Geschwistern: Wer ist stärker, du oder ich?

Eine existenzielle Frage in der Kindheit, ein Störfaktor in Beziehungen. In Paartherapien habe ich es oft mit Trotzigen zu tun. Sie fühlen sich ständig angegriffen oder unter Druck gesetzt. Nach außen hin wirken sie stark, in Wirklichkeit sind sie abhängig und unsicher. »Ich muss um eine Nasenlänge voraus sein«, sagen sich trotzige Partner. »Wenn nicht, ist der andere am Drücker.« Diese Nasenlänge Vorsprung dreht die Trotz-Schraube enger und enger. So wie auch trotzige Kinder sind trotzige Erwachsene erst dann zu einem Arrangement bereit, wenn sie von dem quälenden Gefühl der Unterlegenheit oder Fremdbestimmung abgelenkt sind. Der weniger Trotzige müsste immer darauf achten, dass der Sturschädel an seiner Seite »sein Gesicht bewahren kann«. Gelingt das nicht, sind Schweigen und Schmollen die Waffen eines kalten Trotz-Krieges.

In jüngeren Jahren kann das sexuelle Begehren den Trotz brechen. Später stört der Trotz auch den Sex. Oft kommt es gar nicht mehr dazu, weil sich beide scheuen, den Anfang zu machen. Oder »sie« enthält ihm ihren Orgasmus vor oder »er« ihr die Befriedigung, indem er zu früh kommt oder keine Erektion hat. Eine perverse Kommunikation.

Einem trotzigen Erwachsenen geht es wie dem bockigen Kind, das nach einem Trotzanfall besonders liebesbedürftig und abhängig ist, aber keine tröstenden Arme findet.

Die Rebellen

Sophie war begeistert von Alexanders Auftreten. Wie selbstbewusst er ist! Er weiß, was er will. Wenn im Restaurant etwas nicht funktioniert, schlägt er Krach. Alexander geht über nichts hinweg, was ihn stört. Der allgemeinen

Meinung schließt er sich grundsätzlich nie an. Er widerspricht, auch wenn er sich damit Feinde schafft.

Am meisten imponierte Sophie, dass er immer hinter ihr stand, egal, was sie sagte oder tat. Er verteidigte sie, auch wenn sie gar nicht im Recht war. »Alexander ist so stark«, schwärmte Sophie. »Er ist mutig und übernimmt in jeder Situation Verantwortung.«

Endlich ein Kerl!

Sie müssen wissen, dass Sophie kein Kind von Traurigkeit ist. Sie machte genügend Erfahrungen mit Männern, die feig, verängstigt und unentschlossen sind. Anfänglich wirkten diese Typen auf Sophie angenehm. Aber dann kippte das positive Empfinden in Verachtung. »Er bewährt sich nicht in Stresssituationen«, jammerte Sophie. Oder: »Wenn es darauf ankommt, geht er kein Risiko ein.« Sophies Urteil: »Lauter Weicheier und Warmduscher.«

Sie können sich vorstellen, dass Sophie mit dem streitbaren Alexander glücklich war. Der Glanz des Anfangs hielt leider nicht lange. Alexanders ständige Kampfbereitschaft stresste Sophie. Es gab keinen Restaurantbesuch, bei dem er nicht mit dem Kellner im Clinch lag. Treffen mit Freunden endeten oft mit aggressiven Auseinandersetzungen. Am unerträglichsten waren für Sophie Situationen, in denen sich Alexander selbst schadete, weil er auf sinnlosen Widerstand aus war. Sogar den Führerschein verlor er vorübergehend, weil er einen ursprünglich wohlgesinnten Polizisten provozierte.

Sophie sehnte sich nach einem angenehmen Mann, der weniger aggressiv, weniger angriffslustig, weniger rebellisch war.

Endlich Ruhe und Frieden!

Egal, ob weiblich oder männlich – Rebellen sind anfänglich reizvoll. Sie sind anders als die anderen, nicht angepasst, sperrig ja, aber interessant. Ich erinnere mich an Katharina, die cool bis zum Exzess ist. Sie verscherzte es sich mit allen potenziellen Partnern, weil sie nicht dankbar sein konnte und in der Annahme »drüberzustehen« immer nur forderte.

Die Partner rebellischer Menschen sind zuerst von deren Stärke und Anderssein beeindruckt. Aber irgendwann wird die zugrundeliegende Schwäche doch spürbar. Rebellen kommen mit der Realität und mit ihren Mitmenschen nicht zurecht. Sie rebellieren gegen Autoritäten, weil sie in Wirklichkeit immer noch von einer Autorität abhängig sind.

Mir widerstrebt es zwar, ständig die Macht der Eltern ins Spiel zu bringen, aber sorry, die meisten »großen« Rebellen sind in Wahrheit kleine, abhängige Kinder, die nicht genug mütterliche Wärme bekommen oder unbewusst Angst vor der Macht eines vermeintlich oder wirklich strafenden Vaters haben.

Rebellen müssten erkennen, dass sie nicht zwanghaft jeden anderen in Ketten legen müssen, um frei zu sein und wirklich lieben zu können. Das gelingt leichter, wenn sie die Ketten der eigenen Vergangenheit sprengen. Erst dann sind sie so großartig, wie sie schon vorher zu sein glaubten.

Die Provokanten

Keiner gibt es gern zu, aber für mich steht es fest: Wenn man sich einem übermächtigen Gegner gegenübersieht, beginnt man zu provozieren. Und das Teuflische ist, dass Provokation viele Gesichter hat.

Martin verdächtigt Daniela schon seit einiger Zeit, dass sie etwas mit ihrem Kollegen hat. Einerseits traut er sich nicht, sie direkt darauf anzusprechen – es könnte ja sein, dass sie die gemeinsame Beziehung, die ohnedies noch nicht stabil ist, beenden will. Beweise für einen Betrug hat er auch nicht. Andererseits spürt Martin Wut und

Schmerz. Als Daniela an einem heißen Sommertag nach der Arbeit schnurstracks unter die Dusche geht, kann Martin nicht mehr an sich halten:»Ich habe gelesen, dass Menschen nach einem Seitensprung besonders intensiv baden. Glaubst du das?«

Martin wollte Daniela verletzen, beschimpfen, bekotzen. In der Sekunde ist ihm leichter – so, jetzt war das Problem am Tisch: Martin hat kein Vertrauen zu ihr. Er sagt nicht, dass er sich schlecht fühlt, dass er sich ihrer Autonomie gegenüber ohnmächtig fühlt, dass er Angst hat, sie könne ihm untreu sein, dass er sie braucht. Mit seiner provokanten Bemerkung fordert er Daniela dazu heraus, dass sie ihn beruhigt, ihm die bitter benötigte Sicherheit gibt.

Denken wir uns jetzt in Daniela hinein. Möglich, dass Daniela Martin erklären will, wie heiß es im Büro ist. Oje, das mag zwar gut gemeint sein, aber Martin könnte es als Beschwichtigung und Provokation ihrerseits auffassen. Schließlich gibt es in Großraumbüros Klimaanlagen. Daniela wäre mit ihrer Bemerkung in einen Provokationskreislauf eingestiegen, der irgendwann eskalieren könnte. Daniela könnte auch ausrasten, Martin ein unsicheres Seicherl nennen, und überhaupt, sie sei ihm keine Rechenschaft über ihr Hygieneverhalten schuldig. Dann ginge es Martin so wie dem Kind, das der Mama die Zunge zeigt und eine Tachtel oder Fernsehverbot kassiert:»Du wolltest es ja so haben.« Daniela blieb jedoch gelassen und reagierte gar nicht auf Martins Bemerkung. Bravo, Daniela, die Provokationsfalle ist nicht zugeschnappt!

Provokation ist die Lieblingswaffe der Schwachen. Sich damit angreifen zu lassen, weil man glaubt, damit eine Beziehung aufrechtzuhalten, ist so etwas wie ein Selbstschuss.

Die Manipulierer

Einmal weint Hanna wegen Paul, ein anderes Mal strahlt sie: »Er ist wunderbar.« Paul lächelt immer vielsagend: »Ich weiß, was ihr guttut.« Mit Friedrich ist es dasselbe. Er schwärmt in höchsten Tönen von Trixi, dann verkündet er: »Ich muss mich von ihr trennen.«

Was ist da los? Die Wahrheit wäre doch einfach – ein Paar hat eine lebendige Beziehung. Aber nicht alles, was einfach ist, ist auch die Wahrheit. Die schaut nämlich so aus: Paul kann gemein sein **und** wunderbar. Und Trixi kann hinreißend **und** letztklassig sein. Und alles ist Absicht und zermürbt die jeweiligen Partner. Wenn Freunde zu einer Trennung raten, verlangen Trixi und Paul, dass diese Kontakte abgebrochen werden »Das sind falsche Freunde.« »Nur ich weiß, was du brauchst.« »Ohne mich bist du nichts.« Als Belohnung gibt es eine Extraportion Wärme, Bestätigung oder Zärtlichkeit. Der geforderte Kontaktabbruch ist ebenso »freiwillig« wie die Überzeugung, selbst an allem schuld zu sein.

Die Situationen, die ich Ihnen eben schilderte, sind nicht real. Aber sie sind typisch für ein Beziehungsmuster, in dem sich ein geschwächtes Opfer nicht als Opfer und der Täter nicht als Täter erlebt. Trixi und Paul sind eiskalte Manipulierer. Durch ihre gezielte Unberechenbarkeit erzeugen sie bei ihren Opfern einen so starken psychischen Druck, dass sie keinen eigenen Willen mehr haben und der eigenen Meinung nicht mehr trauen. Das, liebe Freunde, ist Gehirnwäsche, wie sie täglich passiert.

Die »weichen«, alltäglichen Gehirnwäschen bestehen nicht darin, eine Persönlichkeit mit Gewalt zu brechen. Sie sind eine schleichende Manipulation, durch die ein Mensch seine Umwelt anders wahrnimmt und in einer paradoxen Beziehung verharrt. Um nicht das Gefühl des totalen Verlustes des eigenen Willens ertragen zu müssen, redet sich das Opfer ein, dass das, was geschieht, ohnedies sein eigener Wille und der Täter im Recht sei. In der Praxis erlebe ich immer wieder, dass ein manipulierter Mensch seine eigene Lebensgeschichte völlig neu interpretiert.

So wie es schrittweise zu einer Gehirnwäsche kommt, kann man sich auch in Schritten befreien: 1. Selbstbeobachtung. 2: Frage: Schwächt mich mein Partner? 3. Erzeugt er durch die Entwertung eigener Lösungen oder freundschaftlicher Ratschläge Angst in mir? 4. Macht er mich von seinen Lösungen/Belohnungen abhängig? Schon ein »Ja« genügt, um fremde Unterstützung anzunehmen!

Die Strafenden

Ist doch klar, dass Sibylle Theo liebt. Er ist ein guter Ehemann, aufmerksam, zärtlich, ein guter Vater, erfolgreich, attraktiv, ein angenehmer Gesellschafter. Sibylle stimmt sofort ein in das Loblied über Theo. Würden Sie das Pärchen kennen, wären Sie überzeugt: Besser geht's nicht. Täuschen Sie sich nicht. Auch bei Traumpaaren gibt es Dinge, die man besser für sich behält, über die man nicht redet, die andere gar nicht wissen sollen. Meist sind es Gefühle, von denen man annimmt, dass sie sowieso niemand versteht. Nicht einmal man selbst.

Auch Sibylle und Theo haben ein Problem, von dem keiner etwas ahnt. Sibylle hat immer häufiger gar keine Lust auf Sex. Theo grübelt, was er bei Sibylle falsch macht. Wie sonst soll er sich erklären, dass sie ihn so oft zurückweist. Erst gestern war es so. Sie hatten gut gegessen, waren entspannt und hatten einen ungestörten Samstagnachmittag vor sich. Der richtige Zeitpunkt für Sex. Aber als Theo eine diesbezügliche Andeutung machte, blockte Sibylle ab: »Nicht jetzt!« Kam es in den letzten Monaten überhaupt zu Sex, war er jedes Mal frustrierend. Sibylle kommt nicht mehr zum Orgasmus. Theo versucht wirklich alles. Ein langes Vorspiel, Massagen, oral, klitoral, ganz egal, Sibylle kommt nicht.

Theo denkt an die Leidenschaft, mit der ihn Sibylle früher begehrte. Und wie orgasmusfähig sie war! Jetzt konsultiert sie Frauenärzte und Homöopathen und schluckt Pillen und Pflanzenpräparate. Alles sinnlos. In der Fachsprache würde man sagen, dass Sibylle eine sexuelle Funktionsstörung hat. In Wahrheit ist die Sache so: Vordergründig hat Sibylle zwar eine sexuelle Funktionsstörung, aber sie setzt sie gegen Theo ein, um damit ihre verdrängte Feindseligkeit ihm gegenüber auszudrücken. Ihr »Nein« beim Sex reguliert die partnerschaftliche Machtbilanz, die zumindest in der unbewussten Vorstellung Sibylles zu Theos Gunsten ausfällt.

Nach seinen Terminen richten sich die Urlaube. Sein Wunsch, in der Stadt zu wohnen und nicht im Grünen, wie Sibylle es möchte, wird realisiert, schließlich finanziert er größtenteils das gemeinsame Leben. Theo hat mehr Freunde und mehr Erfolg und die Kinder aus seiner ersten Ehe vergöttern ihn. Sibylles Kinder nehmen ihr bis heute die Scheidung übel. Für alle Privilegien bestraft ihn Sibylle mit ihrer sexuellen Kälte. Ließe sie ihre Lust zu, würde sich ihr Gefühl der Machtlosigkeit verstärken. So aber bessert sie mit ihrer Verweigerung die Machtbilanz zu ihren Gunsten auf.

Letztlich bestimmt sie, was beim Sex getan und gelassen wird. So viel Anerkennung kann Theo weder im Beruf, bei seinen Kindern und Freunden gar nicht bekommen, dass diese Wertschätzungen gut machen könnten, was ihm Sibylle im Bett für sein männliches Selbstverständnis verweigert.

Die Wütenden

Margarete kennt das: Die Faust knallt auf den Tisch. Eine Tür wird zugeschmettert. Flüche. Kraftausdrücke. In solchen Momenten macht sich Margarete ganz klein und fleht innerlich um Stille. Eine Zeit lang bemühte sich Margarete, den partnerschaftlichen Frieden zu sichern, indem sie ihrem Mann alles fernhielt, was einen »Auszucker« verursachen könnte. Keine Telefonate mit einer Freundin in seiner Anwesenheit. Ihm immer Recht geben. Seine aggressiven Ausbrüche wurden nicht seltener.

Die Stille, nach der sich Margarete sehnt, fürchtet Anna. Seine Augen funkeln, er wird blass, die Mundwinkel zucken – ein Muckser, und er schmeißt eine Flasche zu Boden. Nur nichts sagen, nur nicht weinen. Tränen hält er gar nicht aus. Annas Partner bagatellisiert die Situation: »Nimm's nicht persönlich, ich bin eben ein temperamentvoller Mann.« Dass Männer 90 Prozent aller Morde und 90 Prozent aller Gewaltdelikte, die von den österreichischen »Interventionsstellen gegen Gewalt in der Familie« registriert sind, verüben, liegt nicht nur an dem »Rabaukenhormon« Testosteron, wie man früher behauptete. Falsch ist auch, dass Wutausbrüche ein Problem sozialer Randschichten sind. Gewalt ist überall zu Hause.

Wutausbrüche sind kein Kavaliersdelikt, sie machen Angst. »Seine kalte Wut ist schnell vorbei, aber ich bin tagelang verstört«, sagt Anna. Sie denkt schon lange an Trennung, fürchtet aber das Gespräch. Um dieses Leben in Angst auszuhalten, schluckt sie Psychopharmaka. »Ich habe ihr noch nie etwas getan«, meint ihr Mann. »Wir lieben uns doch.«

In Paartherapien erlebe ich immer wieder, dass Wut-Typen ihre Liebe beteuern: »Sie muss doch spüren, dass ich sie liebe.« Wie soll sie das spüren? Ausagierte Wut, splitterndes Glas und Kraftausdrücke sind eine Lizenz zum Töten: Sie töten Liebe, Vertrauen und die innere Sicherheit, die Liebende in einer Beziehung suchen. Manchmal töten sie sogar das Selbstbewusstsein des Opfers. Hinter gewalttätigem Verhalten verbirgt sich meist Unsicherheit, Scham und Schwäche. Toben oder gar körperliche Gewalt soll Ohnmacht in Macht verwandeln. Aggressive Partner entschuldigen ihr Verhalten gerne damit, dass es eben »echt« sei. Genau das ist es nicht. Wut ist ungestüm, aber »unecht«. Die primären Gefühle, die der Wut zugrunde liegen – zum Beispiel frühe Verletzungen – werden gar nicht gespürt. Der Wutausbruch wehrt die beängstigenden Gefühle ab.

Margarete, die sich klein macht, und Anna, die nur mit Hilfe von Psychopharmaka durchkommt, sind innerlich unfrei. Ihre gewalttätigen Partner sind es allerdings auch. Die allzeit bereitliegende Explosionstendenz wächst auf dem Boden von Sozialproblemen, eines falsch verstandenen Geltungs- und Machtstrebens, eines äußert fragilen Selbstwertgefühles und eines verzerrten Frauen- und Männerbildes. Fachliche Hilfe bräuchten sie alle.

Ich glaube, dass wir die Auswirkungen der Wut unterschätzt haben. Die Wahl des »Wutbürgers« zum Wort des Jahres sagt dasselbe aus wie die massenhaften Wut-Bücher, die zur Wut ermuntern. Wut tut gut. Ist das wirklich so?

Die Geheimnisträger

Hat es einen tieferen Sinn, dass Arthur so gedankenverloren ist? Was bedeutet es, dass er so wenig spricht? Olga zerbricht sich über Arthur dauernd den Kopf. Was geht in ihm vor? Verschweigt er ihr etwas? Hat er ein Problem? Wenn Olga Arthur auf diese Fragen anspricht, schüttelt er nur vielsagend den Kopf:»Lass es gut sein.« Manchmal deutet er an, dass er sich, Liebe hin oder her, auch von ihr verkannt fühlt.

Olga hat es nicht leicht mit Arthur. Wenn er zum Beispiel den ganzen Sonntagvormittag das Handy ausschaltet, für Olga nicht erreichbar ist und ihr auch nichts von einem Sonntagsprogramm sagt, ist Olga irritiert und verunsichert. Erst wenn sie durchdreht, was übrigens oft genug vorkommt, rückt er mit einer knappen Information heraus: »Hab' bei der Oma einen Kurzen repariert.« Arthur sagt die Wahrheit. Aber wozu diese blöde Geheimniskrämerei? Warum darf sie an seinem Leben nicht teilnehmen?

Arthur hat ein weibliches Gegenstück: Yvonne. »Meine Sphinx«, nennt sie Fritz. Yvonne verrät nichts über ihre Stimmungen und ihre Gedanken. Wenn diskutiert wird, hört sie aufmerksam zu, aber sie selbst gibt nichts von sich preis. Dass sie ein Faible für exotische Kleidung hat, macht sie zusätzlich auf geheimnisvolle Weise interessant. Fritz würde viel darum geben, könnte er in Yvonne hineinschauen. Besonders in jenen Momenten, in denen sie sich zu einem Thema nur in Andeutungen äußert. Ihr selbstversunkenes Wesen hat für Fritz einerseits einen starken Reiz, andererseits fühlt er sich von ihrem Leben ausgegrenzt.

In Paartherapien tauchen bei den Partnern von Menschen wie Yvonne und Arthur immer die gleichen Ängste auf: Bin ich dem anderen womöglich gleichgültig? Warum lässt er oder sie mich nicht wirklich an sich heran? Ich habe die Erfahrung gemacht, dass es in fast allen diesen Fällen in der Kindheit eine Ohnmachtsproblematik gab. Mutter, Vater, ein älteres Geschwister oder die betreuende Oma, jedenfalls eine ganz wichtige Bezugsperson, löste meist ohne es zu wollen ein Gefühl des Ausgeliefertseins aus. Die hart arbeitenden Eltern Arthurs waren gezwungen, seinen großen Bruder mit der Betreuung des kleineren zu beauftragen. Hätte das nicht geklappt, hätte Arthur in ein Internat gehen müssen. Aus Angst davor fand er sich damit ab, dass ihn der »Große« stundenlang in sein Zimmer einsperrte, um mit seiner Freundin ungestört Sex zu haben. Ohnmachtserfahrungen sind später oft mit verdeckten Machtbedürfnissen verbunden. Wer Einblick verwehrt und Fakten für sich behält, ist in der besseren Position: Wissen ist Macht. Meist ist es Unwichtiges, mit der Geheimniskrämerei betrieben wird. Das Wort »Krämer« verrät die Bedeutung: Ein Krämer ist ein Händler, der belanglose Alltagswaren, »Kram« verkauft.

Der »lonesome Cowboy« und die »geheimnisvolle Sphinx« faszinieren vielleicht mehr als jemand, der sein Herz auf der Zunge trägt. Aber geheimnissen Sie nichts in diese Typen hinein, versuchen Sie nicht zwanghaft, die harte Nuss zu knacken und lassen Sie sich nicht einschüchtern.

Schweigsamkeit und Verschlossenheit sind nicht gleichbedeutend mit besonderem Wissen, Weisheit oder Überlegenheit. Wie sagte Nestroy: »Ist alles nur Chimäre!«

Von Trennungen, Affären und Neubeginn

Die Illusion eines ewigen Liebesglücks steckt tief in unserer Wunschwelt. Entgegen diesem Traum zerbricht Liebe leicht. Sie zerbricht nicht durch große Erschütterungen, sie schwindet leise. Durch hinuntergeschluckten Ärger, Nörgeln, Geringschätzung, Mauern. Eines Tages ist das Herz kalt. Trotzdem halten viele Frauen und Männer an der Illusion fest, dass ohnedies alles in Ordnung sei, und beschweigen Probleme weiterhin. Nach außen hin klappt der partnerschaftliche Alltag, in Wahrheit gibt es Depression, Seelenkälte und Entfremdung.

Die Angst vor dem Ungewissen

Leider gehört es zu meiner paartherapeutischen Erfahrung, dass einer der beiden die marode Beziehung durch eine Paartherapie doch noch wiederbeleben will, aber der andere zu große Angst vor der Wahrheit hat und sich weigert, mitzukommen. Um die Fassade aufrechtzuerhalten, wird immer heftiger verdrängt und verleugnet. Da man mit einer Hand nicht klatschen kann, schalten dann beide den Modus: »Eigentlich funktioniert eh alles« ein.

Bei so einem Paar spüre ich seine Abwehr, die eigentliche Seelenkälte wahrzunehmen und das Bedürfnis, sich die Situation schönzureden: »Sie hat nur Ärger im Job.« »Er hat Stress mit seinem Vater.« »Wir streiten zwar, aber wir lieben uns«, behaupten Veronika und Josef.

Ständig gibt es Schreiduelle und Beschimpfungen. Nicht erst einmal klopften die Nachbarn an die Wand. Nicht erst einmal brachen Freunde einen Abend frühzeitig ab, um nicht unfreiwillige Zeugen eines ausufernden Streits zu werden. Veronika kann nicht mehr. Es wird nicht mehr lange dauern und sie wird dem Schrecken dieser Beziehung ein Ende bereiten.

Josef ist ein attraktiver, charmanter Mann. Außenstehende begreifen nicht, dass keine seiner Beziehungen länger hält. Josef kennt den Grund, aber er ändert nichts an seinem Verhalten. Sein Verhaltensmuster ist typisch für ein Phänomen, das Freud als »Wiederholungszwang« bezeichnete.

Josefs Eltern waren nur mit sich und ihrer gemeinsam aufgebauten Firma beschäftigt. Wenn der kleine Sohn Zuwendung oder zumindest Aufmerksamkeit wollte, musste er toben und schreien. Als erwachsener Mann inszeniert Josef zwanghaft eskalierende Streitsituationen. In der unbewussten Hoffnung, dass es ihm diesmal gelingt, so viel Liebe zu bekommen, wie er es verdient, lässt er damit seinen

Familienkonflikt wieder aufleben. »Jetzt bekomme ich endlich die Aufmerksamkeit, nach der ich mich immer gesehnt habe«, hofft Josef. »Diesmal wird mein Bedürfnis nach Wärme und Zuwendung gestillt.« Dass Beschimpfungen und eskalierender Streit wieder nur eine Frustration seines Liebesbedürfnisses erzeugen, liegt auf der Hand.

Auch Gabriele ist ein Opfer des Wiederholungszwanges. Sie lebt seit zwei Jahrzehnten in einer Ehehölle, bemüht sich aber ständig darum, ihrem boshaften, dauernd mit Scheidung drohenden Mann ein angenehmes Zuhause zu schaffen. »Gabriele ist viel zu gutmütig«, meinen die Freunde. »Sie sollte froh sein, wenn sie diesen Kerl los ist.« In der unbewussten Hoffnung, ein Problem zu lösen, an dem sie als Kind scheiterte, kämpft Gabriele weiter einen aussichtslosen Kampf um Harmonie und Geborgenheit. Auch ihre Geschichte ist charakteristisch.

Gabrieles Eltern lebten in einer Patchworkfamilie, in der sie unter den Stiefgeschwistern immer wieder Frieden herstellen wollte. Gabriele litt unter der Disharmonie, lebte aber noch als Fünfundzwanzigjährige zu Hause. In der Hoffnung auf ein intaktes Familienleben und auf einen guten Ausgang eines alten ungelösten Problems übernahm sie auch als Ehefrau die Rolle der Friedensstifterin. Außerdem nimmt Gabriele eine vertraute Ehehölle lieber als das Risiko einer ungewissen Zukunft auf sich.

Ein hartnäckiger Wiederholungszwang erzeugt oft emotionale Abhängigkeit und das subjektive Gefühl, in einer unlösbaren Situation zu leben. Ohne Aussicht und Hoffnung auf einen Lösungsweg hält man an einer schlechten Beziehung fest, obwohl man ohne Partner besser leben könnte. Unbekanntes erscheint bedrohlicher als der bereits vertraute Schrecken.

Um Unerledigtes aus der Vergangenheit zu einem guten Ende zu bringen, werden wertvolle Jahre vergeudet und

oft von vorneherein der falsche Partner gewählt. Was dann für Treue und Liebe gehalten wird, ist eigentlich Aufräumarbeit von altem Seelenmüll.

Unterlegene Liebende kämpfen mit einem Fake-Ultimatum

Wir sind täglich durch die Medien mit politischen Drohungen konfrontiert, die den Frieden gefährden. Diese unsichtbaren Waffen werden auch im kleinen Universum der Liebeswelt eingesetzt. Als Paartherapeutin weiß ich nur zu gut, dass Beziehungen nicht kampflos aufgegeben werden. Wenn Bitten und Vorwürfe nichts mehr nutzen, sind in dem Kampf um Liebe und Zweisamkeit leere Drohungen, also schmerzliche Maßnahmen, die letztlich nicht erfüllt werden, an der Tagesordnung:

»Wenn das noch einmal passiert, ist es aus mit uns« (leere Drohung). »Bis zum Soundsovielten muss du dich entscheiden« (bedeutungsloses Ultimatum). »Das ist deine letzte Chance« (sinnlose Ängstigung).

Sabina und Christian waren sich einig, dass Sabina in Zeiten wie diesen ihre Wohnung vermieten und zu Christian ziehen sollte. So könnte man Geld sparen und die Alltagstauglichkeit prüfen. Das ist gut gemeint, führt aber zu einem subtilen Macht- und Anpassungskampf. Christian will seine Freunde aus der Zeit »vor Sabina« so regelmäßig wie früher treffen. Sie will, dass er mehr zu Hause ist. Er wirft ihr vor, dass sie ihm keinen Freiraum lässt, sie wirft ihm vor, dass er zu wenig Nähe gibt. Die Streitigkeiten werden häufiger, die Worte schärfer. Sabina droht immer wieder: »So geht das nicht.« Eines Tages spricht sie den entscheidenden Satz aus: »Das war's. Ich will nicht mehr.«

Minuten später sitzt Sabina im Taxi. Wohin soll sie überhaupt? Zu einer Freundin? Vorerst zum Bahnhof, dem Ort der Heimatlosen. Nach einer Stunde Zugluft und Ratlosigkeit zurück nach Hause. Am Spiegel klebt ein Post: »Bin mit Hannes auf ein Bier.« Sabina packt weinend ihre Reisetasche aus und weiß so gut wie Christian, dass sie nicht Schluss machen wird. 1:0 für ihn.

Anstatt Bedingungen auszuhandeln, Kompromisse zu suchen und einen verbindlichen Pakt zu schließen, drohte Sabina mit etwas, was Christian nicht ernst nehmen konnte. Das, liebe Freunde, ist Säbelrasseln.

Für unterlegene Liebende sind Drohungen und Ultimaten Mittel, die Kräftebilanz zu den eigenen Gunsten zu verändern. Manchmal klappt das. Aber kaum ist klar, dass es sich nur um Säbelgerassel handelt, verlieren Drohungen ihre Wirkkraft. Jede leere Drohung stärkt den Überlegenen und schwächt den Unterlegenen. Ich kenne Paare, die mit Drohungen ihre Partnerschaft so strapazierten, dass sie aus der Eskalation keinen Ausweg mehr fanden. Das Ende war eine Scheidung, die eigentlich nicht gewollt war.

So zielführend ein ernst gemeintes Ultimatum sein kann, so riskant ist es, wenn man nicht konsequent tut, was man androht. Dann wird das Ultimatum zur Kapitulation, mit der man sich in den Zustand fügt, der eigentlich beendet werden sollte.

Ein Risiko mit ungewissem Ausgang – russisches Roulette

Russisches Roulette ist ein tödliches Glücksspiel, das noch im Ersten Weltkrieg von den Soldaten der russischen Armeen gespielt wurde. Es geht so:

In der Trommel eines Revolvers steckt eine einzige Patrone. Die Trommel wird so gedreht, dass man nicht weiß, in welcher Kammer die Patrone ist. Dann setzt sich ein Mitspieler den Revolver an die Schläfe und zieht ab. Wenn er Pech hat, löst er tatsächlich einen Schuss aus und ade, Leben. Hat er Glück, wird der Revolver vom nächsten Mitspieler übernommen, die Trommel wird neuerlich gedreht und das gleiche tödliche Manöver riskiert. So lange, bis der endgültige Todesschuss fällt.

»Russisches Roulette« gibt es fast nur noch in der Literatur, aber symbolisch wird es in Liebesbeziehungen oft gespielt: Man lässt sich auf ein Risiko ein, dessen Ausgang ungewiss ist. Es geht zwar nicht um Leben und Tod, aber die Folgen dieses Spieles können fatal sein. Einfachheitshalber erzähle ich Ihnen dazu eine Geschichte von mir selbst.

Ich war ungefähr 17 und sehr verliebt in einen ebenso jungen, ebenso unerfahrenen Typ. Die Sache lief nicht gut. Ich wollte mehr Bindung, er mehr Freiheit. In dem Bemühen, ihn an mich zu binden, spielte ich russisches Roulette und sagte:»Wahrscheinlich ist es besser, wenn wir uns trennen.« In meiner Jungmädchen-Naivität hoffte ich, dass er jetzt aus Angst mich zu verlieren um mich kämpfen würde. Aber ich hatte mich verrechnet. Er verdrückte ein paar Tränchen und nickte:»Du hast recht. Trennen wir uns.«

Das hatte ich jetzt von meinem Spiel – anstatt dass mein Freund die Kostbarkeit unserer Beziehung erkannt und seine Liebesgefühle endlich Oberhand gewonnen hätten, kam ein abruptes Beziehungsende ohne jedes Bemühen um Kompromisse. Ich lernte meine Lektion und sage es hier schwarz auf weiß:

Benutzen Sie russisches Roulette nicht dazu, eine schwächelnde Beziehung künstlich wiederzubeleben. Kann schon sein, dass eine »Scheinhinrichtung« manchmal wirkt. Die Angst vor dem Alleinsein, dem Verlassenwerden, vor Neuem, kann marode Gefühle vorübergehend beleben.

Sentimentalität gibt noch einen zusätzlichen Kick: Küsse, Umarmungen, Blicke bekommen kurzfristig mehr Intensität und Glut, und aus der Drohung des Auseinandergehens wird eine beglückte, aber trügerische Heimkehr. Tut mir leid, aber dieses ebenso romantische wie riskante Spiel geht meist nicht auf.

Sobald Sie in Ihrer Liebesbeziehung russisches Roulette spielen, ist ein Trennungsangebot als Rettungsversuch kontraproduktiv. Cool zu sein ist sinnvoll, aber nicht so. Fragen Sie sich »Was können wir verbessern?« Suchen Sie Kompromisse und formulieren Sie aus Vorwürfen konkrete Bitten. Vorwürfe sind nicht erfüllbar, Bitten schon.

Auch Erwachsene leiden unter Trennungsängsten

Lilly hat Angst, Leo zu verlieren, wenn er nicht sofort ein SMS beantwortet oder sein Abend mit Freunden länger dauert als geplant. Hat er eine andere kennengelernt? Plant er, Schluss zu machen? Um ihre zermürbenden Verlustängste zu vermeiden, hält Lilly sogar an Beziehungen fest, die schon längst kaputt sind, oder an Kontakten, aus denen nie etwas wird.

Jeder Erwachsene kennt die Ängste eines Kleinkindes, das sich von Mama oder Papa trennen muss. Kinder sind abhängige Wesen, eine Trennung kann einer Überlebensangst gleichkommen. Am stärksten treten Trennungs- und Verlustängste am Anfang der Kindergartenzeit, in der »Bringsituation« auf. Aber nach einigen Tagen ist Sicherheit da und die Ängste sind überwunden. Was bei Kindern eine Entwicklungsstufe ist, kann bei Erwachsenen ein chronisches Tabuthema sein.

Trennungsangst signalisiert Abhängigkeit und wird als Schwäche ausgelegt. In unserer Zeit hat Unabhängigkeit einen hohen Stellenwert, aber sie erzeugt justament das, was sie so verachtet – die Angst davor, von einem Menschen, an den man sich emotional gebunden hat oder binden will, verlassen zu werden. Durch die zerrütteten Ehen der Eltern, den Werteverfall, durch frühkindliche Trennungserlebnisse oder die Flüchtigkeit der elektronischen Medien explodieren bei Erwachsenen Trennungsängste. Sie haben sogar als FOBU – »Fear Of Breaking Up« – einen festen Platz in der Liste der Angsterkrankungen. Auch das Internationale Diagnose-Manual psychischer Erkrankungen Erwachsener (DSM-5) hat Trennungsangst aufgenommen. Männer leiden übrigens genauso darunter wie Frauen. Je größer die Abhängigkeit und je geringer der Selbstwert, umso aggressiver reagiert ein Mann. Frauen leiden bis zur Selbstzerstörung, Männer zerstören. Die vielen Gewalttaten an Frauen, die ihre Partner verlassen wollten, beweisen es.

Der Leidenskatalog der Trennungsangst ist lang: Herzklopfen, Traurigkeit, Zittern, Weinen, irrationale Zukunftsängste. Ich habe als Psychotherapeutin oft mit Menschen zu tun, die einer von Verlustangst gequälten Partnerin zuliebe auf jede persönliche Freude verzichten. Es kommt aber nur kurzfristig zu einer emotionalen Entlastung, langfristig festigen sich die Angstsymptome. Die Ängste der Gefährtin werden dadurch nicht kleiner. Die einzig sinnvolle Selbsttherapie ist die schwierigste: Sobald man sich das schrecklichste Bild des Verlassenwerdens detailliert ausmalt, verliert die Trennungsangst ihren Schrecken, weil selbst die schlimmste Situation bewältigbar erscheint. Der eigentliche Horror ist und bleibt die Furcht vor der Trennung!

Leo und Lilly stecken in dem Konflikt einer chronifizierten aktiv-passiven Trennung: Mit seinem kaltblütigen Verhalten arbeitet Leo aktiv auf ein Auseinandergehen hin,

Lilly will es nicht passiv erleiden. Um das zu verhindern, wandelt sie Passivität in Aktivität um und hält unter dem Vorwand, nicht resignieren zu wollen, mit allen Mitteln an der Beziehung fest.

Hätte ich Lilly eine illusionäre Idylle in Aussicht stellen und mich an der Aufrechterhaltung von Frust und Leid beteiligen sollen? Es gab keine Paarbeziehung mehr, daher konnte ich Lilly auch keine sinnvolle Paartherapie anbieten. In eine Beziehung, in der nach der anfänglichen Verliebtheit weder Zuneigung noch Respekt verblieben sind, lassen sich Liebe und Verbindlichkeit nicht hineintherapieren. Ich schlug Lilly also vor, sich mit dem Thema des Loslassens auseinanderzusetzen.

Viele Frauen, aber auch viele Männer haben so starke Trennungsängste, dass sie ihre Würde aufgeben und sich an einen Menschen binden, der gar nicht passend oder Schmerz und Anstrengung nicht wert ist. In der Annahme, dass diese Partnerschaft besser als keine ist, taumeln sie von einem Supergau des Schmerzes in den nächsten. Sie sind zu allem bereit, nur nicht zu dem, was die einzige Lösung wäre – die heilende Trennung. »Ich will nicht resignieren«, redete sich Lilly ein und hielt an der zerbrochenen Beziehung wie ein Zweikomponentenkleber fest.

Anzuerkennen, dass eine Paarbeziehung vorbei ist, ist kein widerspruchsloses Kleinbeigeben. Loslassen hat nichts mit Niederlage, Selbstaufgabe oder Kraftlosigkeit gemein. Im Gegenteil. Loslassen ist ein »Ja« zur Selbstachtung und zur Lebendigkeit.

Der Anfang einer Liebesbeziehung
ist aufschlussreich

Womöglich schaut mir jetzt Sigmund Freud, der Entdecker des Unbewussten, grinsend über die Schulter, wenn ich sage: In der Initialszene der Erst-Begegnung zwischen einem zukünftigen Paar gibt es bereits Hinweise darauf, welche Themen die neue Beziehung beherrschen werden. Lassen wir jetzt aber die Theorie, ich erzähle Ihnen von Bea und Johann.

Bea ist geschieden, erfolgreich und recht wohlhabend. Spontan lädt sie Johann, den Software-Spezialisten, der ihre Computeranlage betreut, zu ihrem Gartenfest ein. Er kommt und bringt stolz einen Kuchen mit: Den hat »Mamschi« für das Fest gebacken. Aus Bea und Johann wird ein Paar. Ein seltsames Paar, denn »Mamschi« (Johanns Mutter) ist die Dritte im Bunde.

Mamschi verbringt jedes Wochenende mit den beiden. Auch im Urlaub ist Mamschi dabei. Mamschi setzt in Beas Garten Spanischen Flieder, der Bea nie gefallen hat. Sie bäckt Süßigkeiten, obwohl Bea kein Naschwerk im Haus haben will. Mamschi inspiziert Beas Kühlschrank und entsorgt ungefragt abgelaufene Produkte.

Bea ist von Mamschis Aufdringlichkeit genervt, aber von Johann heißt es nur: »Ach, lass sie doch.« Vier Jahre gibt Mamschi immer wieder Anlass zu Spannungen und Streit zwischen Bea und Johann. »Sie drängt sich in unser Leben«, klagt Bea. »Sie meint es doch nur gut«, verteidigt sie Johann. Nach vier Jahren spitzen sich Mamschis Ansprüche und die Auseinandersetzungen zwischen Bea und Johann so zu, dass er wieder zu seiner Mamschi zieht.

So, und jetzt rufen wir uns die Initialszene von Bea und Johann in Erinnerung: In Form eines Kuchens war Mamschi schon beim ersten privaten Treffen dabei.

Während ich hier bei meinem Laptop sitze, nehme ich mich selbst bei der Nase. Mir fällt das erste Rendezvous mit meinem Liebsten ein. Wir trafen uns nicht in einem Café, nicht zum Spazierengehen und nicht beim Heurigen. Ich hatte in der Wohnung einer Tante, die ins Seniorenheim gezogen war, etwas zu vermessen und bat ihn, mir dabei zu helfen. Unsere Initialszene. Seit dem Beginn unserer Partnerschaft bauen wir ständig um. »Es ist zu viel«, stöhnt mein Liebster oft. »Kannst du keine Ruhe geben?« Nein, ich kann nicht. Umbauen und Sanieren gehören zu meinem Leben. Das Maßband bedeutet mir so viel wie einem Trommler die Schlägel.

Wenn ich mir schildern lasse, wie sich ein Paar kennenlernte, bestätigt es sich meist: Der Beziehungsanfang enthält schon das Grundthema der Beziehung oder einen unbewussten, häufig abgewehrten Grundkonflikt. Daniela hing schon bei den ersten Spaziergängen fest an Theos Arm. Später wurden ihre extremen Nähewünsche zu einem Beziehungskonflikt. »Wir waren dauernd im Kino«, erinnert sich Sabine. »Da musste Paul vorher nicht viel reden, nachher habe ich über den Film gesprochen.« Pauls Kommunikationsfaulheit war von Kinobesuchen kaschiert, jetzt ist es das Konfliktthema der beiden.

Rufen Sie sich doch einmal die Initialszene Ihrer Begegnung in Erinnerung. Vielleicht spüren Sie ein Kernthema Ihrer Partnerschaft auf.

Was nur als unverbindlicher Sex geplant war, endet oft mit unangemessener Verliebtheit

Emmas Geschichte. Die Fakten sind schnell erzählt: Schon seit einem Jahr war für Emma weit und breit kein Mann zum Verlieben in Sicht. Auf einer Datingplattform begegnet sie Friedrich. Mittelmäßig intelligent, mittelmäßig attraktiv und mittelmäßig interessant. Ein Typ unter Emmas Niveau. Aber wir alle wissen, wie gut es tut, nach einer Zeit der Dürre zu flirten, zu lachen, sich lebendig zu fühlen. Dahinter steckt nichts Ernstes. Es geht nicht um große Gefühle, nur um Lebensfreude, Lebendigkeit und, ja, nennen wir's beim Namen, um Geilheit.

Dass Emma nichts von Friedrich weiß, macht die Situation für sie noch prickelnder. Wenn man verliebt ist, will man alles wissen. Emma ist nicht verliebt. Trotzdem haben sie am ersten Abend Sex.

Am nächsten Tag ist alles anders. Friedrich ging mit einer coolen jungen Frau ins Bett und wacht mit einer verliebten Partnerin auf. Nach dem gemeinsamen Frühstück hat Emma das Gefühl, Friedrich zum ersten Mal zu sehen. Wie seine Augen blitzen, sein Gang federt, bla, bla, bla. Dem One-Night-Stand folgt kein weiteres Treffen. Emma ist ziemlich schnell drüber weg. Jetzt steht sie vor einem Rätsel: Wie konnte sie sich überhaupt in diesen uninteressanten, nichtssagenden Typ verlieben? Ich vermute, dass ein Oxytocin-Schub schuld war.

Das mit dem Bindungshormon Oxytocin haben wir schon x-mal gehabt. Dass Oxytocin Wehen auslöst, die Milchbildung fördert und in einer Mutter jene wilden Liebesgefühle erzeugt, die sie zu einem Rundum-Einsatz für ihr Baby bereit machen, weiß man schon seit vielen Jahren. Trotzdem: Oxytocin kann als Bindungshormon gar nicht genug gelobt werden. Es steuert nicht nur das Bindungsverhalten von Mutter und Kind, sondern auch das von Frau und Mann. Schon das gemeinsame Schlafen im Ehebett mit Händchenhalten verstärkt die Paarbindung. Auch den Orgasmus unterstützt das »Kuschelhormon«. Zurzeit ist sogar davon die Rede, dass Oxytocin therapeutisch bei Angststörungen und Autismus eingesetzt werden könnte. Aber so weit ist die Forschung noch länger nicht.

Für mich steht bislang fest, dass Frauen durch die von Internet-Portalen geputschten »ONS« (One-Night-Stands) oft unerwartete Konsequenzen erleben. Obwohl sie ebenso wie der Lover ursprünglich nur unverbindlichen Sex planten, verlieben sie sich stante pede. Nicht, weil der Typ so toll im Bett ist, und nicht, weil sie so romantisch sind. Nein, liebe Freunde, das Oxytocin tut sein Werk.

Wo nur sexuelle Befriedigung vorgesehen war, entsteht durch die Effekte des Neurohormons plötzlich emotionaler Aufruhr. Love is in the air. Oxytocin macht für die Abenteurerin aus einem Frosch einen Prinzen. Ob der Lover ein Prinz bleibt, bezweifle ich. Die Oxytocin-getriggerten emotionalen Wahrnehmungen und Gefühle halten nur vorübergehend.

Eine lebenslustige Frau muss meist viele Frösche küssen, bis endlich ein echter Prinz dabei ist. Mit jedem enttäuschenden Frosch wäre ein Trennungsgespräch notwendig. Oft ist einem aber nicht danach und man stiehlt sich aus einer marodierenden Beziehung raus. Armer Frosch. Er hatte sich vielleicht schon als Prinz gesehen.

Wer für einen Partner »gestorben« ist, erlebt symbolisch seine eigene Auslöschung

Trennungsgespräche tun weh. Noch schmerzlicher ist es, wenn es eine Trennung ohne Gespräche gibt. Womöglich aus heiterem Himmel. Er ruft einfach nicht mehr an. Oder sie ändert ihre Mail-Adresse. Oder nur ein dürres: »Es ist aus.« So geschehen zwischen Barbara und Simon.

Nach etwa einem Jahr kam er an einem Samstag mit einer Reisetasche und packte die Habseligkeiten zusammen, die sich bei Barbara angesammelt hatten. Barbara stand daneben und wiederholte stereotyp:»Was ist los?« Simon ignorierte ihre verzweifelten Bitten um eine Antwort. Er ging»verantwortungslos«, im wahrsten Sinne.

Anfänglich meinte Barbara, dass Simons Abgang aus heiterem Himmel erfolgte. Erst in langen Gesprächen erinnerte sie sich, dass ihre gemeinsamen Mahlzeiten eine Spur wortkarger und seine Freundlichkeit ein bisschen gekünstelt waren. Beim Sex wirkte Simon seltsam mechanisch, bei seinen Telefonaten spürte sie in seiner Stimme keine Freude. Die meisten Liebenden»wittern« eine Gefahr, wollen sie aber nicht wahrhaben. Erst in Rückblenden mit Freunden oder in einer Therapie werden die sensorischen Wahrnehmungen der Zeit vor dem Crash bewusst.

Das ist nur eine Seite der Trennungen»aus heiterem Himmel«. Die andere Seite betrifft diejenigen, die innerlich schon aus einer ausgestiegen sind, aber das Szenario des praktischen Auseinandergehens delegieren. Dazu erzähle ich Ihnen erst die Geschichte von Carola und Peter.

Carola machte jahrelang alles für die Beziehung. Sie sorgte für Abwechslung, suchte Nähe, bemühte sich, den Sex lebendig zu halten. Alles vergeblich. Peter lebte sein Leben ohne Rücksicht auf die Verbindlichkeit einer Lebensgemeinschaft. Zuletzt war es wieder Carola, die diese unerträgliche Situation und eine Trennung zur Sprache brachte und das Auseinandergehen durchzog. Als Verhaltenstherapeutin lernt man schnell, dass diejenigen, welche die Beziehungsarbeit immer schon der Partnerin überließen, ihr auch die Trennungsarbeit überlassen.

Abschied nehmen, respektvoll erklären, warum es nicht mehr weitergeht, ist Anstandssache. Wer ein Trennungsgespräch verweigert, fügt dem Verlassenen noch zusätzlich eine Wunde zu. Die böse Saat des Schweigens geht auf und die Gedanken des Verlassenen kreisen ständig um mögliche Vergehen und Versäumnisse: Was habe ich falsch gemacht? Habe ich etwas übersehen? Dieser Energieraub schwächt so sehr, dass der Aufbruch in ein neues Leben oder gar in eine neue Partnerschaft lange Zeit blockiert ist.

Durch die elektronische Technologie verbreitet sich eine dramatische Steigerung dieses Supergaus der Gefühle – das »Ghosting«. In Chats wird die Illusion einer Beziehung aufgebaut, Emotionen und Hoffnungen werden geschürt und Liebe vorgegaukelt. Wie ein Geist verschwindet dann plötzlich der Traumpartner. Anrufe und SMS bleiben unbeantwortet. Er oder sie ist einfach futsch. Das ist Schlussmachen in der Voodoo-Version 4.0 – der andere ist für mich gestorben. Mieser geht's nicht.

Das tatsächliche Ende einer Trennung »auf Zeit« ist nicht vorherzusehen

Pendel-Paare (»Es ist aus.« – »Wir sind wieder zusammen.«) setzen in ihren Manövern jedes Mal ein endgültiges Aus. Im Gegensatz zu ihnen erhoffen sich viele Paare von einer Beziehungspause die Rettung für eine Partnerschaftskrise.

Auch Emma und Andreas sehen in einer vorübergehenden Trennung die Erlösung von ihren eskalierenden Schreiduellen. Großes Aufatmen: »Dann wird alles gut.« Am anderen Ende der Beziehungskalamitäten-Skala steht die entleerte Partnerschaft von Clara und Stefan. Es ist ein Leben in Eiseskälte, ohne Zärtlichkeiten, ohne Worte. Auch dieses Paar sieht eine vorübergehende Trennung als Rettung: »Dann fangen wir neu an.«

Eine Beziehungspause ist für viele Partnerschaftsschwierigkeiten das Mittel der Wahl. Ich bin nicht dafür.

Meist ist der Wunsch nach einer Beziehungspause nur Phrasenmüll, weil man sich selbst und dem Partner mit einer klaren Trennung nicht wehtun will, weil der Wunsch nach Freisein unangemessen scheint oder selber Angst macht. Viele Paare erhoffen sich von einer vorübergehenden Trennung ein magisches Erneuerungsritual – so wie beim Computer Abschalten und Neustart oft genügt, um ein Problem zu beheben.

Sorry, liebe Freunde, aber so geht's wirklich nicht. Es gibt eine Faustregel: Trennung auf Zeit ist sinnvoll, wenn es in einer Beziehung gewalttätig zugeht. Hilfe von außen, zum Beispiel bei der Interventionsstelle gegen Gewalt (IST), ist dann unumgänglich. Aber darum geht's mir heute nicht. Wir reden von gewaltfreien Beziehungen, in denen die Partner die positiven Seiten des anderen aus den Augen verloren haben und hoffen, durch die Distanz wieder eine liebevollere Sicht auf ihn zu gewinnen.

Zu Beginn der Partnerschaftskarenz ist man noch voller Zuversicht, dass alles wieder gut wird. Das Alleinsein und das sentimentale Genießen der Einsamkeit lassen alte Liebesgefühle kurzfristig wieder aufwallen: Wie wunderbar es doch war, umschlungen einzuschlafen! Wie gemütlich die Sonntagsfrühstücke waren! Diese Lonesome-Cowboy-Romantik vernebelt die eigentlichen Ursachen, die zu der erotischen und emotionalen Kraftlosigkeit führten.

Verlustangst kann sogar wie ein Aphrodisiakum wirken, das die Sicht auf den Partner verändert. Plötzlich glaubt man, nur er könne Glück und sexuelle Erfüllung schenken. Was man womöglich bald nicht mehr besitzt, bekommt einen riesigen Wert. Sogar das sexuelle Erregungspotenzial steigert sich. »Den besten Sex erlebten wir, als wir vorhatten, uns zu trennen« – ein Geständnis, das Sie vielleicht selbst schon gemacht, aber sicher schon oft gehört haben.

Der emotionale Aufruhr der Distanz kann auch einen narzisstischen Hintergrund haben. Selbst wenn die

Liebesbezeugungen eines Partners lästig sind, fehlen sie dem eigenen Selbstwert, sobald sie ausbleiben. Wenn das narzisstische Defizit groß ist, kann sich der Überdruss an einem Partner in Verliebtheit verwandeln. Falls es dann wirklich zu einem Neustart der Beziehung kommt, ist das narzisstische Gleichgewicht leider nur kurzfristig wiederhergestellt. Kaum erfüllt der ungeliebte Partner wieder seine Aufgabe, für narzisstische Zufuhr zu sorgen, wird man seiner auch schon wieder überdrüssig.

Noch etwas fällt mir auf: Partner, die trotz gegenteiliger Beteuerungen verborgene Bindungsängste haben, neigen ganz besonders zu der Suggestion »Noch nie war ich so verliebt«. Eine strategische Trennung kann in einem Bindungsphobiker einen befristeten Liebesschub auslösen. Solche Beziehungen schleppen sich in dem periodischen Wechsel »Ich will keine Bindung/Ich bin so verliebt« oft jahrelang dahin. Nach mehreren Verliebtheitsschüben spürt der andere ja doch, dass die aufgeputschte Verliebtheit des wankelmütigen Gefährten etwas von einem faulen Zauber an sich hat.

Wenn die ursächlichen Konflikte nicht bearbeitet werden und nicht beide (!) bereit zu einer Änderung sind, kann auch beim Zweitstart das endgültige Aus nicht verhindert werden. Außerdem reduziert eine vorübergehende Trennung nicht die Gewöhnung. Sollte sie der Grund zur Trennung gewesen sein, ist sie nach dem Zweitstart wieder da.

Um unsere Trennungskultur ist es schlecht bestellt

Wie sagt man, dass die Liebe zu Ende ist? Welche Worte findet man für die Angst vor einer Bindung oder vor dem

Alleinsein? Wie spricht man über enttäuschte Hoffnungen oder ungestillte Sehnsüchte?

In Magazinen wirken Promi-Trennungen seltsam cool und blutleer: »Unsere Auffassungen über die Prioritäten unserer Beziehung sind zu unterschiedlich.« Kommen schöne und prominente Menschen mit Trennungen besser zurecht als Durchschnittsmenschen? Klare Antwort: Nein. Für Promi-Trennungen gilt das Bajazzo-Lied »Wie's da drinnen aussieht, geht keinen was an«.

Im Alltag fühlt sich der Moment dieses Supergaus der Gefühle ganz anders an. Heulkrämpfe, Wutausbrüche und Betteln auf der einen Seite, Verhandeln und billige Ausflüchte auf der anderen. »Sei nicht traurig, dass es vorbei ist. Sei froh, dass es war« (die peinliche Westentaschen-Philosophie). »Eigentlich hast du es darauf angelegt« (die schäbige Delegierung). »Du bist zu gut für mich« (das gemeine Verwirr-Spiel). »Wir können doch Freunde bleiben« (die hilflose Besänftigungstaktik). »Eines Tages kommen wir wieder zusammen« (der falsche Trost). Anhänger elektronischer Medien verlassen sich darauf: »Lassen wir's :-(« (die moderne SMS-Klausel, gerne von unterwegs). Manche schreiben langatmige Abschiedsbriefe, die das eigene Gewissen beruhigen sollen, aber denjenigen, dem man damit den Laufpass gibt, an ein Curriculum erinnern.

Es ist eine gewaltige Herausforderung, sich zu stellen, eine Aussprache, Tränen, Fragen und den Schmerz des Verlassenen auszuhalten. Sogar dem Dichterfürsten Goethe fehlte der Mut dazu, er beendete etliche Beziehungen, indem er einfach ging. Keine Erklärungen, keine Abschiedsrituale, keine Szenen. Kurz ist das, aber schmerzlos? Für Verlassene ist eine Flucht ohne Abschied noch schwerer zu verkraften als ein ganz »normales« Auseinandergehen.

Der Anfang der Trennungsbewältigung, das Überwinden der Lähmung, Leere und der Erstarrung ist besonders schwierig. Von der charakteristischen Schockstarre bleiben nicht einmal jene verschont, die im »normalen« Leben hochaktiv sind. Aber Trennungsschmerz ist eben nicht das »normale Leben«, er ist ein emotionaler Ausnahmezustand.

Die alte Wir-Identität, die ein Paar im Laufe der Zeit aufbaut, gilt nicht mehr, die neue Ich-Identität, die der Lebensmodus eines Singles ist, ist noch nicht entwickelt. Da ist es nur logisch, dass man in einer Welt, in der weder die gewohnten äußeren noch die inneren Grundfesten gelten und in der noch nach neuen Orientierungspunkten gesucht wird, handlungsunfähig ist.

Verschärft wird die Handlungs- und Orientierungslosigkeit durch die abweisenden Signale desjenigen, der die Beziehung aktiv beendet hat. »Bitte keine SMS und Mails«, sagte Lorenz. »Das macht alles noch schwieriger.« »Ich will nichts mehr von Kompromissen hören«, blockierte Christians Ex seine Versuche, die Beziehung auf einer anderen Ebene fortzusetzen.

Nach einer ungewollten Trennung dreht sich das ganze Denken und Fühlen nur um den Liebesverlust. Viele halten deshalb die verlorene Nähe wenigstens indirekt aufrecht.

Kontrolle durch »Facebook-Watching«

Zwei Jahre waren Barbara und David ein Paar. Barbara träumte heimlich davon, dass sie nach ihrer gescheiterten Ehe endlich mit David glücklich werden würde. Doch plötzlich wurden seine Anrufe unregelmäßiger, die Treffen seltener und seine Zärtlichkeit seltsam mechanisch. Dann häuften sich einsame Wochenenden, schließlich war es klar: David wollte nicht mehr.

Was tut Barbara? Sie pilgert zu Davids Haus und starrt auf seine Fenster. Ist er zu Hause? Sieht er fern? Kein

Schlechtwetter hält Barbara davon ab, Davids parkendes Auto mit der Taschenlampe nach Hinweisen auf eine neue Partnerin zu untersuchen. Vielleicht liegt da ein vergessenes Tuch oder eine unbekannte Zigarettenpackung. Dann könnte sich Barbara wenigstens vorstellen, mit welchem Frauentyp David jetzt zusammen ist.

Zurzeit höre ich immer wieder von einem suchthaften Festhalten an einer verlorenen Liebe: Seit Thomas von Lotti verlassen wurde, checkt er täglich ihre Facebook-Postings. Wo hat sie gefeiert? Mit wem war sie im Kino? Auf den Fotos, die Lotti ins Netz stellt, sieht Thomas eine lebenslustige Frau, der offenbar nichts fehlt. Er spürt schmerzlich, dass Lottis Leben auf Facebook weitergeht, während seines stagniert.

Barbara, die das Auto ihres Ex checkt, und Thomas, der mehrmals täglich Lottis Facebook-Seite anklickt, glauben, immer noch zu lieben. In Wahrheit können sie nicht loslassen. Auto-Checks wirken wie Schlüsselreize, die Liebesgefühle und gute Erinnerungen aus der Vergangenheit immer wieder beleben.

Facebook-Watching triggert Liebesgefühle, die vielleicht sowieso schon fraglich sind. Das Herzweh, das in Anbetracht positiver Facebook-Eintragungen eines Ex und seiner neuesten Urlaubsfotos entsteht, wird oft irrtümlicherweise für Liebe gehalten. Das Beobachten des Lebens eines Ex-Partners via Facebook gelingt leicht und füllt innere Leere, daher ist das Suchtpotenzial besonders hoch. Abgesehen davon sind Fehlinterpretationen vorprogrammiert. Wer postet schon stille Trauergefühle oder Ängste!

Unglücklich Liebende, die das Glück eines Ex beobachten, leiden mehrfach. An der Seele nagen Selbstwertzweifel und Neid, denn vermeintlich hat der andere bereits, wozu man selber nicht fähig ist – Lebensfreude und Selbstbewusstsein.

Eifersucht schmerzt auch dann noch, wenn die Liebe gar nicht mehr da oder womöglich schon ein neuer Partner gefunden ist. Bei der Eifersucht »post amorem« geht es ja nicht um Liebe, sondern um Besitzanspruch.

Eine konsequente Trennung ist ein Kraftakt. Dazu gehört zumindest eine Zeit lang Facebook-Abstinenz, Erinnerungsstücke zu entfernen und gemeinsame Lokale zu meiden. Nur ein gesunder Abstand ermöglicht ein heilsames »Goodbye« und ein hoffnungsvolles »Hello!«.

Dramatische Hassreaktionen irritieren sogar die Hassenden selbst

Paul ist endlich in der Stimmung, aus vollem Herzen »Hello!« zu sagen – er ist wahnsinnig verliebt. Das ist schön für Paul. Aber wie geht es seiner Langzeit-Partnerin, der 46-jährigen Viktoria? Immerhin waren sie 14 Jahre lang ein Paar.

Es waren gute Jahre, auch wenn es immer wieder dieses leidige Thema mit dem Heiraten gab. Paul wollte nicht heiraten. »Unsere Liebe braucht keine Formalitäten«, sagte Paul. Er wollte auch kein Kind. »Ohne Kind bleibt man ein Liebespaar.«

Und was war jetzt? Er heiratete eine Frau, die zehn Jahre jünger ist und schwanger von ihm wurde. Viktoria stand mit leeren Händen da. Der Mann, dem sie vertraute, verließ sie. Und das Kind, das sie immer wollte, bekam eine andere.

Nach dem ersten Schock war da nur noch Verzweiflung. Dann kam der Hass. In jeder freien Minute wälzte Viktoria Rachegedanken. So wie sie Paul aus ganzem Herzen geliebt hatte, hasste sie ihn und diese Frau. Sie freute sich, als sie hörte, dass es ihr gesundheitlich schlecht ginge. Sie freute sich, als sie erfuhr, dass Paul gekündigt wurde und in seinem neuen Job schlechter als früher verdiente. Sie forderte Geschenke zurück, die sie ihm gemacht hatte. Sie schrieb sogar einen anonymen Brief an die Steuer. Manchmal wünschte sie sich, dass der Mann, den sie einmal so geliebt hatte, tödlich verunglücken sollte. Es sind entwürdigende Dinge, die Viktoria Paul antat. Niemand wusste von ihrem Hass. Es würde sowieso niemand verstehen, meinte Viktoria. Sie verstand sich ja selbst nicht.

Wir wissen heute viel über Beziehungen, emotionale Vorgänge und neuronale Verschaltungen. Aber wie man mit unerwarteten Hassgefühlen umgeht, wissen wir oft nicht. Ich sehe immer wieder, dass Hassgefühle den Betroffenen selbst irritieren und befremden. »Das hätte ich nie von mir gedacht«, hörte ich auch von Viktoria. Kaum jemand ahnt, wozu er fähig ist, wenn er von Hass übermannt wird. Viktorias aggressives Verhalten, ja sogar ihre Todeswünsche, sind keine Ausnahmeerscheinung, sie sind typisch für reaktiven Hass.

Wenn ein Mensch, mit dem es eine tiefe Verbundenheit gibt, das eigene Lebenskonzept angreift, kann als Reaktion darauf Hass entstehen. Mit Hass rächt man sich dafür, dass Liebe nicht ausreichend erwidert oder ganz zurückgewiesen wurde. Wo man nicht mehr lieben darf, beginnt man zu hassen.

Hass ist lebensfeindlich, weil er lebensbejahende Energien blockiert. Außerdem bindet er an die gehasste Person. Viktoria behauptet zwar, mit Paul »fertig« zu sein, aber in Wirklichkeit ist sie durch ihren Hass stärker an die gescheiterte Beziehung gebunden als sie es durch die Liebe war. Wer hasst, richtet alle Energie auf den anderen und ist blind für sich selbst.

Machen Sie sich drei Dinge bewusst: 1. Ihr Hass ändert nichts an der Situation. 2. Hassgefühle werden umso tiefer, je stärker die Gefühle der Abhängigkeit sind. Jeder Hassimpuls ermöglicht wenigstens für Momente die Illusion von Autonomie:»Ich bin ja doch ein unabhängiger Mensch.« 3. Um einer Hass-Spirale zu entkommen, müssten Sie Ihre Autonomie stärken.

Sehen Sie eine Zurückweisung auch als neuen Weg zum eigenen Selbst. Das ist zwar mühsam, aber der erste Schritt in eine Freiheit, in der alles möglich wird. Auch eine andere Liebe.

»Stashing«, die verheimlichte Trennung

Im Fernsehen ist alles ganz einfach:»Sie« sagt beiläufig: »Übrigens fahre ich allein nach Italien. Richard und ich haben uns getrennt.«»Er« sitzt mit Kollegen beim Mittagessen und bemerkt gelassen:»Hanna und ich haben Schluss gemacht.«

In Wirklichkeit fällt es nicht leicht, eine Trennung öffentlich zu machen. Die Angst vor Verständnislosigkeit und vor Ausgliederung ist groß, das Verbergen des Kummers kostet Kraft, Neugier verärgert, Mitleid demütigt.»Social Outing« heißt der Zustand, wenn man seine Existenz offenbart. Homosexuell liebende Menschen kennen diesen Zustand allzu gut. Tarnbeziehungen mit einer Schulfreundin, vorgetäuschte Single-Freuden und absurde Ausreden machen vielen gleichgeschlechtlich Liebenden den Alltag schwierig und das Herz schwer. Ich verstehe, dass sie sich oft jahrelang, manchmal sogar jahrzehntelang, vor einem Outing scheuen.

Als junge Frau hatte ich einen Freund, der seiner am Land lebenden, ein bisschen weltfremd gewordenen Oma nie gestand, dass es zwischen uns längst aus war. Die alte

Dame hatte mich ins Herz geschlossen und war glücklich, dass ihr Lieblingsenkel endlich »angekommen« war. Bis zu ihrem Tod fuhr ich hin und wieder mit meinem Exfreund zu ihr und wir taten so, als wäre alles wie früher. Ich schäme mich nicht wegen dieser Mogelei.

In anderen Situationen ist Scham das Hauptmotiv eines Täuschungsmanövers. Vor allem eine ungewollte Trennung erschüttert das Selbstwertgefühl oft so massiv, dass ein komplexes Lügennetz gesponnen wird. Antonia vertuscht die Trennung von David aus Angst, dass ihre Beziehungsfähigkeit angezweifelt wird: »Jetzt ist sie bald 40 und immer noch solo.« Dass auch ihre hoffnungsvolle Partnerschaft mit einem Piloten scheiterte, ist ein Supergau ihres Selbstwertgefühls. Wenn sie allein zu Einladungen kommt, behauptet sie, dass David einen Langstreckenflug mit einer Nächtigung hat. In Gesprächen erwähnt sie ständig seinen Namen, klingelt ihr Handy, sagt sie: »Das ist sicher David, ich rufe ihn später zurück.« Niemand kommt auf die Idee, dass es die Beziehung nicht mehr gibt.

Durch den Boom der Partnervermittlungsplattformen werden Trennungen in letzter Zeit so oft verheimlicht, dass sich dieses Dating-Phänomen schon als »Stashing« einen Namen gemacht hat. »to stash«, ein englischer Begriff: etwas verstecken. Oft verbirgt sich dahinter Bindungsangst oder Bindungsunwille – wer schon gebunden ist, kann sich nicht mehr binden. Erst kürzlich erklärte mir ein Single-Mann, dass er bei neuen Kontakten die Trennung von seiner Lebensgefährtin verschweigt. »Wenn eine Frau glaubt, dass ich in festen Händen bin, stellt sie weniger Beziehungsansprüche.«

Das Verschweigen einer Trennung müsste von beiden Ex-Partnern getragen werden. Wenn einer das Scheitern der Beziehung öffentlich macht und der andere so tut, als wäre eh alles beim Alten, ist man entweder ein dreister Lügner,

oder man gibt die eigene Verunsicherung an die Umwelt weiter. Das Recht auf Privatheit darf man allerdings beanspruchen. Die einfache Lösung: »Wir haben uns getrennt. Aber ich mag jetzt nicht darüber reden.« Basta. Schließlich ist es Ihr Leben.

Die »nacheheliche Ehe«

Manche Geschichten aus der Paartherapie sind nicht erzählbar, manche sind ideale Fallbeispiele. Zum Beispiel die Geschichte von Oliver und Gitta. Kurzer Rückblick: Oliver ging fremd, Gitta schlief ab und zu mit einem Kollegen. Der eheliche Sex war Routine, die Gespräche drehten sich nur noch um Kind und Haus, jeder machte, was er wollte. Das war vor neun Jahren. Beide waren für eine Scheidung. Man trennte sich im Guten.

Gitta hatte es sich einfacher vorgestellt, einen neuen Partner zu finden. Der eine lehnte ihre Tochter ab, der andere interessierte sich nur für Papageien, der Dritte wollte, dass sie 15 Kilo abnimmt. Nach einigen missglückten Kurzbeziehungen sah Gitta ihren Ex mit anderen Augen: »Eigentlich war er gar kein schlechter Partner.« Oliver fühlte sich durch die Affäre mit einer jungen, zellulitefreien Geliebten, die ihm nackt das Frühstück servierte, mental verjüngt. Als sie ihn wegen eines Gleichaltrigen verließ, verflüchtigte sich die Euphorie seiner jahrelang herbeigeträumten Freiheit. Wenn er die Tochter nach einem gemeinsam verbrachten Tag nach Hause brachte, spürte er beim gemeinsamen Essen in der Wohnküche jene wohlige Geborgenheit, die er in den Anfangsjahren seiner Ehe mit Gitta so geschätzt hatte.

Tatsache ist: Neue Erfahrungen sind oft enttäuschend, die Bindungen der Erstfamilie funken in die nachfolgenden

Beziehungen störend hinein. Die Wiedervereinigung von Gitta und Oliver begann langsam. Sie trafen alte Freunde wieder, fühlten sich seltsamerweise immer noch als Paar, dann gab es ein gemeinsames Wochenende, na ja, alles Weitere können Sie sich denken. Jetzt leben sie als Geschiedene wieder zusammen. In einer nachehelichen Ehe.

Der Ausdruck »nacheheliche Ehe« stammt von dem Soziologenpaar Beck/Gernsheim. Sie machten schon vor Jahren auf etwas aufmerksam, was ich in Zeiten der Pandemie deutlich gesehen habe: Nach der Trennung eines Paares werden Beziehungsschichten sichtbar, die von der Scheidung gar nicht erfasst sind. Über die Trennung hinaus bleibt ein Kern der Paaridentität erhalten, der sich nach der Trennung deutlicher als vorher zeigt. Gemeinsames Weinen und Lachen, gesellschaftliche Bindungen, wirtschaftliche und familiäre Vernetzungen, Geburten und Todesfälle. Diese magische Bindung wird oft nicht einmal durch einen Rosenkrieg aufgelöst. Organische Schaltkreise binden Körper und Herz auch dann noch, wenn der Scheidungsrichter die Ehe längst getrennt hat.

Wie läuft es bei Gitta und Oliver jetzt, wollen Sie wissen? Danke, gut. Bei Gericht hieß es:»Bleiben Sie sachlich.« Jetzt suchten sie nach eigenen Regeln. Regeln erster Ordnung halten wir selbstverständlich ein – zum Beispiel gehen wir bei»Rot« nicht über die Straße. Regeln erster Ordnung sichern das Leben. Sie sind präzise formuliert und eindeutig. Ein gerechtes, rücksichtsvolles Zusammenleben braucht Regeln zweiter Ordnung. Die machen wir uns selbst.

Regeln zweiter Ordnung stehen nicht im Gesetz. Sie berufen sich ohne juristische Form auf Bedürfnisse und Gefühle und werden ausgehandelt. Es geht um Wertschätzung, Nähe und Distanz, Toleranz, Signale der Zuneigung und Dankbarkeit. Entscheidend ist, ungefähr gleich viel oder

gleich wenig voneinander zu erwarten. Wenn das passt, ist die »nacheheliche Ehe« besser als das Original.

Eher wird an einer negativen Bindung festgehalten, anstatt keine Beziehung zu haben

Geben Sie es zu: Sie denken öfter darüber nach, ob die Beziehung, in der Sie schon seit Jahren nicht mehr glücklich sind, noch Sinn macht. Auch Claudia überlegt hin und her. Seit neun Jahren ist sie Antons Freundin. Heuer wird sie 51. Eigentlich ist sie schon zu alt, um nur eine »Freundin« zu sein. Anton ist geschieden, seine Ehe scheiterte an seinem Egoismus. Claudia verlangt er ebenfalls ein Übermaß an Toleranz ab. Sie verzichtet auf Urlaube, weil er nicht gerne reist. Ihr Theater-Abo nützt sie mit einer Freundin – er meint, eh schon alles zu kennen. Zu ihren Eltern kommt Anton nicht mit, Familienbesuche öden ihn an. Tennisspielen will er nur mit seinen Freunden, nicht mit Claudia.

Claudia spricht nicht mehr vom Heiraten. Sie hat sich mit seiner »Ich bin ein einsamer Wolf«-Masche ebenso abgefunden wie damit, dass er nicht verantwortungsbewusst und unzärtlich ist. Der gute Liebhaber, der er einmal war, ist er längst nicht mehr. Die Jahre vergehen und Claudia wird nicht jünger. Wenn sie ehrlich zu sich selbst ist, gesteht sie sich ein, dass sie keine Liebe mehr spürt. Trotzdem trennt sie sich nicht von einem Mann, an dem ihr nichts mehr liegt.

Nach Jahren der Lieblosigkeit und der Enttäuschungen steckt man leicht in der Falle des rückwärtsgewandten Denkens und Fühlens: »Es war einmal so schön mit Anton … mit ihm hatte ich die tollsten Orgasmen … wir konnten herrlich miteinander lachen.« Tiefes Seufzen. Schönrederei, Claudia spürt es. Aber sie hat noch Munition, um für das

Ausharren in einer lieblosen Partnerschaft zu argumentieren: »Ich hab' schon so viel in diese Beziehung gesteckt. Viele Jahre … verpasste Berufschancen … Energie … Tränen … sogar Geld.«

Genau genommen leistet Claudia immer mehr Einsatz und hat immer weniger Ertrag. Die guten Tage der Vergangenheit haben so eine magische Kraft, dass das Abschiednehmen nicht gelingt. Dazu kommt, dass Claudia nichts Besseres kennt, was sie an diese Stelle rücken könnte. Anstatt eine Entscheidung im Hinblick auf ihre Zukunft zu treffen, investiert sie weiter in diese längst verlorene Partnerschaft. Nicht nur ihre Partnerschaft stagniert, auch Claudias persönliches Wachstum.

Ich werde nicht müde zu wiederholen: Loslassen ist mehr als das bloße Beenden einer Partnerschaft. Es ist das Modellieren der eigenen Persönlichkeit, es ist Wachstum, der Weg zu einer stimmigeren Beziehung und die Fähigkeit, eine Periode des Alleinseins konstruktiv zu nutzen. Sich zu trennen ist keine Schande. Wir leben in einer Zeit, in der meist mehrere Partnerschaften zu einer Liebesbiografie gehören. Falls Sie wirklich in einer entleerten Beziehung feststecken, hilft vielleicht ein Trick, den ich vor Jahren in einer neurowissenschaftlichen Fortbildung hörte.

Nehmen Sie einen kleinen Gegenstand zwischen Daumen und Zeigefinger, drücken Sie ihn und lassen Sie ihn dann los. Tun Sie das so oft, bis Sie das Gefühl des Loslassens und Herabfallens des Gegenstandes richtig in sich spüren. Wiederholen Sie es und sagen Sie sich vorher »Ich lasse XY los«. Probieren Sie es aus. Sie haben Ihr Leben in der Hand.

Noch einmal von vorn beginnen

Alexandra kann nicht mehr. Wie oft hat sie Ludwig schon verziehen? Zehnmal? 15-mal? Und wieder hat er sie vor anderen lächerlich gemacht, nicht angerufen, sich verspätet, weil er lieber mit Freunden unterwegs war. Gar nicht erst zu reden davon, dass er sie seit jeher mit gemeinen, demütigenden Worte beschimpft. Alexandra ist verletzt und enttäuscht. Sechs Jahre Verzeihen und Toleranz sind genug. Sie will die Trennung. Ludwig entschuldigt sich damit, dass er nicht anders könne, er sei eben impulsiv und spontan. »Fangen wir noch einmal von vorne an«, fleht Ludwig. »Ich liebe dich doch.«

Ähnlich ist es bei Franziska und Kurt. Franziska hat Kurt betrogen. Nicht zum ersten Mal. Von zwei Affären weiß Kurt, eine dritte vermutet er. Kurt hält das nicht aus, auch er will eine Trennung. Franziska erklärt, entschuldigt und bettelt: »Glaub mir, ich konnte nicht anders! Schauen wir in die Zukunft und probieren wir es noch einmal.«

Einander vergeben und neu anfangen ist leichter gesagt als getan. Ich weiß aus vielen Paartherapien, dass es ein verletzter Partner nicht zu verzeihen schafft, obwohl er es gern würde. Der Wunsch nach innerem Frieden kollidiert mit dem Wunsch nach Rache und Genugtuung. Man spürt, dass einem viel wohler wäre, könnte man die Hand zur Versöhnung reichen. Nur Django zahlt denen, die ihn verletzten, alles heim. Aber es funktioniert nicht. Noch dazu mischen sich in einem Trennungs-Versöhnungs-Zwiespalt viel zu oft wohlmeinende Freunde und Verwandte ein, die ihren moralischen Kren draufgeben: »Lass dich doch nicht für blöd verkaufen. Bleib konsequent.«

Partner, die eine Versöhnung und einen Neuanfang überlegen, sind oft monatelang von Ambivalenz-Konflikten gebeutelt. Sie zweifeln nicht nur an einem Neuanfang, sie fragen sich auch, ob ihre Versöhnlichkeit womöglich ein Zeichen von Dummheit und Schwäche ist. Ich bin nicht dieser Meinung. Vergeben können setzt eine gute Portion Reflexionsfähigkeit und Selbstbewusstsein voraus. Manches ist unverzeihlich, aber nicht jede Verletzung ist so massiv, dass deswegen gleich alle guten Eigenschaften eines Sünders verdammt werden müssten.

Es stimmt schon, dass bei vielen getrennt lebenden Partnern in dem sicheren Abstand der Trennung der Wunsch nach Nähe erneut wächst. Die Sehnsucht nimmt zu, der verlorene Partner wird wieder idealisiert, seine Fehler werden geschönt, die Konflikte bagatellisiert. Einsamkeit tut dann ein Übriges und ein Neuanfang erscheint immer erstrebenswerter.

Eine neu aufgenommene Beziehung hat allerdings nur dann Zukunft, wenn sie nicht auf der Ebene fortgesetzt wird, auf der sie gescheitert ist. Geht es weiter wie vorher, zehren dieselben Verletzungen und Konflikte am jämmerlichen Rest der partnerschaftlichen Substanz.

Denken Sie nicht, dass der zweite Start nur deshalb schwierig ist, weil die Romantik und sexuelle Leidenschaft des Anfangs fehlen. Setzen Sie sich mit einem Umstand auseinander, der oft das entscheidende Kriterium missglückter Partnerschaften ist: Der eigentliche Grund des Scheiterns ist ein Nicht-Wollen, Nicht-Können ist nur der Vorwand.

Der Trend zum »Back-up-Partner« nimmt zu

Charlotte hatte einen, Christina auch und Anna sowieso. Ganz neu ist die Strategie, sich einen Back-up-Partner zuzulegen, nicht. Frauen neigen seit jeher dazu, Verlassensängste in Schach zu halten, indem sie sich mehr oder weniger heimlich einen Ersatzmann auf die hohe Kante legen. Einen Kümmerer haben oder jemanden warmhalten, sagten wir früher.

Charlotte und Paul waren jahrelang ein Pärchen. Treue war beiden wichtig. Eines Tages brachte Charlotte von einem Sprachkurs Anton mit. Anton wird ein »guter Freund«. Er holt Charlotte vom Zug ab, wenn Paul keine Zeit hat, schleppt Bierkisten, wenn Charlotte und Paul Gäste haben. Charlotte trifft Anton manchmal noch nach dem Büro. In aller Harmlosigkeit natürlich.

Paul ist nicht kleinlich. »Anton ist nur ein guter Freund«, meinte er. Vor Kurzem trennten sich Charlotte und Paul und, es wird Sie nicht wundern, Anton rückte nach. Charlotte kannte schon seine Stärken und Interessen. Gegenüber neuen Kandidaten hat ein Back-up-Mann Heimvorteil und Vertrauensvorschuss.

Ich kenne viele Geschichten, in denen nach einem Beziehungs-Crash nicht der große Unbekannte die Nummer eins wurde, sondern der Mann von nebenan, der nette Nachbar, mit dem schon immer ein kleiner Flirt lief, der Zufallsbekannte, der als Single-Mann in die Beziehung eingeschleust wurde und an alleinstehende Freundinnen verkuppelt werden sollte, der Kollege, der so uneigennützig tröstete, zuhörte, aufbaute – alles potenzielle Back-up-Partner. Sie bieten das, was in der bestehenden Beziehung jeweils fehlt: Komplimente, Aufmerksamkeit, Zeit. Falls eine Frau dann auch noch unter Verlassensängsten, Bindungsschwäche zum aktuellen Partner, emotionales Vorsorgedenken oder Angst vor dem Alleinsein leidet, ist ein Back-up-Partner nicht mehr weit.

Eine Studie der amerikanischen Wissenschaftlerin Shirley Glass zeigt, dass 82 Prozent der Untreuen eine Affäre mit einem Partner haben, der zuerst ein guter Freund oder Arbeitskollege war. Auch die Liebesbeziehungen, die aus einer anfänglich harmlosen Internetfreundschaft entstehen, gehören zu der neuen urbanen Sexkultur, in der der Zufall keine Rolle mehr spielt.

Dass es zwischen Frauen und Männern Freundschaft geben kann, bezweifle ich nicht. Aber manchmal handelt es sich nicht um eine harmlose Freundschaft, sondern um eine Sicherheitsstrategie. Im Falle eines Beziehungs-Flops tritt »Plan B« in Kraft: B wie »Back-up«.

Symbiotische Liebe kann zu einem Ausbruch aus der Zweisamkeit führen

Gino hat Doris betrogen. Nach achtzehn Jahren der vollkommenen Harmonie. Sie lasen einander jeden Wunsch von den Augen ab. Es gab nie Differenzen. Er dachte wie sie, sie dachte wie er. Er unternahm nichts ohne sie, sie nichts ohne ihn. »Wir sind eins«, beteuerten sie. Alle bewunderten das Pärchen.

Dann der Knall: Gino ist wie schon oft bei einem Firmenseminar. Normalerweise ruft er Doris früh, mittags und vor dem Einschlafen an. Diesmal nur ein Anruf. Freundlich, aber knapp. Sie ahnen den Grund – Gino hat mit einer Seminarteilnehmerin eine Affäre. Doris versteht die Welt nicht mehr. Nie hätte sie so eine Situation für möglich gehalten. Ich schon.

Doris und Gino waren ein symbiotisches Paar. Sie waren so eins miteinander wie ein Ungeborenes oder ein Säugling mit seiner Mutter. Vorgeburtliche symbiotische Erinnerungsspuren stecken in uns allen. Die Idealisierung des gemeinsamen Orgasmus ist typisch dafür. Aber ich will nicht abschweifen, zurück zur symbiotischen Beziehung von Doris und Gino.

Es gibt keinen Grund, die beiden zu bewundern. Eine erwachsene Beziehung ist nicht symbiotisch, sie besteht aus zwei Ichs und dem gemeinsamen Wir. Dieses Beziehungsmuster von Einssein und Abgrenzung erlaubt eine vitale erotische Anziehungskraft. Stellen Sie sich vor, dass Sie mit dem Gesicht ganz nah vor einem Baum stehen. Sie sehen seine Rinde, aber nicht den ganzen Baum. So ist es, wenn ein Paar symbiotisch verbunden ist. Es gibt keine Beziehungsspannung, sie sind eins. Das killt die sexuelle Anziehung und das natürliche Autonomiebedürfnis.

Manchmal lässt sich ein Symbiosepartner auf einen Seitensprung ein, um seine eigene Identität, seinen individuellen Lebensraum wieder zu spüren und wieder beziehungsfähig im ursprünglichen Sinn zu werden. Eine kleine trennende Distanz ist ein lebendiger Reiz. Es ist kein Zufall, dass das Wörtchen »Amour« (Liebe) den Begriff »mur« (Mauer) enthält. So weh eine Affäre auch tut – wenn sie den Hauch von Fremdheit wiederherstellt, den der Sex braucht, hat sie der Beziehung einen guten Dienst erwiesen.

Viele Affären haben nicht primär mit der Gier nach Sex, sondern mit unbewussten, unbefriedigten Bedürfnissen zu tun. Stefan sah großzügig darüber hinweg, dass Tanja einmal wieder mit ihrem Ex Sex hatte. Aber einige Monate danach kam er selbst mit einer Kollegin zu Fall. Seine durch Tanjas Verrat erniedrigte Seele verlangte unbewusst nach Kompensation. Erst danach war er mit Tanja im Reinen und bereit zu einem Neustart.

Dass Sex bei Affären eine große Rolle spielt, wissen wir alle. Aber entscheidend ist das Unbewusste, das herstellen will, was eigentlich vermisst wird: Anerkennung, Nähe, Balance, Distanz oder Lebensraum. Einfacher wäre es, offen anzusprechen, was wehtut oder fehlt. Wenn diese schmerzliche Arbeit das Unbewusste übernimmt, kann es verhängnisvoll enden.

Wer sich wie tot fühlt,
sucht in einer Affäre Lebendigkeit

Gefühlt passiert jede zweite Beziehungskrise in den besten Jahren. Auch wieder gefühlt taucht in dem Zusammenhang bei der Frau oder beim Mann die Frage auf:»War das wirklich alles in meinem Leben?« In dieser kritischen Phase eines Paares sind Standardsätze wie»Ich habe mich wie tot gefühlt« oder»Durch sie/ihn habe ich mich wieder gespürt« gang und gäbe.

Bei Flora und Bernd war sie es, die ein sicheres Heim und ihre Familie hinter sich ließ.»Ich fühle mich wie tot«, meinte sie.»Aber ich will leben« – und folgte mit 52 Jahren ihrem Liebhaber auf ein Hausboot.

Heute ist Flora wieder bei ihrer Familie. Rückblickend sagt sie, dass nur nach außen hin alles stimmte. Teils aus Resignation, teils aus Harmoniebedürfnis wurden Defizite nicht mehr ausgesprochen. Kommunikation gab es nur über Alltägliches.

Ein Mangelzustand an Wachstum, Nähe und Anerkennung – das ist der Grund, warum in reiferen Jahren oft das Gefühl entsteht, wie tot zu sein. Ein unerträglicher Zustand, der durch die Jahre der Lebensmitte eine besondere Schärfe bekommt. Unveränderbar ist dieser Zustand nicht. Ich benenne diese Variante der Midlife-Crisis nach dem scheintoten heiligen Lazarus als»Lazarus-Krise«.

In einem Beziehungsklima, in dem Lebendigkeit unmöglich ist, weil die wesentlichen Bedürfnisse eines Partners nicht mehr befriedigt werden, ist das beklemmende Gefühl, dass das doch nicht alles gewesen sein kann, unvermeidlich.

Einerseits will man auf die Sicherheit einer bewährten Beziehung nicht verzichten, andererseits wird der Wunsch, sich wieder lebendig zu fühlen, immer dringlicher. Die Affäre

ist dann ein untauglicher Lösungsversuch, den Zustand des »Totseins« zu beenden.

Für dumm verkauft worden zu sein macht
einen Betrug besonders schmerzlich

Einen Satz höre ich von betrogenen Partnern immer wieder: »Dass er mich belogen hat, war das Schlimmste. Damit hat er seine Geliebte geschützt und mich verraten.« Auch Luise empfindet so. Dass Josef einen Seitensprung begangen hat, kränkt sie. Seine Lügen, die Faktenleugnungen und die Unterstellung, dass sie paranoid sei, tun Luise körperlich weh.

Wenn mir betrogene Menschen ihren Kummer anvertrauen, versuchte ich früher ihrem Hauptvorwurf »Diese unverschämten Lügen tun mir am meisten weh« die Schärfe zu nehmen: »Vielleicht sollten Ihnen die Lügen Schmerz ersparen.« Nach vielen hundert Geschichten von Liebesschmerz- und -verrat lasse ich das immer öfter bleiben. »Es geht ja nicht nur um den sexuellen Treuebruch«, heißt es dann nämlich, »sondern darum, dass er mit der anderen Komplotte geschmiedet und mich für dumm gehalten hat«, denn das macht Betrogenen das Angelogenwerden so unerträglich.

Klaus peinigte es, dass ihm Sibylle Lügengeschichten auftischte, die jeder Trottel sofort durchschauen könnte. »Dass Sibylle nicht im Fitnesscenter, sondern mit ihrem Lover im Bett war, war offenkundig. Hält sie mich wirklich für so blöd, dass ich ihre Ausreden nicht sofort durchschau'?« »Dass sie mich betrogen hat, ist eine Sache«, meint er. »Aber dass sie meine Intelligenz so unterschätzt, gibt mir zu denken.«

Die ungewöhnlich destruktive Wirkung des Gefühls, für blöd verkauft worden zu sein, liegt darin, dass fast alle Menschen in der Kindheit die kränkende Botschaft hinnehmen mussten: »Du bist dumm.«

Die fiesesten Treuebrüche sind oft ohne körperliche Berührungen

Eine persönliche Frage zwischendurch: Was könnten Sie eher tolerieren? A) Ihr Partner hatte eine wilde Schmuserei, sogar vielleicht einen One-Night-Stand. Oder B) Er ist Ihnen treu, hat aber eine Herzensfreundin, mit der er über Dinge spricht, die er mit Ihnen nicht kommuniziert.

Tut B) weniger weh? Ist A) gefährlicher? Da rutscht man schnell in einen Zwiespalt. Auch Alfi ergeht es so. Er weiß, dass Marie und Stefan nach Arbeitsschluss immer noch auf ein Bier gehen, am Wochenende telefonieren und im Urlaub täglich Mailkontakt haben. Alfi wird gefragt, ob er eifersüchtig auf diese innige Beziehung ist. Das kostet Alfi nur einen Lacher. »Stefan ist Maries Freund, mehr nicht!«

Mehr nicht? Ist das nicht sehr viel? Alfis Reaktion ist typisch dafür, dass unsere Vorstellungen von Treue und Untreue auf das Sexuelle fixiert sind. Das wundert mich, denn gleichzeitig verkünden internationale Studien, dass Sex angeblich keine große Nummer mehr sei. Ein Drittel der 18- bis 24-Jährigen ist sexuell ziemlich desinteressiert. Mehr als die Hälfte der Dreißig- bis Vierzigjährigen würde eher auf Sex als aufs Handy verzichten. Von Langzeitpaaren gar nicht zu reden. Da frage ich mich schon, warum dann Treue auf das Sexuelle beschränkt ist.

Erster Zwischeneinschub: Die ursprüngliche Bedeutung von Treue hieß so viel wie »Bündnis«, dann wurde daraus »zuverlässig« gegenüber dem König beziehungsweise einer bestimmten Gemeinschaft. Erst durch den Einfluss der Kirche verengte sich die Treue-Bedeutung auf das Sexuelle. Zweiter Zwischeneinschub: Ich habe viel mit Paaren zu tun, die sexuell absolut treu sind. Sie »betrügen« ihren Partner anders – durch Verleugnung der Beziehung.

Wenn Petra in interessanter Gesellschaft ist, spielt sie ihre Beziehung mit Hannes runter, sagt nie »wir« und tut so, als wäre sie eine Single-Frau. Obwohl Petra nicht fremdgeht, ist sie untreu.

Dritter und letzter Einschub: Dass wir nicht an emotionale Untreue, sondern nur an sexuelle Treue denken, hat Gründe. Durch seine leichte Erreichbarkeit hat Sex zwar einen Teil seines Nimbus verloren, aber er ist immer noch das letzte Reservat für Nähe und körperliche Intimität. Über Sex im Allgemeinen kann man viel daherreden, aber die ganz persönlichen Empfindungen lassen sich nicht mitteilen. Diesen exklusiven Erlebnisraum will man schützen, keinesfalls teilen. Wenn es doch passiert, ist es kränkend, bedeutet Verlustangst und schädigt die Paaridentität.

Trotzdem darf uns die Fixierung auf sexuelle Untreue nicht den Blick für die wesentlichen Werte einer Partnerschaft trüben: nachhaltige Loyalität, Kommunikation und Vertrauen. Was ist dagegen ein Orgasmus von 13 bis 20 Sekunden?

Hintergangen werden und selbst fremdgehen

Ricarda ahnte, dass Tobias fremdgeht. Er kam vom Tennisspielen mit einem staubtrockenen Tennis-Shirt heim. Er löschte hastig SMS und flüsterte heimlich Telefonate, während Ricarda im Bad war. Von nun an kontrollierte sie die ausgehenden Anrufe auf seinem Handy, sie filzte seinen

Laptop, recherchierte akribisch und fand ihren Verdacht bestätigt: Tobias hatte eine Geliebte. Was passierte dann? Gar nichts passierte.

Bei Ferdinand war es anders. Als er dahinterkam, dass Johanna mit einem Arbeitskollegen ein Verhältnis hat, drehte er komplett durch. Tag und Nacht verfolgten ihn Liebesszenen: Johanna lachend, glücklich, sprühend. Johanna nackt, mit lustentgleisten Gesichtszügen. Ferdinand weinte und raste, überlegte Rache- und sogar Selbstmordstrategien.

Die Geschichte des betrogenen Betrügers ist nicht ganz einfach. Ferdinand betrügt Johanna schon seit dem ersten Jahr ihrer Beziehung. Seine chronische Untreue ist nicht mit besonderer Triebstärke zu erklären, sondern mit einer besonderen Ich-Schwäche. Ferdinand ist ein unsicherer Mann, der sein mangelndes Selbstbewusstsein immer wieder stabilisiert, indem er bei Frauen Erfolge sucht. Das Wissen von der Affäre seiner Partnerin verursachte bei ihm den emotionalen Supergau seiner ohnedies brüchigen Identität.

Bei Paaren mit Ehekonflikten kommt es oft zum Doppelbetrug. Er betrügt sie, sie betrügt ihn. Die Betrugspartner sollen Kraft geben und die sexuelle Identität stärken. Aber in dem Fall ist die Affäre zweckgebunden und die Energie bleibt in der Stammbeziehung. Dementsprechend emotional geht es zu, wenn das sexuelle Verwirrspiel zutage kommt.

Für Ricarda war die Entdeckung von Tobias' Untreue allerdings keine Tragödie. Zwar war auch hier die Betrogene selbst eine Betrügerin, aber sie hatte jetzt mehr Freiraum und weniger Schuldgefühle. »Schlucken und Schweigen« ist auch dann eine adäquate Reaktion, sobald es sich die Betrügerin gar nicht leisten kann, den Seitensprung des Partners auffliegen zu lassen. Wenn sie von ihm wirtschaftlich oder sozial abhängig ist, könnte sie zu dem Schluss kommen, dass die Vorteile der Stammbeziehung immer noch groß genug sind, um sie aufrechtzuerhalten. Betrogene Betrüger leben häufig in Arrangement-Beziehungen: Du betrügst mich, ich betrüge dich, aber wir mögen uns. Wir lagern den Sex aus und bleiben ein bewährtes Team. Oder: Ich mache die Augen zu und will gar nicht sehen, was bei dir läuft. Hauptsache, für mich ändert sich nichts.

Ein Sprichwort sagt »Betrogene Betrüger schreien am lautesten«. Das ist richtig, aber nur die halbe Wahrheit: Sie schweigen auch am konsequentesten.

Vor Partnerdieben wird gewarnt

Ich hab' was dazugelernt: Gold Digger (übersetzt: Goldgräber) heißen die Frauen, die in Designer-Klamotten und auf High Heels auf einen reichen Mann aus sind. Glatze, Wabbelbauch und X-Beine sind nicht störend, Hauptsache, der Mann hat Zutritt zur Welt des Geldes. Gold-Digger-Frauen sind nicht schwer aufzugabeln, auf Internetseiten findet man sie haufenweise. Junge, attraktive, clevere Frauen, die wissen, was Männer wollen. Sie sind von Kopf bis Fuß gepflegt, können zuhören und verstehen es, dem meist deutlich älteren Mann das Geld aus der Tasche zu ziehen.

Designerkleidung, Markenuhren, Must-have-Handtaschen, edle Lokale, kostbarer Schmuck, das gehört zum Vorspiel. Als Hauptakt gibt es Raffinesse, oft spielt sie ihm große Liebe vor, Sexfantasien erfüllt sie ohne viel Tamtam. Dem Sugar-Daddy rutscht der Verstand in die Hose, Ehe und Kinder sind plötzlich zweitrangig. Er ist der schönen, jungen, sexy, skrupellosen Anastasia, Lydia oder Theresa ins Netz gegangen.

Partnerdiebstahl ist kein Einzelfall. Bei einer Befragung von 800 Menschen gaben rund 80 Prozent der Männer und Frauen zu, es schon einmal auf jemanden abgesehen zu haben, der fest gebunden war. Wenn es um den Schutz einer Beziehung geht, müssten wir alle ein bisschen achtsamer sein. Partnerdiebe haben ja nur dann eine Chance, wenn ein Revier ungeschützt ist. Wer trotzdem in das Revier einer Zweisamkeit eindringen will und auf Abwehr und Angriff stößt, gibt auf.

Nina hätte das berücksichtigen müssen, als sich Carla in ihre Ehe drängte. Carla hatte es nicht leicht in ihrem Leben, eine gute Ausbildung war nicht drin. Für harte Arbeit hat Carla nichts übrig. Sie will aber trotzdem ein Auto, das neueste Handy, schick wohnen und teure Urlaube. Jetzt hat sie sich schon zum zweiten Mal in die Beziehung eines gut situierten Mannes hineingedrängelt. Der Erste rettete sich und seine Ehe, indem er Carla mit einer hübschen kleinen Wohnung verabschiedete. Der jetzige ist 24 Jahre älter als sie und ihretwegen total aus den Schuhen gekippt. Beide eroberte Carla mit derselben Masche: »Du bist der einzige Mann, bei dem ich einen Orgasmus habe.« »Deine Frau weiß nicht, was sie an dir hat.« Blablabla.

Es sind nicht die ärmsten, nicht die selbstsichersten und nicht die erfahrensten Männer, die sich Carla kapert. Sie verstehen, was ich meine. Ein Mann, der glaubt, dass er bei seiner festen Gefährtin nicht mehr auf seine Rechnung kommt, andererseits aber nicht einfallsreich genug ist, um seine Beziehung zu beleben, kann mit gezielten erotischen Verheißungen und plumpen Komplimenten leicht gewonnen werden.

So einfach wie bei der berechnenden Carla sind Rolands Frauengeschichten nicht zu erklären. Roland ist ein interessanter Typ. Mitte dreißig, lustig, erfolgreich, die Frauen fliegen auf ihn. Aber anstatt sich in eine Single-Frau zu verlieben, kämpft er immer um eine, die in festen Händen ist.

Dabei ist ihm kein Aufwand zu kompliziert, kein Schwur zu groß. In dieser Kampfphase wirken Männer wie große Liebende. Welche Frau kann da widerstehen? Doch kaum gibt die heiß Umschwärmte ihre bestehende Beziehung auf, ist sie für einen Partnerdieb uninteressant. Manchmal kann die enttäuschte Frau ihre geopferte Beziehung noch einmal aufnehmen, aber meist hinterlassen Partnerdiebe nur verbrannte Erde.

Rolands Liebesgefühle richten sich scheinbar auf die gebundene Frau. In Wirklichkeit geht es ihm unbewusst darum, den dazugehörigen Mann zu besiegen. Was ihm als Dreikäsehoch nicht gelungen ist – nämlich dem Vater die Frau wegzunehmen (»Wenn ich groß bin, heirate ich Mama«) –, soll jetzt klappen: Im Kampf um eine Frau wird der Rivale ausgestochen.

Das Phänomen der digitalen Eifersucht

Während einer psychotherapeutischen Sitzung muss das Handy abgeschaltet werden. Für manche ist das ein Kraftakt. Uiihh, eine Stunde lang nicht online! Die Angst, ohne Mobiltelefon zu sein, hat einen Namen – Nomophobie. (»no mobile phone« und »phobia« – Angst). Angeblich wird etwa 53-mal täglich das Handy gecheckt. Handy-Junkies tun es öfter.

Wenn Rosa und Theodor zum Heurigen oder zum Italiener ums Eck gehen, gibt er sein Smartphone nur aus der Hand, wenn er isst. Theodor hat Angst, etwas zu verpassen – bekannt unter »Fear Of Missing Out«, kurz »FOMO«. Immer wieder blinkt sein Handy auf, er wirft einen Blick drauf, tippt blitzschnell etwas ein und versucht dann, wieder Anschluss an das Gespräch zu finden: »Wovon haben wir gerade gesprochen?«

Szenenwechsel. Martin bekommt Herzklopfen, wenn er Christines Handy-Signal hört. Er weiß, dass sich seine Frau jetzt ganz und gar auf das Gespräch mit einer Freundin konzentrieren wird. Ihre Augen werden leuchten, sie wird aufgekratzt sein und herzlich lachen. Wie oft hat er schon gesagt »Mit mir lachst du nie so«, »Solche Gedanken erfahre ich nicht«, »Warum hast du mir das nicht erzählt?«. Martin ist eifersüchtig und kein Einzelfall. Bei fast jedem zweiten Paar gibt es Ärger, weil einer der beiden dem Handy zu viel Aufmerksamkeit schenkt. Untersuchungen der Hochschule Fresenius in Köln entlarvten Smartphone, Facebook, WhatsApp, Instagram und Online-Profile als neue Beziehungstoxine.

Mich wundert dieses Ergebnis nicht. Nicht wahrgenommen, nicht »gesehen« zu werden, weil die Energie auf das Smartphone fokussiert ist, kommt einem Voodoo-Zauber gleich – einem symbolischen sozialen Tod: Ich bin für den anderen gestorben. Die fehlende Aufmerksamkeit eines Partners ist wie jede andere negative Emotion mit erhöhten Stresshormonen und Entzündungswerten verbunden. Umgekehrt aktivieren Smartphone-Nachrichten das innere Belohnungssystem. Jede aufpoppende Mitteilung erzeugt einen Überraschungsmoment, auf den der Organismus prompt mit einer Zusatzdosis des Glückshormons Dopamin reagiert. Es wird auch produziert, wenn man verliebt ist. Auch deshalb ist die digitale Eifersucht eine verständliche Reaktion auf Aufmerksamkeitsentzug.

Nicht nur mangelnde Aufmerksamkeit macht krank, auch das zwanghafte Kontrollieren der Facebook- oder Instagram-Accounts eines Partners. Susanne zeigt sich gern auf TikTok und auf ihrer Facebook-Seite. Susanne im Morgenrock, beim Spaziergang, tanzend, mit nassem Haar, mit Hund, ohne Hund, lachend, ernst und so weiter. Ihr

Freund zählt die Likes und die anerkennenden Kommentare, die Susannes Posts bekommen. Er bemüht sich, ihre Auftritte gelassen abzufedern, aber die Eifersucht nagt an seinem Herz. »Du bist peinlich«, wirft er Susanne vor. »Du bist doch nur neidisch auf meine Facebook-Freundschaften«, verteidigt sich Susanne. Kann schon sein. Aber egal ob Neid oder Eifersucht, letztlich läuft es auf eins raus:

Digitale Eifersucht trifft Frauen und Männer zentral. Sie verursacht Selbstwertprobleme, Misstrauen und Depressionen. Ich bin überzeugt, dass das Handy für viele Paare, vor allem für jene, die sich erst kurz kennen, ein großer Störfaktor ist. Wer immer wieder auf sein Handy schaut, kann seinem Gegenüber nicht die Aufmerksamkeit schenken, die sich derjenige wünscht.

Ist der wiederholte Blick auf das eigene Handy schon ein Problem, ist das Handy-Checken des Partners ein spezielles Reizthema.

Jeder Dritte checkt heimlich das Handy des Partners

Julia tut es manchmal. Toni tut es immer öfter. Ein verstohlener Griff zum Handy des Partners, klick, klick, PIN-Code knacken, erleichtertes Aufatmen: Nein, da gibt es kein bedenkliches SMS. Auch die Nummern der Anruflisten sind vertraut. Die innere Unruhe ist vorübergehend beseitigt.

Einen regelmäßigen Handy-Check praktizieren nicht nur diejenigen, die betrogen werden oder Verlustängste haben. Die kontrollieren sowieso seit jeher. Früher wurden Briefe mit Wasserdampf geöffnet und wieder zugepickt, versperrte Tagebücher aufgebrochen oder stundenlanges Beobachten in dunklen Hauseingängen in Kauf genommen. Heute ist in maroden Beziehungen der Handy-Check an der Tagesordnung. Quasi nach dem Motto: »Wissen ist Macht. Und wenn ich mit dem Schlimmsten rechne, kann ich wenigstens nicht noch mehr enttäuscht werden.« Mildernde Umstände fürs Handy-Checken gibt es auch dann, wenn ein begründeter Verdacht besteht, aber der Partner hartnäckig leugnet und damit eine Konfliktbearbeitung unmöglich wird.

Aber Julia hat keinen Anhaltspunkt dafür, dass sie betrogen wird. Sie checkt das Handy ihres Freundes, weil sie seine Privatsphäre kontrollieren will. Auch Toni hat keinen Grund, an der Treue seiner Freundin zu zweifeln. Trotzdem filzt er täglich ihr Handy: Mit wem hat sie telefoniert? Gibt es Kontakte, von denen er nichts weiß? Wer schickt ihr SMS? Wem schreibt sie was?

Laut einer Umfrage gibt mehr als jeder Dritte zu, den Partner via Handy auszuspionieren. Ich vermute, dass es sogar mehr sind. Gründe gibt's genug. Fehlendes Vertrauen und Selbstwertmangel sind die naheliegendsten Motive zum Handy-Check. Manchmal wird aus Neugier spioniert oder weil die eigene innere Leere durch eine unerlaubte Teilnahme am Leben des Partners gemildert werden soll. Ein gefährliches Spiel, denn harmlose Gespräche oder SMS werden immer aufgestöbert. Das ist dann der Anfang eines Teufelskreises von Misstrauen und zwanghaftem Kontrollbedürfnis.

Moderne Technologien kommen ohne Kontrollsysteme zur Sicherheit eines Prozesses nicht aus. Beim Auto sind ständige Checks ebenso selbstverständlich wie mehrere, parallel geschaltete Kontrollsysteme beim Computer. Aber Technikverliebte bringen die sinnvollen Kontrollstrategien des Berufslebens unbewusst ins Liebesleben ein. Der Dualismus von Körper und Seele und Technologie ist bei jüngeren Menschen evident: Neurowissenschafter haben nachgewiesen, dass in den vergangenen zehn Jahren bei Jugendlichen, die viel SMSen, die Hirnregion, die den Daumen steuert, größer geworden ist. Die neuen Technologien sind zwar schon ein physischer Teil des modernen Menschen, aber ich warne Sie, technologisch sinnvolle Kontrollsysteme in Beziehungen zu integrieren.

Emotionale Bedürfnisse können die Gesetze der Technologie nicht befriedigen. Überwachung zerstört emotionale Werte wie Vertrauen und Respekt. Außerdem wird das Kontrollieren von Handy und Computer schnell zwanghaft. Anstatt Sicherheit zu gewinnen, wachsen Unsicherheit und Misstrauen.

Von Erotik, Sex und verborgenen Stolpersteinen

Einerseits ist Sex so selbstverständlich und leicht erreichbar wie noch nie, andererseits leiden Frauen und Männer sogar mehr als früher unter erotischem Lampenfieber. Ich bin sicher, dass daran zu einem großen Teil die vielfältigen Kontakt- und Informationsmöglichkeiten der elektronischen Medien schuld sind. Hunderte Millionen Erotikseiten weltweit sind heute jedem zugänglich, gaukeln eine verzerrte, wirklichkeitsfremde Sexualität vor und wurden zum destruktiven Vergleichsmaß.

Der erste Sex ist ein Stress der besonderen Art

Je vertrauter die Beziehung, desto eher gelingt es, sich von unrealistischen Darstellungen zu distanzieren und zu seiner eigenen sexuellen Erlebnisform zu stehen. Aber solange noch keine Sicherheit da ist, solange der Partner die individuelle erotische Ausdrucksform noch nicht positiv gespiegelt hat, kann das erste Mal ganz schön nerven.

Das häufigste Stress-Thema der erotischen Premiere heißt:»Sei so, wie es die vermeintlich perfekte Sexdarstellung der Internetpornos vermittelt.« Wem diese Angst im Nacken sitzt, der handelt zwar sexuell, fühlt aber nicht sexuell.

Gabriela war 17 Jahre verheiratet, als es zur Scheidung kam. Sie hatte früh geheiratet, jetzt will sie's wissen.»Ich bin 44«, sagt sie,»aber das erste Mal mit einem neuen Partner macht mir mehr Stress als früher.«

Gabrielas Stressreaktionen lesen sich wie das Inhaltsverzeichnis eines Nachschlagewerkes für Sexualstörungen: Angst davor, sich nackt zu zeigen. Unsicherheit im Umgang mit dem Kondom. Soll sie damit anfangen? Oder warten, bis er es macht? Sollte sie einen Orgasmus haben? Wenn ja, wie lange darf sie sich Zeit lassen? Soll sie Theater spielen? Oder ehrlich sagen, dass der Anfang bei ihr immer problematisch ist? Wie soll sie stöhnen? Was mag er? Stille Seufzer oder Dirty Words?

Lassen wir Gabriela mit ihrem Lampenfieber allein, wenden wir uns Florian zu. Dem 24-jährigen Single geht's auch nicht besser. Soll er von vornherein gestehen, dass er oft zu schnell kommt? Soll er fragen, ob sie Sexspielzeug hat? Wie will sie es? Zart und langsam? Oder wild und hart? Wird ihr sein bestes Stück gefallen?

Stressfrei ist eigentlich nur sachlicher Sex mit einem Partner, der konturlos im Hintergrund bleibt und dessen Empfindungen uninteressant sind.

Die Gespräche, die ich über das erste Mal geführt habe, zeigen immer wieder, dass Herzklopfen, Zittern und Aufgeregtheit typisch für reine Angst, aber auch Erregtheit sind. Der Kern des normalen sexuellen Lampenfiebers ist Angstlust, eine Grenzform des Angst- und Lusterlebens. Zum lustvollen Erleben wird dieser Zustand allerdings nur, wenn die Angst niedrig ist. Niedrig dosierte Angst ist sexualisierbar, hochdosierte Angst ist bedrohlich und mit dem Fortpflanzungstrieb inkompatibel.

Die brisante Mischung aus dosierter Angst, Begehren, Erregung und Neugier macht für viele Menschen das erste Mal zu einem unvergesslichen Erlebnis. Auch dann, wenn es noch keinen Höhepunkt gab oder die späteren Orgasmen meist stärker und leichter erreichbar sind. Kenner schätzen, was danach kommt.

Am ersten Abend ins Bett – oder nicht?

Das gilt übrigens auch für die berühmt-berüchtigte Frage: »Wir hatten gleich Sex – war das falsch?« Ich bin kein Moralapostel, aber glauben Sie mir: Meist ist es falsch. Meist. Wenn Sie nix anderes wollten als Sex, bitte, dann soll es sein. Aber wenn Sie nicht auf einen ONS (One-Night-Stand), sondern auf eine Beziehung aus sind, lassen Sie die Finger davon. Je leichter der Sex zu haben ist, desto beschwerlicher wird der Weg zur Liebe.

Dabei schaut alles so einfach aus. Man geht ins Internet, chattet ein bisschen, trifft sich mit jemandem, hat Sex, und eine nette Beziehung könnte entstehen. Oder: Man lernt jemanden kennen, versteht sich super, landet gleich in der Heia und alles ist paletti. Schön wär's. In Wirklichkeit ist ein rasanter Start keine gute Voraussetzung für eine Liebe.

Typischer Fall – Mara und Friedrich: Unterhaltung im Internet. Verabredung zu einem Drink. Friedrich gibt den zärtlichen Verführer. Sie denkt an das Recht der Frauen auf Lust und verdrängt ihre Sehnsucht nach einer festen Bindung. Nach dem dritten Prosecco lässt er ihre Hand nicht mehr los. Den vierten Prosecco trinkt man in Friedrichs Schlafzimmer. Am Morgen stehen Mara und Friedrich nackt im Bad, mustern sich gegenseitig mit leeren Blicken und fragen sich, warum sie überhaupt da stehen.

Was ist passiert? Mara und Friedrich sind von der Tatsache enttäuscht, dass sie die sexuelle Begegnung auf eine Freizeitbeschäftigung reduzierten. Ein paar nette Stunden genügten und schon wird der kleinste Anflug von Lust ohne Umschweife befriedigt. Das kann zwar bequem, in einsamen Zeiten auch wohltuend sein, aber, und dafür lege ich meine Hand ins Feuer, es kann auch ein Schuss sein, der nach hinten losgeht.

Ich weiß, dass es nicht leicht ist, auf dem schmalen Grat zur Liebe nicht abzustürzen. Ist eine Frau zu zurückhaltend, verliert sie als »Klemmi« gegen die lässigen Typen, die schnell bei der Sache sind. Aber so ein unreflektiertes »Freizeitverhalten« hinterlässt Spuren. Nicht nur im »Netz«, sondern auch auf der Seele.

Was vor 20, 30 Jahren leichtfüßig als sexuelle Freiheit daherkam und Genuss und Freude versprach, endete meiner Meinung nach als Flop. Der schnelle, billig zu habende Sex hat den Egoismus vieler Männer verstärkt, ihre Unhöflichkeit und das Machotum gefördert. Auf diese Verächtlichmachungen reagieren Frauen oft mit einer Kälte und Aggression, dass den Männern der Appetit auf eine liebevolle, respektvolle Beziehung ganz vergeht.

Die Kardinals-Frage »Wann haben wir Sex?« lässt sich leider nicht exakt beantworten. Aber ein paar Faustregeln gibt es.

Sofort ins Bett sollten Sie nur dann gehen, wenn Sie Ihrerseits auf einen One-Night-Stand aus sind. Aber bitte erwarten Sie sich post coitum keinen Liebeszauber. Meist bleibt es beim ONS.

Ein angemessener Aufschub ist auch heute noch der beste Liebeszunder. Billiger Sex war nie ein Freizeitvergnügen und wird nie eins sein. Und: An einem Sex-Nomaden, der nicht bereit ist, Sie näher kennenzulernen, bevor es ab in die Heia geht, verlieren Sie nichts.

Das Angstpotenzial der Sexualität ist groß

Hin und wieder nagt irgendeine sexuelle Angst an jedem von uns. Und wenn es »nur« die Angst ist, nicht interessant, attraktiv, geil oder potent genug zu sein, damit ein neuer Sexgefährte begeistert ist. Um sich peinigende Ängste zu ersparen, wird oft die angstauslösende Situation, also ein näherer Kontakt, vermieden. Ein schwerer Fehler, denn da durch wird es unmöglich, eine positive Erfahrung zu machen. Es müsste heißen: 1. das Vermeiden vermeiden und 2. gelassen bleiben. Unter dieser Voraussetzung können Sie sexuelle Reize wahrnehmen und auch entsprechend darauf reagieren. Eine Win-win-Situation: Die Hitze Ihres Fühlens ist nämlich die größte Stimulation für einen neuen Liebespartner.

Die Verbindung von Angst und Lust ist nicht neu. Seit Menschengedenken gibt es Mutproben Jugendlicher und eine Vorliebe für inszenierte oder aus sicherer Distanz beobachtete Horrorszenen. Jetzt boomt allerdings das Spiel mit der Angst und der Lust. Zeit, ein paar Worte über lustvolle Schauer zu verlieren.

Schließen wir erst einmal aus, wann es nicht nur um schöne Schauer geht. Zum Beispiel in einer ernsthaft bedrohlichen Situation. Da setzt der Trieb automatisch aus, denn Furcht und Lust sind einander ausschließende Gegensätze. In der SM-Szene spielt Angstlust auch nicht so eine große Rolle, wie allgemein angenommen wird. SM-Handlungen sind streng ritualisiert. Es geschieht nur, was vereinbart ist. Das SM-Leitthema ist die Spannung zwischen Dominanz und Unterwerfung.

Anna war noch nie in einem Swingerklub. »Ich bin sicher, dass es dir gefallen wird«, drängt Theo. »Aber wenn es dir nicht taugt, gehen wir sofort.« Einerseits reizt es Anna, sich einmal darauf einzulassen. Andererseits hat sie Angst vor all dem Unbekannten. Aber Theo ist ja dabei. Er hat versprochen, sofort mit ihr zu gehen, wenn es ihr zu viel wird. Soll sie? Oder soll sie nicht?

Blanke Furcht mit einer konkreten Ursache ist zwar ein Lustkiller, aber nicht wenige Frauen und Männer brauchen einen gewissen »Thrill«, um jene Spannung aufzubauen, die zum Orgasmus notwendig ist. Angstlust hebt das Erregungsniveau. Einmal in Fahrt, ist dann nur noch ein kleiner Spannungsanstieg notwendig, um den Orgasmus auszulösen.

Verstärkt wird der aufwühlende Kick eines Angstlust-Erlebnisses durch Hormone: Für das Gehirn ist die Situation potenziell bedrohlich und es kurbelt die Produktion »lebensrettender« Hormone an. Durch diesen Hormonstoß spürt man sich selbst und das, was mit einem geschieht, besonders intensiv.

Wurzeln zur Angstlust werden schon in der frühesten Kindheit gelegt. »Guck-guck, wo bin ich?«, fragt ein Erwachsener und versteckt sich. Unmittelbar darauf wird das Kind von seiner kribbelnden Angst erlöst: »Da bin ich!« Die ängstliche Anspannung löst sich und das Kind juchzt, weil sich sein Gefühl, in Sicherheit zu sein, bestätigt.

Annas Angstlust ist ein Cocktail von Lust, Furcht und Sicherheit. Würde sich Anna im Swingerklub mit einem Fremden auf Sex einlassen, wäre der Kitzel mit dem Thrill vergleichbar, den man als Benutzer einer der neuen High-Tech-Anlagen im Prater erlebt. Bewegung und Geschwindigkeit erzeugen Angst, aber gleichzeitig ist man durch eine geprüfte Mechanik sicher. Ein brisanter Gefühlsmix, der süchtig machen kann.

Die Masken der Scham

Angstlust hat etwas Prickelndes – die Angst, dass ein Partner eine Schwäche aufspüren könnte, dass man anstatt Anerkennung Missachtung erntet, hat jedoch ein hohes Leidenspotenzial, weil damit Scham verbunden ist.

In einer Kultur, die Werte verachtet, Alter entwertet, oberflächlichen Körperkult vergöttert und Mitgefühl mit anderen und mit sich selbst in einem Optimierungswahn erstickt, ist die Scham allgegenwärtig. Wir verletzen einander, verbergen Schwächen voreinander und schämen uns für tatsächliche oder vermeintliche Defizite.

Schamgefühle sind so vernichtend, dass sie maskiert werden. Übertriebene Heiterkeit ist eine von vielen Masken der Scham. Lachen erlaubt den rettenden Abstand zum zerstörerischen Schamerleben. Verdrängen ist eine andere Sprache der Scham. Jeder weiß, dass Rita fremdgeht. Sie tut es ohne Rücksicht auf Friedrich. Rita zeigt sich mit jedem Kurzzeit-Lover in den Lokalen, die sie auch mit Friedrich besucht, kommt spätnachts nach Hause, verströmt ungeniert das Cologne eines Liebhabers und probiert vor Friedrich Reizwäsche, die er weder vor- noch nachher an ihr sieht. Ist Friedrich blöd? Nein. Er verdrängt, dass er einer untreuen und illoyalen Frau aufsitzt.

Eine häufige Scham-Maske ist Kälte. Josef hat sich in einer Studenten-WG eingemietet. Jeder Mitbewohner hat bald einen Titel und ein intellektuelles Hobby. Josef hat weder das eine noch das andere. Wenn die WG-Bewohner zufällig beisammensitzen, wirkt Josef seltsam steinern. Sein Gesichtsausdruck ist so starr, dass er sich in der WG den Spitznamen »Pokerface« eingehandelt hat. Seine Maske der Kälte soll Josef davor schützen, eine Schamreaktion zu zeigen: Er schämt sich für seine Bildungslücken und seinen Mangel an geistigen Interessen.

Judith wiederum hat einen Pinocchio-Komplex. Jeder in ihrem Umfeld weiß, dass sie angibt und protzt. Einmal behauptet sie, ein wertvolles Silberbesteck geerbt zu haben, ein anderes Mal erzählt sie von der großen Villa ihres Onkels in Südfrankreich. Alles gelogen. Aus dem Gefühl zu arm, zu uninteressant zu sein, überspringt Judith das Schamgefühl. Sie verkehrt es ins Gegenteil, in Protzerei, mit der sie sich Anerkennung erzwingen will.

Ich habe oft mit Menschen zu tun, die Scham und Schuld verwechseln. Um es ganz klar zu kriegen: Der Fokus der Scham ist auf das Selbst gerichtet. Der Fokus der Schuld richtet sich auf das Verhalten. Schuld sagt: »Tut mir leid, ich habe einen Fehler gemacht.« Scham sagt: »Ich bin ein Fehler.«

Anhaltende Beschämungen sind später nicht mehr als schmerzliches »Schämen« spürbar, sie kommen maskiert daher – als Rebellion, Schamlosigkeit (!), Machoverhalten, Arroganz, Zynismus, Kälte, Entfremdung, Wutneigung oder als Beschämung anderer. Wenn ich andere beschäme, spüre ich meine eigene Scham und den damit verbundenen emotionalen Stress nicht mehr.

Die gefährliche Furcht
vor dem Versagen

Mit dem Sex ist es nämlich wie mit dem Herzschlag. Stimmt er, denkt man gar nicht daran. Hat man das Gefühl, dass er nicht stimmt, geht einem die Situation nicht aus dem Kopf. Zu den unfairsten Dingen des Lebens zählt der eigene Anspruch. Er baut sich vor einem auf wie die Schultafel, vor der Sie standen und plötzlich nichts im Hirn hatten, obwohl Sie am Tag vorher noch alles aus dem Effeff konnten.

Michael ist noch keine 40, geschieden, vital und ein guter Liebhaber. Sein volles sexuelles Potenzial entfaltet Michael nur in einer stabilen Beziehung. Aber in Zeiten von Tinder nimmt er sich für einen Beziehungsaufbau keine Zeit. Alles soll schnell gehen und fehlerlos sein. Michael will lange »können« und eine beeindruckende Erektion haben. Quasi nach dem Motto: »Streng dich an, es gibt jede Menge Konkurrenz!«

Seit er nach seiner Scheidung wieder am »freien Markt« ist, hat er Angst, dass er beim ersten Sex unter seinem möglichen Niveau bleibt. Michael ist überzeugt: »Die Frauen von heute haben keine Geduld mit einem sensiblen Mann. Entweder der Sex ist super oder du bist im Out.« Um mit der Angst vor einem Versagen fertigzuwerden, mit einer perfekten sexuellen Performance zu imponieren und sich schmerzliche Schamgefühle zu ersparen, schluckt Michael Potenzpillen.

Thomas ist erst 22 und kann gar nicht ohne. Er ist ein Frauentyp. Dunkle Locken, sanfte Augen, groß, griffig-schlank. Sex hat er, seit er 16 ist. Mit 18 begann er, sich Pornos reinzuziehen. Erst nur hin und wieder, dann täglich. Irgendwann lag er mit einem hübschen Mädchen im Bett und hatte keine Erektion. Die Situation wiederholte sich. Um sich solche Niederlagen zu ersparen, wich Thomas eine Zeit lang realen Sexkontakten aus und schaute nur noch

Pornos. Inzwischen hat er die Kraft, den Pornokonsum einzuschränken und wieder mit Frauen zu schlafen. Aber die unrealistischen visuellen Reize chronifizierten seine Versagensangst. Jetzt ist er von Potenzpillen so abhängig, dass er seine Rationen aus fraglichen Internetapotheken bezieht.

Kleiner Exkurs: Wir alle, reife Konsumenten ebenso wie Sexualtherapeutinnen, sind heilfroh, dass es »Potenzpillen« gibt. Vorausgesetzt, es ist medizinisch möglich, darf man das, was die Natur nimmt, zumindest teilweise ersetzen. Mit Zahnlücken findet man sich ja auch nicht ab. Potenzpillen sind auch ok, wenn ein Mann in den besten Jahren den Start mit einer neuen Partnerin absichert. Aber wenn junge Männer Potenzpillen schlucken, um sich zu dopen oder dem Versagensstress auszuweichen, ist die Gefahr einer psychischen Abhängigkeit groß. Sie ist mittlerweile schon so verbreitet, dass Organisationen nach dem Vorbild der Anonymen Alkoholiker aus dem Boden schießen.

Auch Frauen haben Versagensängste. Die meisten Frauen sind orgasmusfähig, wenn sie selbst Hand anlegen. Beim Sex mit einem Mann beobachten sie sich voll ängstlicher Ungeduld: »Brauche ich zu lange? Ist das jetzt ein Zeichen für den Höhepunkt?« Durch diese ängstliche Erwartungshaltung wird der notwendige Lustaufbau blockiert und der Faden reißt.

Fallweises sexuelles Scheitern gehört zu einem lebendigen Liebesleben dazu. Wir sollten alle viel duldsamer und nachsichtiger sein mit uns. Wer sich was traut, kann scheitern. Wer sich nichts traut, ist schon gescheitert.

Nur nichts erzwingen!

Die Botschaft dieses Abschnitts ist einfach: Falls Sie eine sexuelle Schwäche haben, fixieren Sie sich nicht darauf, sondern entwickeln Sie eine alternative Kompetenz. Ein gutes Beispiel ist der amerikanische Sexualtherapeut Ian Kerner. Ihm ging – und geht – es wie vielen anderen Männern: Er kommt beim Sex immer zu früh. Kerner wörtlich: »Ich kenne die Gefühle der Angst und Erniedrigung, wenn ich meine Partnerinnen nicht befriedigen konnte.« Es ist schon bizarr, dass ausgerechnet ein Sexualtherapeut selbst ein Betroffener ist, dem alle Versuche, mit dem Problem des vorzeitigen Samenergusses fertigzuwerden, misslangen.

Ich könnte Ihnen dutzende Geschichten von Männern erzählen, denen es nicht gelingt, die Ejakulation zu kontrollieren. »Es passiert mir innerhalb von ein, zwei Minuten, ob ich will oder nicht«, heißt es dann. So ist es tatsächlich. Bei einem angespannten Mann genügt oft schon minimaler Kontakt, und schon ist er seinen Samen los.

Frauen ahnen oft nicht, was sich Männer antun, um länger »zu können«. Von A wie Ablenkung (»Ich denke an die Steuer«, über B wie Betäubungssalben (»Mich hat's gebrannt und meine Partnerin auch«), M wie vorher Masturbieren, bis Z wie zwanghaftes Zurückhalten. Alles vergeblich. Maßnahmen dieses Kalibers vermehren nicht lustvolle Momente, sondern die Anspannung und damit das ursächliche Problem.

Zurück zu Ian Kerner. Als er die Sinnlosigkeit seiner Anstrengungen erkannte, beschloss er, aus seiner Schwäche eine Stärke zu machen. Er überlegte, wie Frauen leicht zum Orgasmus kommen und welche Orgasmen sie besonders intensiv erleben. Seine Erkenntnisse sind Ihnen sicher nicht neu: Oralsex und manuelle Stimulation sind bei Frauen die bewährtesten Methoden, einen sexuellen

Höhepunkt zu erleben. Also entwickelte Kerner auf diesem Gebiet vorhandene Fähigkeiten weiter und wurde ein »Cunnilingus-Experte«. Er stellte den Ablauf eines Liebesaktes auf den Kopf und machte das Vorspiel – manuelle Stimulation oder Oralsex – zum eigentlichen Akt.

Außerdem räumte er auch mit etlichen sexuellen Irrtümern auf. Zum Beispiel damit, dass die »Geschwindigkeit und Heftigkeit der Stimulation den Weg zum Orgasmus nicht abkürzt, sondern im Gegenteil lusttötend ist«. Richtig müsste es heißen: »Je linder, desto besser.« Übrigens verdiente Kerner mit seiner eigenen Geschichte ein kleines Vermögen. Er fasste seine Erfahrungen und Erkenntnisse in einem Sex-Ratgeber zusammen, der Millionen-Auflagen erreichte.

Die Erfolgsstory Kerners habe ich auch deshalb erzählt, weil sie sich hervorragend dazu eignet, einen Zustand zu beenden, den wir in der psychotherapeutischen Praxis »Problemtrance« nennen.

Ich lernte schon vor Jahren bei dem US-Therapeuten Steve de Shazer, dass man sich nicht wie hypnotisiert in ein Problem verbeißen und anstatt dessen Blickrichtung und Denkebene wechseln sollte, um eine Lösung zu finden. Wenn ein Raum plötzlich stockdunkel ist, wird man nicht nach der Ursache dafür forschen, sondern versuchen, einen Schalter zu finden.

Verführen zum Berühren

Auch wenn der Sex flau ist oder es schon lange keinen Sex mehr gibt, auf einer Skala von Null bis 100 kriegt das Kuscheln zumindest 90. Kuscheln ist eine existenzielle Grunderfahrung der Geborgenheit. In Zeiten der

Unsicherheit, Traurigkeit und Angst ist das Bedürfnis nach Geborgenheit, nach der haltenden Gegenwart des Gefährten, der Partnerin, besonders groß.

»Christian gibt mir keine Wärme«, klagt Paula. »Er streichelt die Katze öfter als mich.« Paulas Frust ärgert Christian: »Das ist lächerlich! Bevor wir Sex haben, streichle ich sie.« Eben. Für Christian sind zärtliche Berührungen an Sex gekoppelt. Wenn sich Paula zwischendurch an ihn schmiegen will, verkrampft er sich: »Nicht jetzt.« »Hör auf, das kitzelt.« »Ich schwitze.« »Das macht mich nervös.«

Neurobiologen sind sich einig, dass im Moment der »Ent-Bindung« die erste Bindung beendet wird und gleichzeitig die neuronale Voraussetzung entsteht, diesen Zustand wenigstens vorübergehend wieder herzustellen. Das kuschelnde Paar ist der biologische Ausdruck unserer Sehnsucht, das Alleinsein zu überwinden.

Im Idealfall wird das Bedürfnis nach Zugehörigkeit, Wärme, Schutz, Vertrautheit und Sicherheit erst in der Ursprungsfamilie und später in einer Liebesbeziehung erfüllt. In Vor-Corona-Zeiten wurde Einsamen körperliche Nähe auf »Kuschelpartys« angeboten. »Kein Sex, nur Kuschelenergie«, lautete die Devise. Jetzt gibt es Berührungen online. In Großaufnahmen sehen die Teilnehmer einander in die Augen und imaginieren Kuschelgeborgenheit und Nestwärme. Ein Placebo, gewiss. Aber es wirkt.

Belächeln Sie Kuschelbedürftige nicht! Körperliche Nähe tut gut und ist so wirksam wie ein Medikament. Neuropeptide beschleunigen die Wundheilung, das krankmachende Stresshormon Cortisol wird heruntergeregelt und es wird Oxytocin produziert, das die Bindungs- und Widerstandsfähigkeit stärkt.

Das Kuschel-ABC klingt seit Jahrzehnten gleich: »Sein Arm um meine Schultern.« »Hand in Hand einschlafen.« »Ineinander verschlungen sein.« »Zärtliches Drücken.« So schön kann »sie« nicht sein, soviel Potenz »er« nicht haben, dass auf Dauer die Sünde der Kuschelverweigerung verziehen werden könnte.

Ich weiß, dass manche Unverbesserliche behaupten, beim Kuscheln gehe es doch nur um Bequemlichkeit, man liege nur einfach so beieinander. Einspruch! Im Kern der simpelsten Kuschelhaltung steckt die körperlich-seelische Akzeptanz – eine Ursehnsucht des Menschen. In jedem von uns existieren biologische Erinnerungsspuren an das vorgeburtliche Einssein, das ein Ungeborenes im Mutterschoß erfährt.

Frauen wie Paula haben oft nur deshalb Sex, um vorher oder nachher kuscheln zu können. Böse Zungen behaupten, dass Männer nichts vom Kuscheln halten und eigentlich nur auf schnellen Sex aus sind. Stimmt nicht. Neue Untersuchungen beweisen das Gegenteil – auch Männer genießen das Kuscheln. Bei den Umfragen korrelierte zwar die sexuelle Zufriedenheit mit der Häufigkeit des Geschlechtsverkehrs, aber ausschlaggebend war der Kuschelfaktor. Je häufiger gekuschelt wurde, desto glücklicher stuften sich die befragten Frauen und Männer ein.

Kuscheln setzt weder eine Technik noch Potenz voraus, es ist das einzig Unvergängliche in einer Beziehung. Po an Bauch, Arm um Schulter, Atem im Nacken, verschlungene Beine bedeuten Geborgenheit, Wärme, Schutz und Sinnlichkeit. Ihre Körperzellen haben diese Ur-Erfahrung gespeichert, sie wartet darauf, wieder belebt zu werden.

Manche Dinge, etwa die Bedeutung des Kuschelns, sind klar, andere sind trotz vielfältigster Forschungen ein Rätsel und ein Anlass, ängstlich darüber zu schweigen. Zum Beispiel die Geschichte mit dem O. Nina hat immer einen Orgasmus. Lea kommt nur dann, wenn sie selbst Hand anlegt. Christiane braucht manuelle Unterstützung, um beim klassischen Verkehr einen Höhepunkt zu haben. Karin ist noch nie gekommen. Darüber reden traut sich keine.

Der O beschäftigt zurzeit vor allem Evolutionsbiologen. Einigkeit besteht darin: Zur Fortpflanzung brauchen Männer einen Höhepunkt und eine Ejakulation. Frauen müssen weder erregt sein noch einen Orgasmus haben, um schwanger zu werden.

Wozu dann das Theater?

Man muss kein Wissenschaftler sein, um zu wissen, dass sich in der Natur nichts, aber schon gar nichts etabliert, wenn es nicht einen Vorteil zum Erhalt der Spezies hat. Also muss auch der Orgasmus der Frau Sinn machen oder zumindest Sinn gemacht haben. Die These, dass der weibliche Höhepunkt ein wirksames Mittel ist, um einen Mann an sich zu binden, gilt noch heute. Es macht einem Mann einfach wenig Spaß, mit einer unbeteiligten Frau zu schlafen. Eine Gefährtin, die beim Sex zum Orgasmus kommt, ist erotisch anregend. Also bindet sich der Mann eher an eine orgasmusfreudige Frau und ist daher für eine gelungene Aufzucht der Brut verfügbar.

Mir gefällt auch die These, dass der Orgasmus für Frauen ein unbewusster Auswahltest sein könnte: Ein Mann, der seiner Partnerin einen Höhepunkt ermöglicht, hat offenbar empathische Qualitäten und würde sich auch als einfühlsamer Vater bewähren.

Der Orgasmus als Trick der Natur wird seit Neuestem durch eine andere evolutionsbiologische Mutmaßung ergänzt. Vor Millionen Jahren wurde der Eisprung der Frau erst durch Hormone ausgelöst, die während des Aktes und eines Orgasmus produziert werden. Um in der Folge eine Befruchtung zu gewährleisten, ist eine optimale Reizung der Klitoris notwendig, daher lag die Klitoris ganz nah am oder praktischerweise sogar direkt im »Sexualkanal«, also der Scheide. Demnach wurde in grauer Vorzeit der weibliche Eisprung tatsächlich erst durch die Koitusbewegungen des Mannes ausgelöst und war daher »männlich-induziert«.

Mit der Zeit entwickelten Frauen allerdings einen regelmäßigen, vom Geschlechtsakt unabhängigen Eireifungs-Zyklus. Gleichzeitig damit veränderte sich die Lage der Klitoris, sie rückte weiter weg von der Scheide. Allerdings sind im ersten Scheidendrittel Verzweigungen der Klitoris nachweisbar. So gesehen ist auch an einem vaginalen Orgasmus ein klitorales Geschehen beteiligt. Dass der weibliche Orgasmus, der ja zur Reproduktion nicht mehr notwendig ist, überhaupt existiert, ist ein erfreuliches evolutionäres Überbleibsel. Offenbar hat die Evolutionsgeschichte des weiblichen Orgasmus bei den Frauen Spuren hinterlassen:

Von zehn Frauen, die sich mit Orgasmusfragen an mich wenden, plagt etwa acht die Angst, womöglich keinen »richtigen« Orgasmus zu haben, weil sie dazu manuelle Unterstützung brauchen. Keine Sorge – »richtig« ist alles, was guttut. Wie es zu einem Orgasmus kommt, ist gleichgültig. Hauptsache, dass es dazu kommt.

Klitoral? Vaginal?
Egal!

Die Klitoris, so hieß es bis jetzt, sei eigentlich ein verkümmerter Penis. Ein Trostpreis, weil das kleine Zipfelchen nicht so ins Auge sticht wie der Pfeil eines Mannes. Na ja. Nach dem neuesten Stand der Klitoris-Forschung tendiert man dazu, die Sache sogar umgekehrt zu sehen. Schauen Sie sich das an:

Richtig ist, dass sich Klitoris und Penis aus dem gleichen embryonalen Gewebe entwickeln. In den ersten zwei Schwangerschaftsmonaten ist der Embryo eigentlich ein Zwitter. Erst durch hormonelle Impulse entwickelt sich die Keimanlage entweder zu einem weiblichen oder männlichen Geschlechtsorgan. So weit, so gut. Entgegen bisherigen Annahmen ist aber die Klitoris kein verkümmerter Penis, sondern ein optimiertes Gegenstück.

Unter manchen Umständen reagieren Klitoris und Penis gleich. Wenn sie herumgestoßen werden oder Angst haben, verziehen sie sich. Beide lassen sich nicht befehlen und schon gar nicht hetzen. So wie jeder Penis anders aussieht – der eine hält den Kopf schnurgerade, der andere reckt ihn frech nach oben oder hinterlistig zur Seite –, so unterschiedlich ist auch die weibliche Optik der Klitoris. Einmal pummelig, dann wieder lang und dünn oder zierlich. Eine »Eichel« – die Glans – haben beide, aber von nun an gibt's Unterschiede.

Im weiblichen Mittelpunkt der Lust versammeln sich 8000 Nervenfasern auf einer Länge von durchschnittlich 16 Millimeter. Nirgendwo im Körper gibt es ein höheres Konzentrat an Nerven, weder in der Zunge noch in den Fingerspitzen und, sorry Männer, auch nicht am Penis. Er kann nur mit halb so vielen Nervenfasern aufwarten. Auch andere Nervenbahnen münden in der Klitoris und werden umgekehrt mit Impulsen von ihr aktiviert. Dazu gehören die rund 15 000 Nervenfasern des gesamten Beckenbodens und die Umgebung des Harnröhrenausgangs.

Die unsichtbare Infrastruktur des weiblichen Lustzentrums ist beeindruckend: Die seitlich liegenden inneren »Klitorisschenkel« messen jeweils elf (!) Zentimeter. Mit diesem Maß sind sie länger als der Durchschnittspenis, der es auf etwa neun Zentimeter bringt. Noch einmal sorry, liebe Freunde.

Die jahrzehntelange Benachteiligung der Klitoris liegt manchen Sexologinnen so schwer im Magen, dass sie jetzt den Spieß umdrehen und meinen, auch Männer hätten eine Klitoris. Sie liegt angeblich an der Oberseite des Penis im Inneren der Eichel.

Na ja, lassen wir das. Einen Konkurrenzkampf zwischen Klitoris und Penis ist das Letzte, was Frauen wollen.

Es wäre an der Zeit, der Klitoris den Oscar für die Lust zu überreichen. Ihr reiches Innenleben und ihre Fähigkeit, auch Reize, die von ganz woanders herkommen, umzuformen, relativiert nämlich die Frage, wie der Orgasmus einer Frau ausgelöst wird. Mit der Hand? Mit dem Penis? Mit beiden gleichzeitig? Klitoral? Vaginal? Ganz egal. Die Klitoris ist dabei.

Das »Goldene Trio«

Früher wurde mit »Orgasmuslücke« die Zeitdifferenz zwischen dem weiblichen und männlichen Orgasmus bezeichnet. Jetzt ist damit der Unterschied zwischen der Orgasmushäufigkeit heterosexueller und lesbischer Frauen gemeint.

Eine US-Studie, bei der 53 000 Menschen befragt wurden, zeigt, dass 95 Prozent der heterosexuellen Männer beim Sex zum Höhepunkt kommen. Bei den heterosexuellen

Frauen sind es nur 65 Prozent, aber bei den lesbischen Frauen 86 Prozent. Was schließen wir daraus? Erstens: Frauen wissen, was Frauen wünschen. Zweitens: Viele Männer wissen es noch immer nicht. Drittens: Frauen sagen nicht, was wirklich Sache ist.

Seit Jahrzehnten weiß man, dass auch an einem vaginalen Orgasmus eine indirekte Klitorisreizung beteiligt ist. Dazu kommt es aber nicht automatisch durch Koitusbewegungen. Da wäre es notwendig, dass durch die Penisstöße die Schamlippen zurückgezogen werden, sie sollten ihrerseits die Klitorisvorhaut mitziehen und dadurch eine indirekte, rhythmische Stimulation der Klitoris entstehen, die schließlich zum Orgasmus führt. Ein kleines Kunststück. Der Reibungsdruck zwischen Penis und Vagina ist nur selten intensiv genug, da es mehr zierliche als stramme Ausgaben des männlichen Gliedes gibt und nicht jede Frau eine so lebendige Scheide hat, dass sie den Penis fest umschließen könnte. Auch die Lage der Geschlechtsorgane zueinander ist fast nie so optimal, dass die Klitoriszone ausreichend und intensiv genug ins Liebesspiel gebracht wird. Die Nase bewegt sich ja auch nicht mit, wenn Sie in den Zähnen stochern.

Aber nichts gegen das vaginale Lusterleben! Der Scheideneingang ist reich mit Nervenenden ausgestattet, die bei Dehnung und Druck lustvolle Gefühle auslösen können. Vaginale Lust entsteht auch, weil sich das von außen sichtbare Lustknöpfchen der Klitoris nerval ins Scheideninnere verzweigt. Auch der Damm, das ist jenes kompakte Verbindungsstück zwischen Scheideneingang und After, und das G-Punkt-Areal haben es in sich. Es wird auch niemand bestreiten, dass die Tiefendimension einer erotisierten Vagina eine ganz besondere Qualität hat. Trotzdem: Die meisten Frauen kommen nicht durch die Koitusbewegungen in der Vagina, sondern durch die Stimulation der Klitoriszone zum Höhepunkt.

Leider will so mancher penisfixierte Partner diese Tatsache noch immer nicht wahrhaben. Diesen Männern sollte die neue Studie zu denken geben:

Lesbische Frauen erleben deshalb so viel mehr Orgasmen, weil sie die Wirkkraft des Wonneknöpfchens nicht unterschätzen. Am leichtesten kommen Frauen durch das »Goldene Trio«: 1. manuelle und/oder 2. orale Stimulation und 3. Zungenküsse zum Höhepunkt. Gut geküsst ist halb gewonnen.

Im Schlafzimmer kann Selbstverliebtheit ernüchternd sein

Johannes ist sich ganz sicher: »Ich bin der perfekte Liebhaber.« Klitoris-Stimulation? Na sicher! Streicheln? Geh, bitte, das ist doch logisch. Penetration, ich meine das F...-Wort, das ich nicht so gern verwende, da ist Johannes überhaupt ein Ass. Stellungen? Von Nullachtfünfzehn bis zur Indischen Schraube, alles ist möglich. Johannes kann eine Liste beglückter Frauen anführen: die zarte Anna, die brünette Liane, die mollige Sandra, die reife Gerlinde etc. etc. Gegen Johannes ist Don Giovanni ein Lehrbub. Gar nicht erst zu reden von den vielen Likes, die Johannes für seine Postings auf Facebook bekommt. Johannes beim Essen, beim Wandern oder mit neuem Haarschnitt, Sidecut selbstverständlich.

So, jetzt komm ich dran. Johannes gibt es nicht. Ich wollte nur ein spezielles Verhalten darstellen. Also bleibe ich dabei: Lieber Johannes, Sie täuschen sich! Sie sind kein perfekter Liebhaber, Sie sind ein Programm-Macher. Die zarte Anna heuchelte Begeisterung, aber im Stillen dachte sie: »Der Typ hat kein Einfühlungsvermögen.« Die brünette Liane hatte zwar einen Höhepunkt, aber nur, weil sie beim Sex oben war und weiß, wie sie sich ihren Orgasmus holen kann. Die mollige Sandra spielte einen multiplen Höhepunkt vor, weil sie sich nicht nachsagen lassen wollte, dass sie das nicht genauso kann wie angeblich Ihre Ex-Geliebten. Und die reife Gerlinde stufte Sie unter den drei »E«s ein: egoistisch, emotionslos, eitel.

Liebe Freunde, spätestens jetzt wissen Sie, dass Johannes' Einstellung typisch für narzisstische Männer ist. Zur Erinnerung: Menschen mit narzisstischen Persönlichkeitszügen hungern nach Anerkennung. Sie sind oft maßlos, überheblich, selbstverliebt oder überangepasst und perfektionistisch. Narzisstisch zu sein ist im Trend. Der Vorwurf »Du bist narzisstisch« kommt als Kompliment rüber: »Ich weiß, dass ich etwas Besonderes bin«, zwinker, zwinker.

Narzisstische Frauen gibt es ebenso viele wie Männer.

Der eine Frauentyp fühlt sich eher minderwertig, ist übertrieben angepasst und neigt dazu, sich durch einen idealisierten Partner aufzuwerten. Wegen dieser rührenden Bescheidenheit sind auch diese Frauen Energieräuberinnen. Wirklich hingeben, mit dem Partner verschmelzen können sie genauso wenig wie die grandiose Narzisstin und ihr männliches Pendant.

Der grandiose Frauentyp tut viel für Schönheit und Jugendlichkeit. Auf Facebook gibt es ständig neue Selfies. Jedes zeigt eine schöne, fitte und sinnliche Frau. Das ist oft ein Beschiss, denn das narzisstische Online-Ich hat durch Posen und Computer-Bearbeitung mit dem wirklichen Ich wenig gemein. Auch Frauen beherrschen das sexuelle Programm aus dem Effeff. Es wird kontrolliert abgespult und der Resonanzeffekt genossen: »Im Bett bist du die Größte.«

Einerseits taugen narzisstische Persönlichkeitszüge oft dazu, mit den Anforderungen unserer Zeit besser umgehen zu können. Andererseits stört übermäßiges Anerkennungs-

bedürfnis das sexuelle Miteinander. Obwohl ich zugeben muss – Anerkennung muss sein, vor allem beim Sex.

Das sexuelle Ich kann nur ein Liebespartner bestätigen

Wir gestehen uns viel zu wenig ein, wie sehr wir von Akzeptanz abhängig sind. Arbeitseinsatz, Weiterbildung, Körperpflege, Lügen – alles nur für Akzeptanz. Ohne Anerkennung würden wir wie Primeln in heißer Sonne eingehen.

Nicht akzeptiert, nicht anerkannt zu werden bedeutet Schmerz, Stillstand und Enttäuschung. Auf einem Kongress sagte einmal ein Neurowissenschaftler zu mir: »Kein Wunder, dass wir von Akzeptanz so abhängig sind. Die ersten Werdensmonate hat das ja perfekt geklappt. Das befruchtete Ei wurde von der Gebärmutter akzeptiert, durfte wachsen und sich entwickeln. Da glaubt man natürlich, das muss immer so weitergehen.«

Ich weiß, dass den Teilnehmern von Schulungen und Workshops eingebläut wird, sie müssten sich selbst annehmen, Lob von außen sei nur in zweiter Linie wichtig. Ein stabiles positives Selbstwertgefühl kann leider nur zum Teil von innen reguliert werden. Die Anerkennung durch andere ist lebenslang notwendig, um das positive Bild, das man (hoffentlich) von sich hat, immer wieder aufzufrischen.

Nehmen wir an, Sie sind ein Glückskind und konnten dank Ihrer Umwelt eine soziale Identität entwickeln. Aber was ist mit Ihrem sexuellen Ich? Bestätigt Ihnen Ihr Partner, dass Ihre Schamlippen im schönsten Perlmutt schimmern? Hören Sie von Ihrer Gefährtin, dass Ihr bestes Stück wirklich das Beste ist? Erfahren Sie von Ihrem Liebespartner, wie sinnlich Ihre Küsse schmecken?

Jeder sexuell aktive Mensch berauscht sich daran, in einem Liebespartner einen Zeugen für seine Sexualität zu haben. Nicht der Chef, nicht die beste Freundin, nicht der Arbeitskollege und nicht die Eltern können das Bedürfnis, für seine sexuelle Ausdrucksweise geliebt zu werden, stillen. Auch wenn Sie beruflich und in der Familie unersetzlich sind, Ihr sexuelles Ich kann nur ein Liebespartner bestätigen. Von diesem einzigen Menschen erwarten wir Antwort. Du liebst meinen Körper … Ich bin eine erregende Frau … Ich bin ein begehrenswerter Mann … Du liebst mich! Ich bin liebens-wert.
Erotisches Lob ist die fundamentalste, weil leib-seelische Möglichkeit der sexuellen Selbstbejahung und Selbstliebe. Vor allem in der Liebe hat nahezu jeder schon einmal die schmerzliche Erfahrung gemacht, dass ein Besitz, den niemand haben will, nichts nützt. Erst der Reichtum, mit dem Sie jemanden beschenken können, macht Sie wirklich reich.

Grauzonen-Sex

Ich vermute, dass eines der wichtigsten Komplimente für Männer eins über sein bestes Stück ist. Aber Gespräche über Penisgrößen sind heikel und angsterregend. Sorry, Männer, besser, ich überspringe hier jegliche Maßangaben. Mit Einfühlung und Behutsamkeit lassen sich die meisten Passungsschwierigkeiten schon lösen. Wenn es um Erregung und Befriedigung geht, sind die Geschlechtsteile sowieso nicht die wichtigsten Instrumente. Sie haben keine Gelenke, keine Bewegungsnerven, und man kann nicht allzu viel mit ihnen anstellen. Die wirklich entscheidenden Sexualorgane sind Mund, Hände und Hirn. Wenn Sie sich deren Mitarbeit sichern, kann eigentlich nix schiefgehen.

Wenden wir uns also einem anderen Tabuthema zu. Grauzonen-Sex zum Beispiel.

Sex in der Grauzone von Wollen und Nichtwollen ist im Urlaub, nach Trennungen, in Singlezeiten und in einer Beziehungskrise ein häufiges Phänomen. In diesen Phasen kollidiert die latente Sehnsucht nach Nähe, Erregung, Berührungsbehaglichkeit und Zärtlichkeit mit der Vernunft. Kopf gegen Bauch. Bauch siegt.

Grauzonen-Erlebnisse werden nicht offen kommuniziert. Über den unbeschwerten Ruck-Zuck-Sex mit einem Tennispartner oder den beschwipsten One-Night-Stand während eines Seminars lässt sich augenzwinkernd reden. Trotz Schwächeeingeständnissen und Selbstironie bleibt der Kick des Abenteuers erhalten, weil es gewollt war. Aber Sex, den man zuerst wollte, dann eigentlich nicht will und zu dem es schließlich doch kommt, weil man ja doch Lust drauf hat, schmeckt bitter. Besser also, man schweigt. Das Problem ist nicht die Flüchtigkeit des Abenteuers, sondern die Unfähigkeit, ein klares »Nein« durchzuziehen. Die sexuelle Selbstbestimmung, um die die Frauen so schwer kämpften, bedeutet nämlich, dass man immer, sogar mitten drunter, aber möglichst vor dem Sex seine Meinung dazu ändern können sollte.

Ich vermute, dass es kaum eine Frau gibt, die nicht schon ein oder mehrere Male in ihrem Leben Grauzonen-Sex hatte. Die meisten Frauen geben zu, dass der Mann einen klaren Widerstand akzeptiert hätte. Aber der Widerstand war eben nicht klar und nicht konsequent.

Ein »Ja. Nein. Ja. Nein« wird auch heute noch von vielen Männern als Teil eines Verführungsspiels ausgelegt. Nach all den Diskussionen über Missbrauch und Vergewaltigung wäre es an der Zeit, die Spielregeln zu aktualisieren: Guter Sex ist immer ein Erlebnis unfraglicher Gegenseitigkeit und Gleichwertigkeit.

Erwachsene, die noch nie Sex hatten, führen oft ein Leben in Angst und Selbstlüge

Nicht nur von gutem Sex, sondern von Sex überhaupt träumen »Absolute Beginner«. So heißt nicht nur ein David-Bowie-Song, so nennen sich auch Erwachsene, die noch nie Sex hatten. Von ihrer sexuellen Unerfahrenheit ahnt keiner was. Angeblich, so lese ich, gibt es mehr als allgemein angenommen. Wissenschaftler des Universitätsklinikums Hamburg-Eppendorf und des Münchner Universitätsklinikums rechts der Isar schätzen, dass etwa fünf Prozent der Erwachsenen noch nie Sex mit einem anderen Menschen hatten. Andere Schätzungen gehen sogar von zehn Prozent aus.

Ich bin von diesen Zahlen nicht überrascht. Mir fällt sofort Felix ein, ein 32-jähriger »Jungmann«. Naturschön, charmant, voll erblüht. Was dem coolen Typen noch fehlt, ist der erste Eignungstest als Liebhaber. Felix' unfreiwillige Sex-Abstinenz hat eine typische Angst-Geschichte: eine Vorhautverengung, Schmerzen bei den ersten Sexversuchen, Operation, Schmerzerwartung bei neuerlichen Versuchen, Erektionsprobleme, Angst, Versagen, Rückzug. Felix gibt sich cool, aber weicht sogar Küssen und Schmusen aus: »Ich fürchte mich vor dem Moment, in dem es zur Sache ginge.«

Auch der 44-jährige Thomas ist noch sexuell unerfahren. »Ein Bier, ein Bussi, ins Bett mit der Tussi«, höhnt Thomas, das sei doch das Letzte. »Für eine Second-Hand-Frau bin ich mir zu gut«, beteuert er. In Wirklichkeit hat Thomas Angst vor Frauen mit Erfahrung. Noch eine letzte Männer-Geschichte. Markus. Bei seinem ersten Sexversuch war er 17. Die Angelegenheit war peinlich und verkorkst. Nicht einmal die Zungenküsse klappten, geschweige denn der Versuch, das gleichaltrige Mädchen zu entjungfern.

Wahrscheinlich haben wir alle einmal ein sexuelles Desaster erlebt. Aber wenn es um Liebe, Lust und Begehren geht, sind Seele und Körper doch ziemlich verzeihlich. Nicht bei Markus. Inzwischen ist er 28 und resigniert: »Ich bring's nicht.« Die Pornos, mit denen er sich tröstet, verstärken seine Leistungsangst.

Ähnliche Stories könnte ich Ihnen von Frauen erzählen, die schon die ersten grauen Haare haben und noch immer Jungfrauen sind. Beatrix wartet wie Thomas auf den Traummann, mit dem sie Traum-Sex und traumhafte Orgasmen hat. Aus Angst vor einer Enttäuschung gibt sie keinem Mann eine Chance. Barbara verschlingt zwar Aufklärungsliteratur, wagt es aber nicht, ihren fülligen Körper nackt zu zeigen. Henriette ist für alle Männer immer nur die Sportkameradin oder Seelenfreundin. »Jetzt bin ich 32 und noch immer Jungfrau. Wie ist das zu erklären?«, fragt sie. Wahrscheinlich damit, dass sie aus Angst die Deadline versäumt, in der eine freundschaftliche Beziehung sexualisiert wird.

Wenn ein Leben ohne Sex glücklich macht, ist alles ok. Aber wenn unfreiwillig Enthaltsame unter Sehnsüchten und unter ihren Ängsten leiden, müssten sie akzeptieren, dass der einzige Weg, damit fertigzuwerden, darin besteht, sich ihnen zu stellen.

Von sexuellen Dissonanzen und anderen Störungen

Auch der Sex unterliegt Moden. Noch kaum bemerkt, vollzieht sich ein Paradigmenwechsel: Symmetrie ist in. »Eine Beziehung muss ausbalanciert sein«, sagt Bianca. »Gleichwertigkeit ist eine Grundvoraussetzung«, behauptet Klemens. Das klingt demokratisch, gilt aber nicht beim Sex. Ich weiß, dass das Romantiker schmerzt, also komme ich zur Sache.

Sexuelle Dissonanz greift auf
andere Partnerschaftsbereiche über

Am Anfang erlebten Viktoria und Fabian das Ideal aller Liebenden: Beide hatten zum selben Zeitpunkt Lust auf Sex. Aber nach dem stürmischen Anfang war unübersehbar, dass Viktoria ein schwächeres Verlangen als Fabian hatte.

Zuerst fügte sich Fabian in Viktorias Ausflüchte: »Es ist zu spät/zu heiß/zu kalt«, »Ich habe mich schon eingecremt«. Je deutlicher Fabian sein kontinuierliches Verlangen zeigte, desto mehr fühlte sich Viktoria unter Druck. »Lass mich den ersten Schritt tun«, schlug sie vor. »Dann kannst du sicher sein, dass ich wirklich Lust habe.« Fabian wartete eine Woche, zwei und drei. Dann machte er zynische Bemerkungen über Männer, die gezwungen sind, sich an der Seite ihrer Frauen selbst zu befriedigen. Viktoria weinte.

In ihrer Not entschlossen sich Viktoria und Fabian, es mit dem Nike-Werbespruch »Just do it« zu versuchen. Viktoria war bereit, sich auch ohne Lust auf Sex einzulassen. Fabian sagte sich, besser weniger als gar nichts. Die Gnadenakte waren für Fabian frustrierend, Viktoria war froh, wenn sie es hinter sich hatte. Einmal hielt sie ihm mitten im Geschehen seine jämmerliche Bedürftigkeit vor Augen: »Dauert es noch lange?« Nach diesem Zwischenfall fanden auch die Gnadenakte ein Ende.

Damit wir uns nicht missverstehen: Ich überbewerte Sex nicht. Phasenweise keine oder weniger Lust zu haben, weil man überarbeitet, traurig oder krank ist, gehört ebenso zu einer Beziehung wie das fallweise Ausbleiben des Höhepunktes. Jeder kennt das. Für Verlangensschwache ist es nicht tragisch, aber Verlangensstarke leiden unter einer weit auseinanderklaffenden Bedürfnisschere. Oft wird der Verlangensschwache in Reparatur geschickt, aber eine

Sexualtherapie kann keine Wunder wirken. Der verlangens-schwache Partner hat ja keine Störung und ist daher in den meisten Fällen therapieresistent.

Frustrierte Partner berufen sich gerne auf den sexuell unkomplizierten Anfang. Stimmt, da reagieren die meisten weit über ihren sexuellen Standard hinaus. Ein starker Bindungswunsch motiviert dazu, Lust zu heucheln oder sogar zu empfinden. Doch durch Alltagsabnützungen leidet der Verlangensschwächere unter der sexuellen Über-forderung und der Verlangensstärkere unter dem Gefühl, nicht begehrt zu werden. Gnadenakte sind keine Lösung. Sie erzeugen ein Reizklima, in dem die sexuelle Dissonanz über kurz oder lang auf andere Partnerschaftsbereiche übergreift.

Viktoria und Fabian trennten sich. Viktoria ist nicht mehr die Verlangensschwächere, Fabian nicht mehr der Verlangensstärkere. Beide leben in einer sexuell stimmigen Partnerschaft, in der sie wegen ihres sexuellen Verlangens nicht in die Defensive gedrängt werden.

Absolute Übereinstimmung der sexuellen Bedürfnisse ist illusorisch und gar nicht notwendig. Eine maßvolle Bedürf-nisdifferenz dynamisiert die Liebe sogar. Man bemüht sich um den anderen und pflegt die Beziehung. Aber bei zu gro-ßen Differenzen lohnt sich die Überlegung: »Drum prüfe, wer sich ewig bindet, ob sich nicht was Bessres findet.«

Kuschelsex ist nicht alles

Eigentlich ist Rosa eine Frau, von der Männer angeblich träumen: zärtlich, anschmiegsam, zuckersüß. Trotzdem hat Rosa Probleme mit Männern: Sie findet das Heftige und Schweißige beim Sex abstoßend. Edelsex ist für sie nur ein zartes Miteinander. Für Rosa gelten nicht die alten drei »K«s »Küche, Kinder, Kirche«, für sie gelten drei neue »K«s – »Kuscheln, Kosen, Küssen«.

Zuerst dachte Roman, dass Rosa nur sehr geniert sei. Mit zunehmendem Vertrauen würde Rosa schon aus sich herausgehen. Roman setzte auf offene Gespräche, ein ausgiebiges Vorspiel und einen unbefangenen Umgang mit der Nacktheit. Aber auch nach Monaten vereiste Rosa, kaum dass er sich im Bett gehen ließ. Oralsex? Tabu. Gegenseitiges Betrachten? Unmöglich. Dirty Words? Stopp, stopp, das nicht. Liebeserklärungen dürfen ausgesprochen werden. Stöhnen? Nicht zu laut, nicht so tierisch. Nur die drei »K«s akzeptierte Rosa ohne Einschränkung. Das heißt, Küssen ja, aber nicht zu feucht. Und nicht zu viel Zunge. Nur schnäbeln mit ein bisschen Zunge. Nach dem Orgasmus verschwitzt und umschlungen liegen bleiben? Pfui Teufel.

Nach einem Jahr hatte Roman das Gefühl, nur mit halber Kraft lieben zu dürfen. Es kam immer öfter vor, dass er sich im Internet einen Sexfilm ansah und masturbierte, obwohl im Zimmer nebenan seine Freundin schlief. Anschließend ging er zu ihr kuscheln. Als Rosa von ihrem Kinderwunsch und von einem Leben zu zweit sprach, beendete Roman die Beziehung.

Ich verstehe Roman. Ausschließlich süßer, von Begierde chemisch gereinigter Kuschelsex ist wie lauwarmer, gewässerter Wein. Das ist eine Schreckensbotschaft für Bindungsfanatiker, die gern hätten, dass Sex nur gut und lieb ist. Ist er aber nicht. Zumindest nicht in den sexaktiven Jahren. Natürlich wird mit zunehmendem Alter alles milder, auch der Sex. Aber wenn in jüngeren Jahren alle Wünsche unterdrückt werden, die gefälligen Wohlfühlsex irritieren könnten, desto schlechter ist die Aussicht auf einen erotischen Bestand der Beziehung.

Übrigens stehen nicht nur Frauen auf Kuschelsex. Viktoria ist eine von vielen Frauen, die von dem Hätschel-Sex ihres Partners genug hat. »Ich genieße seine Zärtlichkeit«, sagt sie. »Aber wenn er sich ständig entschuldigt, weil er glaubt, dass er mir zu schwer ist oder mich zu fest berührt hat, könnte ich aus der Haut fahren.«

Das erotische Spiel mit Zupacken, Hingabe und Macht gehört zur Faszination der Verschiedenheit der Geschlechter. Zahnloser Sex, der nur für einen Partner Edelsex ist, endet bestenfalls mit sexueller Unzufriedenheit, schlimmstenfalls mit emotionalem Sadismus. Robert Stoller, ein Pionier der Perversionsforschung, betonte schon vor Jahrzehnten, dass »Hispers of hostility«, der »Hauch von Gemeinheit«, die beste Methode ist, den Sex lebendig zu halten.

Nichts gegen das Kuscheln! Aber geiler Sex kann tierisch gut sein und schließt nicht aus, dass man in einer Liebesbeziehung vor allem eins will – sich schön altmodisch vereinigen.

Verbotenes zu tun oder zu denken, ermöglicht eine besondere Form der Befriedigung

Philipp und Valerie sind seit zwölf Jahren ein zufriedenes Paar. Auch im Bett stimmt es. Aber manchmal langweilt es Philipp, sein sexuelles Glück in aller Gemütlichkeit auszukosten. Philipp inszeniert dann in seinem Kopfkino Valeries Verlust: Nie mehr wird er ihr leises Stöhnen hören, nie mehr seine Hände um ihre Brüste legen, nie mehr. Philipps Erregung steigt, die aufwallende Emotion siegt über die sexuelle Routine. Ein gelungener Regelbruch.

Wenn von Regelbrüchen die Rede ist, denkt jeder an sexuelle Tabubrüche – erotische Extravaganzen, Unerlaubtes. Aber Achtung: Komplizierte Rituale, ohne die sexuelle Befriedigung gar nicht erreichbar wäre, sind nicht kleine, harmlose Regelbrüche, sondern sexualisierte Konflikt-lösungen. Damit werden Ängste in Schach gehalten, ein früher passiv erlittenes Erleben wird neu und mit einem positiven Ausgang inszeniert, Feindseligkeit und Rache werden abgebaut.

So mancher Regelbruch ist ein oppositioneller Ausbruch – der Widerstand gegen zwanghafte Alltagsfunktionen oder überharmonisierte Beziehungen. Der kreuzbrave, höfliche Schwiegersohn verstößt gedanklich gegen die guten Sitten und stellt sich vor, dass er die überhebliche, nörgelnde Schwiegermama mit offenem Hosentürl und baumelndem Gehänge begrüßt. Die seelensgute Mutter lässt ihre Brut in Stich und haut nach Patagonien ab. Regelbrüche erlauben es zu handeln, ohne zu handeln.

Der häufigste Regelbruch spielt sich im Fadenkreuz von Form und Intimität ab. Ich kenne Männer, für die es das Nonplusultra der Geilheit ist, wenn sich eine coole Blondine im formellen schwarzen Kostüm unter ihren Händen in ein wimmerndes Stück Fleisch verwandelt. Und ich weiß von Frauen, die auf martialische uniformartige Männer-outfits stehen. In dem dazugehörigen Skript vergisst sich dieser harte Kerl, der Weltmeer- und Wüstenbezwinger vollkommen. Demütig bettelnd will er unbedingt seinen Kopf zwischen ihre Schenkel auf die tabuisierteste Körper-zone pressen und sie zärtlich bis zum Orgasmus verwöhnen.

Regelbrüche gehören zum Alltag. Es kann Sex in einer Wäschekammer sein wie bei Boris Becker, ein Blowjob im Office wie bei Monica Lewinsky oder ein harmloser Klei-derregelbruch wie bei Roland Düringer. Ein berühmter Autor erzählte mir, dass er und seine Begleiterin sich in der Oper während des ersten Aktes gegenseitig mit der Hand stimulierten. Beim Liebesduett des zweiten Aktes kamen sie gleichzeitig. Wenn sich 1000 Menschen in Festtagsklei-dung von Sangeskunst verzaubern lassen, schmeckt die Lust sexueller Intimität vielleicht süßer.

Eine besondere Delikatesse ist die Phase nach einem Regelbruch, in der sich das Pärchen vor ahnungslosen anderen mit verschwörerischen Blicken verständigt: Nur wir beide wissen, dass wir eine Anstandsregel brachen. In der Oper masturbiert man nicht. Aber toll war's trotzdem – oder gerade deshalb.

Jeder, der Sex schon länger als ein paar Monate betreibt, sollte sich einmal seine Regelbrüche genauer ansehen. Vielleicht sind sie mehr als erotische Verzierungen.

Gerade, weil ein Partner nicht der Richtige ist, kann Sex großartig sein

Es gibt ein Dissonanz-Phänomen, an das sich der zur Liebe bekennende Mensch erst gewöhnen muss: Sex mit dem falschen Partner kann ein Höhepunkt sein. Fabian, ein Mann, der auch nach der schmerzlichen Trennung von Helene der Meinung war, dass eine gute Beziehung auch guten Sex bedeutet, erlebte das Gegenteil.

Die billige Tussi, die ihm signalisierte, dass sie nichts gegen einen One Night-Stand habe, hatte vielleicht nicht das Format, das sich Fabian von einer Klassefrau erwartet. Aber mit der Tussi erlebte Fabian den Sex, von dem er mit Helene immer nur geträumt hatte. Er gesteht, dass sie ihn als miserablen Liebhaber bezeichnete. »Aber das war mir gleichgültig«, bekennt er. Mit Helene war das anders. Fabian wollte von ihr als Partner und als Liebhaber geschätzt werden. Also verlangte er sich ein ausgedehntes Vorspiel ab, zögerte seinen Höhepunkt lange hinaus, flüsterte beim Sex schöne Worte und bemühte sich, Helene noch zusätzlich mit der Hand zu stimulieren.

Wie war das bei Fabians flüchtigem Abenteuer? »Es hat nur ein paar Minuten gedauert«, gesteht Fabian. »Und ich habe nur an mich gedacht.« Also keine zärtlichen Liebeserklärungen, sondern derbe Worte, kein Vorspiel, sondern in der Direttissima zum Orgasmus. Nicht gerade Edelsex, aber richtig gut.

Beim Sex mit einem Partner, der für eine Beziehung nicht in Frage kommt, ist man für dessen Bedürfnisse völlig unsensibel. Genau das macht egoistischen Sex vor allem für Frauen oft besonders intensiv.

Was ich jetzt sage, klingt paradox: Die herkömmliche Meinung »Je enger die Beziehung, desto besser der Sex« muss nicht zwangsläufig stimmen. Im Gegenteil. Eine gute Beziehung macht den Sex oft erst schwierig. Alles, womit Liebende ihre Beziehung stabilisieren und schützen wollen – absolute Nähe und der Verzicht auf die wahren sexuellen Wünsche –, kann zu einem Sex auf dem kleinsten gemeinsamen Nenner führen. Was bleibt, ist Kuschelsex, Beruhigungssex, Es-ist-wieder-Zeit-für-Sex-Sex und vielleicht die Fantasie an ein Erlebnis, bei dem man einander nicht so nahe war, aber schon beim Schmusen die Erde bebte.

Egoistischer Sex mit einem Partner, der einem gleichgültig ist, ist genauso wenig eine Lustgarantie wie eine super Beziehung. Aber guter Sex ohne gesunden Egoismus und maßvoller Distanz ist genauso selten wie ein Lotto-Zwölfer.

Die Liebe nimmt zu, die Erotik ab

Klara und Philip schlafen seit vier Jahren nicht mehr miteinander. Klara ist eine dynamische, lebenslustige Frau, an ihrer Aktivität kann es nicht liegen. An Philips Vitalität aber auch nicht. Er ist fit und voller Schaffenskraft.

»Philip ist schuld«, sagt Klara. »Ohne Zärtlichkeit vorher geht bei mir nichts. Philip hat dafür kein Gefühl.« »Dass wir nicht mehr miteinander schlafen, liegt eindeutig an Klara«, behauptet Philip. »Soll sie doch auch einmal signalisieren, wann es für sie passen würde. Aber von ihr kommt nie etwas.«

Tja, liebe Freunde, das ist eine klassische Sex-Blockade. Am Anfang der Verliebtheit sind das sexuelle Geben und Nehmen in Balance. Im Laufe der Jahre werden intime Wünsche »gegendert«, geschlechtsspezifisch zugespitzt: Wünsche nach Nähe, Zärtlichkeit und intimen Austausch lassen bei den Männern nach, die sexuelle Initiative bei den Frauen.

Dass sexuelle Aktivitäten im Laufe von vielen Jahren nicht intensiver, sondern flacher werden, macht eine Blockade-Situation problematisch. Nur im Film reißen sich reife Paare auch noch nach vielen Jahren erregt die Kleider vom Leib. Nur im Film schlüpfen sie auch noch mit 70 fiebernd vor Verlangen unter die Decke, machen nachher glückliche Gesichter und streiten sich höchstens darüber, wer den nächsten Drink mixt.

Im Alltag sieht alles anders aus. Die Arbeit wächst einem über den Kopf. Mit dem Geld hapert es. Der tägliche Trott, Gewöhnung und womöglich das Gefühl, im Leben zu kurz zu kommen, setzen dem Verlangen zu. Sogar in guten Partnerschaften sinkt die Häufigkeit der sexuellen Frequenz im Laufe des ersten Ehejahres auf etwa die Hälfte des ersten Monats und dann noch weiter.

Eine fatale Entwicklung: Die Liebe wächst, mit der Erotik geht es bergab. Auf eins, zwei, drei steckt man in einer Sackgasse: »Fang du doch einmal an!« – »Nein, du.« Beide leiden unter der Situation, ändern aber nichts daran. »Freezing« – »Einfrieren« sagt man dazu in der psychologischen Praxis.

Freezing kann auch ein Signal dafür sein, dass es mit der partnerschaftlichen Machtbilanz nicht stimmt. Das

Charakteristische eines verborgenen Machtkampfes ist, dass das Geben blockiert ist. Die Blockade zeigt sich beim Sex meist zuerst. Dabei sollte es auch darum gehen, dem Partner etwas zu geben. Dazu kommt es aber nicht, weil sich beide scheuen, den Anfang zu machen. Oder weil sie lustlos ist und er eine vorzeitige Ejakulation hat. Oder sie hat eine Orgasmusstörung und er Erektionsprobleme.

Wozu noch drum herumreden: Bleiben Sie dran! Auch noch nach vielen Jahren miteinander zu schlafen, ist ein exklusives Ritual, das man mit sonst niemandem teilt und das die Paarbindung stärkt. Wie oft und wie man sexuell aktiv wird, ist egal. Hauptsache, die erotische Gefühlswelt geht nicht vollkommen flöten.

Nur in der Theorie sind wir gegenüber dem Sex reifer Menschen vorurteilsfrei

Ehrlich gesagt weiß ich nicht, wo ich anfangen soll. Also von Beginn an. Ich sitze mit Kopfhörern in einem Radiostudio bei unseren deutschen Nachbarn. Es ist eine Call-in-Sendung, das heißt, dass Hörer anrufen können. Das Thema: Tabus. Die Anrufe tröpfeln dahin, bis eine Frau ihr Anliegen schildert. Sie hat Lust auf Sex. Darüber reden kann sie mit niemandem, schon gar nicht darüber, dass sie sich oft selbst befriedigt. Sie schämt sich für ihr Verlangen, schließlich ist sie 79.

Plötzlich blinken am Schaltpult alle Lämpchen auf. Ein Anruf jagt den nächsten. Eine 77-jährige Frau sagt, dass sie dank Gleitgel den sanften Sex der späten Jahre mehr genießt als die hitzigen Nummern ihrer Jugend. Ein Mann sucht nach Worten: »Ich bin ein 82-jähriger Witwer und sehe keinen Tag jünger aus. Mir fehlt die körperliche Liebe so sehr, dass ich dafür bezahle.« Ich höre das Schmunzeln eines 80-jährigen Mannes, als er sagt: »Dass es nicht mehr so geht wie früher macht den Sex gemütlicher.«

Zwei spannende, gegensätzliche Trends zeichnen sich ab. Die einen sind begeistert: »Endlich wird so etwas ausgesprochen.« Die anderen ärgern sich: »Mit 80 hat man doch andere Sorgen!« Vor allem die Jüngeren finden »Methusalem-Sex« peinlich und geschmacklos.« Eine 79-Jährige, die offen sagt, dass sie sich selbst befriedigt, ein 82-Jähriger, der eingesteht, dass er für seine Orgasmen in Thai-Studios bezahlt, irritieren die Verdrängungsstrategien der jüngeren Menschen: Solange man selber in vollem Saft steht, ist man blind für den Sex der reifen Jahre. Man glaubt, dass nur die anderen altern und dass es Sex nur unter den Jungen gibt.

Nach jahrzehntelanger Praxis und eigener Erfahrung weiß ich es besser. Mit den Jahren verändert sich alles. Die Haut, die Muskeln, und, jössasna, natürlich auch eine langjährige Beziehung und die Geilheit. Ist das schlimm? Kommt darauf an. Wenn es ein Paar auch noch nach Jahren schafft, wertschätzend und liebevoll miteinander umzugehen, macht unterm Strich die alltägliche kleine Erotik das Leben genauso glücklich wie die Geilheit der jüngeren Jahre.

Noch etwas will ich bei dieser Gelegenheit anbringen: Es ist ok, in Perioden des Alleinseins selbst Hand anzulegen. Dass in reifen Beziehungen die gemeinsame Masturbation ebenso bequem wie anregend sein kann, weiß inzwischen eh jeder über 30. Auch in Partnerschaften, in denen einer eine starke und der andere eine schwache Libido hat, kann diese sexuelle Schere mit Selbstbefriedigung verringert werden.

Wenn eine 50-jährige Frau froh ist, dass sie den Sex hinter sich hat, wird sie schon ihre Gründe dafür haben. Vielleicht war ihr Körper nie eine Quelle der Freude. Falls eine

60-Jährige lieber busselt, statt feucht zu küssen, ist das auch in Ordnung. Aber wenn eine 76-jährige auf irgendeine Sexvariante steht, soll sie sich nicht dafür schämen müssen.

Es gehört zur Würde des Älterwerdens, frei über seine sexuelle Aktivität entscheiden zu dürfen. Einem reifen Menschen diese abzusprechen heißt, ihn in seiner Würde zu verletzen. Also: Sex im reifen Alter ist normal. Keinen Sex zu haben ist auch normal.

Was ist eigentlich normal?

Jetzt ist es doch passiert. Sie stolperten über den Begriff der Normalität, googelten vielleicht und waren mit erstaunlichen Zahlen und bizarren Themen konfrontiert. Sie waren irritiert, abgestoßen, aber, na ja, doch irgendwie angezogen. Und Sie fragten sich: »Bin ich normal?«

Auf keinem anderen Gebiet des Lebens gibt es so viel Unsicherheit wie bei der Frage, was beim Sex »normal« ist. Die Unsicherheit ist verständlich – das sexuelle Verhalten ist das einzige Verhalten, bei dem man Sicherheit nicht durch Zusehen und im direkten Vergleich bekommt. Man ist auf haarsträubende Schilderungen von Extremsex oder absurde theoretische Normalitätsforderungen angewiesen. Ich ärgere mich seit jeher über »Normangaben«, die auf fragwürdigen Statistiken und womöglich auch noch auf einem unrealistischen Leistungsprinzip beruhen.

Die häufigste Normen-Debatte dreht sich um die sexuelle Frequenz. Theo hätte gerne täglich Sex, für Marie ist einmal pro Monat mehr als genug. Theo ist ausgehungert nach Sex, Marie ist überfordert und angewidert. Einer wirft dem anderen vor, »nicht normal« zu sein. Schade, dass sich Marie und Theo ineinander verliebten. Wenn das, was zwei

Menschen beim Sex miteinander tun, bedürfnisgerecht für beide ist, einvernehmlich geschieht und beiden guttut, würde sich die Frage »Was ist normal?« gar nicht erst stellen.

Der Umgang mit dem Normbegriff fällt keinem leicht. Kaum erlebt man etwas als normal, ändert es sich. Jeder Lebensabschnitt verlangt Anpassungen, Berührungsveränderungen, Dosis-Steigerungen oder Reduktionen.

Mit Normen wird man nicht geboren. Normen werden durch die Umwelt erworben, in der man lebt. Was in Amsterdam normal ist, dürfte in Mekka verpönt sein. Homosexualität ist bei uns normal, in Saudi-Arabien strafbar. Es ist noch keine 100 Jahre her, dass Oralsex in unserem Kulturkreis als pervers galt. Heute ist das Thema durch einen amerikanischen Präsidenten buchstäblich in aller Munde. Seit dem Bestseller *Fifty Shades of Grey* wurden Fesselspiele, die Lust an Schmerzen, an dominantem oder unterwürfigem Verhalten salonfähig. Schon in Vorabendsendungen ist dauernd vom »Vögeln« oder »Ficken« die Rede. Trotz der unverblümten Sexsprache und der gelockerten Moral wurde die Verwirrung um »normal« oder »abnormal« nicht kleiner.

»Norm« bezeichnet nur ein besonders häufiges Vorkommen, wird aber leider mit »gesund« und »ab-normal« mit »krank« gleichgesetzt. Dass sich die meisten um normgerechten Sex bemühen, ist verständlich. Wer will schon als »krank« gelten? Hinter dem Konformitätsdruck steckt ein evolutionärer Überlebensmodus: Zur Gruppe zu gehören war in grauer Vorzeit ein Überlebensvorteil.

Verwirrung gibt es auch bei der lexikalischen Definition von Normalität: Um zu erfahren, was »normal« ist, muss man zuerst feststellen, was »unnormal« ist, nämlich alles, was »nicht normal« ist. Ein Zirkelschluss, der eine echte Definition schuldig bleibt.

Einigen wir uns auf diese Auslegung: »Normal« ist das individuelle Abweichen von einem theoretischen Entwurf. Stierlt man in den Fantasien und dem Verhalten eines Menschen nur lange genug herum, ist wahrscheinlich jeder ein bisschen abnormal. Also ganz normal.

Extremsex ist populär, aber Blümchensex ist besser als sein Ruf!

Womöglich ist es ganz normal, im Laufe eines jahrelangen Single-Sexlebens mit irritierenden sexuellen Eigenarten eines Partners konfrontiert zu werden. Bei ihrer Affäre mit einem samtäugigen Mann verstörte es Iris, dass er sie beim Sex fesseln wollte. Katharina wusste sich nicht zu helfen, als ein neuer Partner von ihr beim Sex geschlagen werden wollte. Sie tat mit Widerwillen, was der Lover erwartete. Aber eigentlich dachte sie, dass der Typ gestört ist, während er meinte, sie sei verklemmt.

Ist toller Sex wirklich nur dann zu erwarten, wenn man die höheren Weihen des Extremsex anstrebt? Ist normaler Sex banal, saftlos, kraftlos, womöglich sogar peinlich, wo doch die jungen Frauen heutzutage schon mit einem Sex Toy im Handtaschl zum ersten Rendezvous kommen? Überhaupt, die Sex Toys! Ist einer, der nicht eine Schatzkiste mit Sexspielzeug hat, sowieso ein hoffnungsloser Fall? Aber ich schweife vom Thema ab, ich wollte ja gegen den Hype von Extremsex und pro Blümchensex schreiben.

Also erst einmal: Warum sagt man Blümchensex? Angeblich deshalb, weil er so langweilig ist, dass dabei die Blümchen auf der Tapete gezählt werden können. Einspruch! Darauf komme ich später zurück. Hören wir erst die Fans des Extremsex. Sie behaupten, mehr Fantasie, Einfühlungsvermögen und ein besseres Verständnis für

Beziehungen zu haben. Einspruch! Manche wollen Affekte dramatisch erfahren oder Grenzen kennenlernen. Genauso gut könnten sie sich im Free-Riding-Stil von einem Fünftausender runterstürzen oder U-Bahnsurfen. Aber dazu braucht man extreme Fitness, für Extremsex nicht.

Andere wieder wollen durch exzessive erotische Szenarien aus einer erstarrten, inneren Welt erlöst werden oder aus einem allzu normierten Leben ausbrechen. Solange sich dazu freiwillige Mitspieler finden, ist das ok. Aber ich kenne eine Menge Leute, die verschiedene Spielarten des Extremsex ausprobierten, um dann zu sagen: Viel Aufwand für wenig Ertrag. Der Inhalt, die Rollenverteilung, das Design eines Extremsex-Geschehens, alles muss verhandelt werden. Sobald auf irgendeine erotische Weise Macht und Ohnmacht, Schmerz und Hingabe im Spiel sind, muss es strenge Regeln geben, Willkür ist tabu.

Nach jahrelanger Vertrautheit müssen für Rollenspiele und exotisches Spielzeug auch ziemlich viele Schamschranken überwunden werden. Ich fände es auch schwierig, wenn mir mein Liebster als Strafrichter gegenübertreten würde oder ich mich als Krankenschwester mit Mundschutz und Gummihandschuhen verkleiden sollte. Obwohl, das ginge noch, wir haben ja noch den Doktor-Koffer von den Enkelkindern. Zurück zum missachteten Blümchensex. Da ist doch sowieso ein Hauch Extremsex enthalten!

Wer hat nicht schon einmal fest zugepackt, Gossen-Worte benutzt oder etwas Ausgefallenes angehabt? Aber jeder, mit dem ich offen über dieses Thema sprach, sagte: Der beste, geilste und aufregendste Sex war schlichter Blümchensex. Wie das Leben halt so spielt: Weniger ist manchmal mehr.

So manches sexuelle Symptom
ist ein Konfliktsignal

Wenn es darum geht, ein sexuelles Problem zu beheben, sind wir mit medizinischen und Lifestyle-Erklärungen schnell zur Hand. Christian, Mitte 30, belastet es, dass er schon seit Monaten lustlos ist. Niemals hätte sich Christian das träumen lassen, niemals. Seine aktuelle Bettgefährtin überredete ihn zu Thermen-Wochenenden und Arztgesprächen. »Essen Sie weniger Fleisch, mehr Gemüse und nur Bio-Produkte«, wurde ihm empfohlen. »Gehen Sie vor Mitternacht schlafen und walken Sie dreimal wöchentlich.« Christian tat wie empfohlen. An seiner sexuellen Flaute änderte sich nichts.

Eine Homöopathin nahm sich eine Stunde Zeit und stellte ihm mehrere Rezepte aus. Christian fuhr in eine Spezialapotheke, schluckte täglich acht weiße und 14 rosa Kügelchen und entsäuerte seinen Organismus. Alles ohne Erfolg.

In seiner Not suchte Christian eine Sexualberatung auf. »Aktivieren Sie Ihre Fantasien«, wurde ihm nahegelegt. »Und denken Sie daran, dass auch Männer ein zärtliches Vorspiel brauchen.« Christians aktuelle Gefährtin bemühte sich redlich. Erfolg null. Schließlich bezog sie seine Krise auf sich und trennte sich von ihm.

Nun ging Christian den Weg aller Potenzgeschädigten und wollte sein Problem mit der Hilfe von Frauen lösen. Erfolg null. Sowohl ein Brustumfang von 103 cm (Iris, eine alte Flamme von früher) als auch eine blonde Mähne (Simone, eine neue Bekanntschaft). Auch sinnlos. Christian studierte vielversprechende Anzeigen und entschied sich für eine Exotin. Anstatt Erektionen bekam er Depressionen und wurde ein Fall für die Pharmaindustrie.

Noch kurz zwei Frauenprobleme: Petra ließ sich von Carlo dazu bewegen, zu ihm in sein Haus am Rand von

Wien zu ziehen. Carlo hat hier sein Büro. Es lag nahe, dass Petra ihren Job aufgibt und für ihn arbeitet. Zärtlichkeit, korrekte Bezahlung, Lebensstil, alles stimmte. Klingt doch gut, oder? Oder eben nicht. Nach etwa einem Jahr hatte Petra Schmerzen beim Sex. Schließlich war ein »richtiger« Verkehr nicht mehr möglich, nur noch manuelle Stimulation. Petra konsultierte alle Frauenärzte, die ihr ihre Freundinnen empfahlen, und probierte sämtliche am Markt erhältlichen Gleitcremes. Erfolglos.

Christian und Petra sind Beispiele dafür, wie aus einer ursprünglich einfachen Sache ein Problem werden kann. So manche »Störung« ist nämlich gar keine Störung, sondern eine angemessene Reaktion. Bei Christian verbirgt sich hinter der sexuellen Symptomatik ein gravierendes berufliches Problem, an das er sich nicht herantraut. In seiner Angst vor den damit verbundenen Konsequenzen, nämlich dem Verlust eines sicheren, gut bezahlten Jobs, stellt er sich tot. Sein schlaffer Penis drückt diesen Zustand aus. Auf völlig irrationale Weise erhofft sich Christian von der Lösung seines sexuellen Problems die Lösung seines eigentlichen beruflichen Konfliktes.

Auch Petra agierte auf der falschen Ebene. Tag und Nacht mit Carlo zusammen zu sein, war zu viel für ihr Bedürfnis nach Abgrenzung. Mit ihrem Scheidenkrampf hielt sie sich Carlo buchstäblich vom Leib und regulierte so ihren Nähe-Distanz-Konflikt.

Die Lehre von der »sexuellen Dysfunktion« in Ehren. Aber wir sollten uns davor hüten, Sex auf die Genitalfunktion zu reduzieren und den kniffligen, aber entscheidenden Rest zu ignorieren.

Chronische Lustlosigkeit
ist eine schwere Last

Samstagabend war es zu spät für Sex. Sonntagvormittag störten die Kinder, am Nachmittag war der Magen vom üppigen Essen zu schwer. Montag gab es einen kleinen Streit, Dienstag durfte man den späten Fernsehfilm nicht versäumen, Mittwoch lähmte ein Grippeanflug jede Energie, Donnerstag blieb der Besuch viel zu lange, Freitag setzten Finanzfragen die Stimmung auf den Nullpunkt, Samstag … siehe oben.

Sie haben verstanden: Für so manches etablierte Pärchen gibt es immer einen Grund, keinen Sex zu haben. Problematisch ist das nur bei einer sexuellen Schere, also wenn einer lustlos und der andere sexuell bedürftig ist. Vielleicht sagen Sie jetzt, dass Lustlosigkeit ausschließlich ein Frauenthema sei. Erstens ist das eine zwiespältige Angelegenheit, zweitens holen die Männer auf.

Für das Phänomen »lustlose Frau« biete ich eine Erklärung an – Nachgiebigkeit. Reden wir offen miteinander: Linda braucht eine ganz bestimmte Stimulation mit der Hand, um zum Höhepunkt zu kommen. Alleine kriegt sie das gut hin. Mit Ludwig funktioniert es nicht. Sobald Ludwigs Penis tatbereit ist, verzichtet Linda auf das, was sie zu einem Orgasmus bräuchte.

In den ersten Jahren ihrer Beziehung war dieser Verzicht nicht schlimm. Beide waren sehr verliebt und Ludwigs heftiges Verlangen erregte Linda. Logisch, dass für sie der Sex auch ohne Orgasmus emotional sehr intensiv war. Mit den Jahren hatte Ludwig zwar weiterhin ein gemäßigtes konstantes Verlangen nach sexueller Befriedigung, aber die Signale des leidenschaftlichen Begehrens brachte er nicht mehr. Dieser Kick fehlte Linda, und da sie ohnedies keinen Orgasmus hatte, versiegten ihre sexuellen Motivationsquellen. Linda wurde die klassische »lustlose Frau.«

Die Vorgeschichten vieler »lustloser« Frauen sind ähnlich. Sie machen anfänglich etwas mit, was sie nicht wollen, und vermitteln nicht oder nicht deutlich genug, was sie bräuchten. Das Ende vom Lied ist das Lustmangelsyndrom.

Sex auf dem kleinsten gemeinsamen Nenner ist eine häufige Ursache vieler lustloser Männer. Zuviel Internetsex ist eine andere Erklärung für Lustlosigkeit im Ehebett. Auch die sexuelle Schere im umgekehrten Sinn gibt es: Sie triebstark, er triebschwach. Triebschwache Männer törnt Reizwäsche nicht an und sie haben auch im Urlaub wenig sexuellen Appetit.

Der Leidensdruck eines lustlosen Mannes ist groß – wo keine Erektion zur Verfügung steht, lässt sich nichts überspielen. Und wo die Lust fehlt, helfen auch Potenzpillen nichts. Auch Sexualtherapien wirken keine Wunder: Ein schwächerer Trieb ist keine Störung und daher therapieresistent. Trotzdem bin ich für eine Auseinandersetzung mit dem Lustlosigkeitsthema.

Frauen könnten lernen, ihre Wünsche auszudrücken und durch mehr Befriedigung mehr Lust zu bekommen. Beide könnten kapieren, dass die Befriedigung des bedürftigeren Partners auch ohne eigene Lust als Geschenk gegeben werden kann. Geben tut der Beziehung gut, Nachgeben macht unzufrieden. Den einen, weil sein Nachgeben stille Aggressionen erzeugt, den anderen, weil dadurch die eigene Lust zerbricht.

Von sexuellen Varianten, bizarren Trends und Netz-Gefahren

Ich werde oft gefragt, was heute in puncto Sex eigentlich anders als früher ist. Veränderungen gab es immer. Zum Beispiel steigerte sich die Zahl der Sexualpartner und der Gebrauch von Potenzmittel. Aber, liebe Freunde, solche Veränderungen sind Peanuts gegen das, was uns angeblich in nächster Zeit bevorsteht.

Schon jetzt finden sich laut einer US-Studie bereits mehr als 40 Prozent der Partnersuchenden online. Wenn mir vor fünfzehn Jahren ein Pärchen sagte: »Wir haben uns durchs Internet kennengelernt«, horchte ich auf. Heute ist das selbstverständlich. Singles 40+ wollen sich nach Arbeitsschluss nicht mehr in Discos oder auf Partys herumtreiben, um jemanden kennenzulernen. Warum also nicht die Technologie unserer Zeit nutzen?

Wirklich beunruhigt hat mich eine Entwicklung, die eine kleine, theoretische Information voraussetzt – Sex 4.0, also Pornografie-Sex interaktiv zwischen Mensch und Maschine. Das geht ungefähr so: Die/der Sexhungrige setzt sich eine VR-Brille (Virtual Reality) auf, nimmt ein spezielles Massagegerät an den empfindlichsten Teil des Körpers und kann mit einem speziellen Handschuh oder Joystick zwischen einem computeranimierten Sexualpartner und den eigenen sensiblen Körperzonen angeblich Erregungsstürme herstellen.

Eine andere Variante der Pornotechnologie 4.0 ist ein Bodysuit, in dem der jeweilige, vielleicht 1000 km entfernte Sexualpartner steckt. Die körperlichen Regungen der Sexgefährten können dann quasi gefühlsecht digital übertragen werden.

Oder ein Einsamer schaut sich einen Porno an und die virtuellen Handgreiflichkeiten werden in echte mechanische Bewegungen übertragen. Zum Beispiel kann er bewirken, dass sich bei seiner virtuellen Partnerin die Brustwarzen aufstellen. Gleichzeitig kann er veranlassen, dass sich eine Roboterfrau direkt an ihm zu schaffen macht. Angeblich ist in Großbritannien bereits ein Bordell in Planung, in dem Liebesdienste von Sex-Robotern angeboten werden. Als Vorteil wird das Vermeiden von Geschlechtskrankheiten und die Möglichkeit raffinierter Rollenspiele und digitaler Masturbation vom Feinsten betont.

In einem Computerjournal wird allerdings schon darüber fantasiert, wie leicht die digitalen Lustinstrumente zu hacken sind. Die Vorstellung, dass ein Hacker das Masturbationsgerät des unsympathischen Nachbarn hackt und der arme Kerl mit Höhepunkten bis zur Schmerzgrenze beglückt wird, ist nicht ohne.

Für mich ist der Einzug der technischen Assistenzsysteme ins Schlafzimmer sowieso eine Horrorvision. Schlimm genug, dass laut einer amerikanischen Studie im vergangenen

Jahr auf einer einzigen Porno-Webseite 4,3 Billionen Besucherstunden und 87 Billionen Videos gezählt wurden. Mit Kommunikations- und Selbstwertstörungen, nachlassender Lust auf realen Sex, Sucht, menschenverachtendem Leistungsdenken und einem verheerenden Frauenbild ist zu rechnen. Bei allem Respekt vor den technologischen Fortschritten von 4.0 – ich glaube, es fällt nicht schwer, dem digitalen Zukunftssex zu trotzen.

Sex Toys versprechen Orgasmen der besonderen Art

Ein Thema, das in Leserbriefen und Beratungsstunden immer wieder auftaucht, ist das Sexspielzeug, das nichts, aber schon gar nichts mehr mit den Dildos der Vergangenheit zu tun hat. Die Sex Toys der Gegenwart sind Hightech-Produkte, die nicht bloß frischen Wind ins Schlafzimmer bringen. Sie sind ein Tsunami, bei dem oft kein Stein auf dem anderen bleibt.

Beate Uhse ging mit ihrem biederen Sexversand in Konkurs, die aktuellen Hightech-Unternehmen machen mit ihren Produkten Rekordumsätze. Mehr als die Hälfte der Frauen hat bereits ein Sexspielzeug, das nicht nur Orgasmen der besonderen Art ermöglicht, sondern auch Orgasmusgarantie gibt. Das Erfolgsgeheimnis ist simpel:

Wie Sie inzwischen wissen, kommen beim üblichen Geschlechtsverkehr, aber selbst bei einer gut gemeinten manuellen Stimulation der Klitoriszone viele Frauen nur schwer zum Orgasmus. Der Bereich der Klitoris ist mit Vibrationsrezeptoren übersät, die durch Penetration kaum und auch durch Handberührungen nicht immer zu aktivieren sind. Die neuen Sex Toys sollen die Klitoriszone mit einer Hertz-Frequenz stimulieren, die weder der begabteste Mann noch die wissendste Frau schaffen kann.

Angeblich haftet zumindest für die jüngere Generation den Sex Toys nichts Schmuddeliges mehr an. Sie sind stylisch und gehören quasi schon zum Lifestyle der Powerfrau von heute. Ich gebe zu, dass die modernen Vibratoren Frauen mit Orgasmusschwierigkeiten gute Dienste leisten können. Grundsätzlich ist das eine erfreuliche Entwicklung der sexuellen Selbstbehauptung der Frau. Aber was den sexuellen Alltag angeht, habe ich so viele Bedenken, dass ich mich der momentane Sex-Toy-Euphorie nicht unkritisch anschließe. Meine Einwände:

1. Ein Superstimulus, der jedes Mal zum Einsatz kommt, nimmt dem sexuellen »Normalfall« durch die Reizgewöhnung die Chance auf einen Höhepunkt. Hightech-Spielzeug sollte also nur als fallweise Bereicherung eingesetzt werden. 2. Orgasmen, die buchstäblich im Handumdrehen erreicht werden, entkoppeln mit der Zeit den Sex vom zärtlichen Zusammensein. Letztlich wird zwar zärtlich gekuschelt, aber jeder wird sich auf den Solosex zurückziehen. 3. Zumindest beim ersten Sex sollten so viel emotionaler Aufruhr und Staunen dabei sein, dass zusätzliche Sexspielzeuge eigentlich beleidigend sind.

Wenn schon beim ersten Mal Sex Toys die Gier hochputschen müssen, was kommt dann? Überraschungseier bei einer Liebespremiere verraten entweder mangelnden Liebes-Stil oder eine unbestimmte Geilheit, die genauso gut einem anderen gelten könnte. Wenn das vordergründig ist, vergeht vielen die Lust zum Mitspielen.

Natürlich gibt es Begegnungen, bei denen es nur um Sex in seiner Reinform geht. Gefühle, Rücksichtnahme und Zärtlichkeit sind da gar nicht im Spiel. Es handelt sich um einen sachlichen Sexkontakt, bei dem der andere sowieso konturlos im Hintergrund bleibt. Dass dann auch gleich ein Turbo-Gerät zur Hand ist, ist auch schon wurscht.

Sie brauchen nur einen Finger. Er muss nicht besonders kräftig und auch nicht besonders beweglich sein. Nass sollte er womöglich nicht sein. Auch den Fingernagel allein sollten Sie nicht einsetzen. Ein nachhaltiger Druck mit einer Fingerkuppe genügt, und schon sollte das geschehen, worauf Sie warten. Türen öffnen sich, der Aufzug fährt, ein Schloss klickt, eine Verbindung ist hergestellt.

Mein Liebster und ich verbrachten ein Wochenende in einem Hotel, in dem das Zauberwort »touchen« hieß. Der Lift, die Zimmertür, die Garage, das Schwimmbad, alles nur mit Touchen zugänglich. In einem Fachblatt hatte ich über die neue »Touch-Generation« gelesen: neue Menschen, deren Leben sich über die Fingerspitzen erschließt. Das intensive und flotte SMSen der Touch-Generation vergrößerte ja bereits die Gehirnareale, die für diese Berührungen zuständig sind. Läge es da nicht – buchstäblich – auf der Hand, dass die Touch-Generation auch eine Generation der Berührungsgesättigten ist? Seltsamerweise ist das nicht so.

An einer kollektiven Sehnsucht nach echten Berührungen hat sich seit Jahrzehnten nichts geändert. Touch-Generation hin oder her, wir sind seit jeher Berührungswesen, auch ohne Touchscreen. Sogar zufällige Berührungen wirken Wunder. Das Trinkgeld fällt höher aus, wenn sich zwischen Gast und Bedienung ein zufälliger Körperkontakt ergibt. Vertreter machen bessere Geschäfte, sobald sie einen Kunden am Arm berühren.

Die Wirkmacht der Berührung ist mit der biologischen Erinnerung an vorgeburtliche Berührungserfahrungen im Körper der Mutter zu erklären. Nach der Geburt sind die ersten Erfahrungen des Lebens Hauterfahrungen. Wenn die Mutter ihr Baby hält, bekommt es über die Hautoberfläche eine Vorstellung von sich selbst. Im Haut-Ich wirken Körper und Seele zusammen. Berührung ermöglicht Behaglichkeit, Sicherheit, Vertrauen. In Krisensituationen wirkt eine Berührung zehnmal stärker als mitfühlende Worte.

Berührungen tun nicht nur dem passiv Berührten, sondern auch dem aktiv Berührenden wohl. Eine Mutter würde den Körperkontakt mit ihrem Baby nicht so oft suchen, hätte sie nicht auch Freude daran. Würde uns das Berühren eines anderen nicht gefallen, gäbe es keinen Sex.

Übrigens: 72 Prozent von 100 000 Befragten antworteten auf die Frage: »Wären Sie mit Zärtlichkeit zufrieden und bereit, auf den sexuellen Akt zu verzichten?« mit »Ja«. 40 Prozent der Befragten waren unter 40. Das sagt alles.

Meiner Erfahrung nach passieren viele Seitensprünge nicht ausschließlich aus sexueller Gier, sondern öfter aus Berührungshunger. Ich glaube, dass viele »Doctor-Shopper« aus Berührungshunger zu ihrem erheblichen Ärztekonsum kommen.

Wir alle erinnern uns noch gut an die Zeiten, in denen es aufregend war, zu schmusen, zu fingerln und – endlich – miteinander zu schlafen. Ganz einfach, ganz ohne Schnörkel. Die Liste der unerfüllten sexuellen Wünsche war ellenlang. Und heute? Eine Doppelstudie zeigt, dass ein Drittel der 18- bis 24-Jährigen vergangenes Jahr sexuell gar nicht aktiv war. Eine andere Untersuchung macht sichtbar, dass mehr als die Hälfte der Millennials auf Sex, aber nicht aufs Handy verzichten würden. Nahezu die Hälfte aller Paare hat wochenlang keinen Sex. Von den Langzeitpaaren, für die nach etlichen Jährchen des Zusammenlebens Sex wie Mamas Extraportion Essen ist, das auf dem Teller herumgeschoben wird – »Danke nein, ich will nicht mehr« – gar nicht zu reden.

Liebe Freunde, Lustlosigkeit trotz Liebe ist normal. Zu viel Nähe wirkt oft wie eine Inzestschranke: »Kein Sex mit Verwandten!« Abgesehen davon sind Stress und Reizüberflutung chronische Lustkiller. Wissenschaftler meinen, dass sich die Umweltverschmutzung und die hormonellen Stoffe, die in vielen Nahrungsmitteln enthalten sind, auf die sexuelle Vitalität auswirken. Sogar die Spermienqualität und -menge habe deutlich nachgelassen.

Nur am Anfang der Verliebtheit ist das Begehren stärker als die reizmindernden Außeneinflüsse. Auch eine unterschiedliche Triebstärke ist in den ersten zwei, drei Jahren noch kein Problem. Erst später zeigt sich, dass triebschwächere Partner durch Reizüberflutung, emotionalen und alltäglichen Stress schneller lustlos als triebstarke Menschen sind.

Nächster Punkt: Abstumpfung durch Übersättigung. Unsere sexuelle Freiheit, der unbeschränkte Zugang zum Internet mit rund einer Milliarde Sexseiten änderte die Bedeutung des Sex. Es geht nicht mehr vordergründig um Spannungsreduktion, sondern um designten Sex und ausgebuffte erotische Spiele, gedopt von Stimulanzien und Sex Toys. Praktiken, die früher nur in Pornos zu sehen waren, sind oft schon beim ersten Mal gang und gäbe.

Wenn von Lustlosigkeit die Rede ist, dürfen wir nicht ignorieren, dass es in der Masturbationskultur rund geht. Argumente dafür gibt es genug: »Es ist bequem.« »Ich muss auf niemanden Rücksicht nehmen.« »Ich weiß am besten, was mir guttut.« Kürzlich zitierte ein Single-Mann den zynischen Spruch: »Manchmal kann der Sex mit einer Frau ein befriedigender Ersatz für Masturbation sein.«

Selbstbefriedigung in eigener Sache

»Do it yourself« ist ein unübersehbarer Trend. An der Supermarkt-Kassa ziehen Sie Ihre Waren selbst über den

Strichcode. Selbst Tanken ist sowieso ein alter Hut. Am Flughafen checken Sie selbst ein. Den Bankauszug drucken Sie sich selbst aus, die Banküberweisung machen Sie auch eigenhändig.

Am meisten amüsiert mich das »Masturdating«. Die Bezeichnung setzt sich aus »Masturbation« und »Date« zusammen. Sie können dazu auch Rendezvous mit sich selbst sagen, aber Masturdating ist hip. Es geht so: Sie machen sich fesch, bestellen in einem angesagten Lokal einen Tisch für zwei und gehen dann gemütlich allein essen. Zwischen den Gängen machen Sie Selfies. Nach dem Essen schlendern Sie in eine Bar, lächeln sich in der Spiegelwand verliebt zu und genießen, dass Sie keine blödsinnige Kommunikation aufrechterhalten müssen. Im Notfall haben wir das alle schon immer gemacht. Aber eben nur im Notfall.

In der Sexualtherapie ist Masturbation eine verordnete Grundübung. Die Liebe an und für sich ermöglicht die Aneignung des eigenen Körpers, das Entdecken sensibler Zonen und ein entspanntes Einüben in das sexuelle Fühlen – ohne Angst, der Partner könne ungeduldig werden. Unfreiwillig Alleinlebenden und Menschen, deren Partner nicht mehr sexuell aktiv sein können, bleibt oft nur die Selbstbefriedigung. Nichts spricht dagegen. Die Masturbation kann zwar nicht die Magie eines Liebesaktes ersetzen, ist aber eine unkomplizierte Möglichkeit, sich Entspannung zu verschaffen. Außerdem wird durch die Selbstbefriedigung die Genitalzone besser durchblutet und damit Infektionen und einer Scheidenrückbildung vorgebeugt. Dass Selbstbefriedigung ein seelisches Problem werden kann ist ein Irrtum, höchstens umgekehrt kann es sein: Ein seelisches Problem kann zu einer zwanghaften Form der Selbstbefriedigung führen. Aber dann ist es die Ursache und nicht die Folge der Liebe in eigener Sache.

Bleibt noch der Einwand, Masturbation sei seelenlose Mechanik. Na und? Wer verlangt schon mehr von der Selbstbefriedigung? Keine Frau wird sich in den Mittelfinger ihrer rechten Hand verlieben und deswegen auf einen Partner verzichten.

»NoFapper« wollen nicht mehr masturbieren

Während die einen der Masturbation huldigen, verdammen sie die anderen.

Jeder Trend erzeugt einen Gegentrend – er heißt zurzeit »NoFap«.

»Fap« ist der englische Slangausdruck für Masturbieren. In NoFap-Foren gibt es mittlerweile schon an die 200 000 Anhänger, die freiwillig dem Porno-Sex und der Selbstbefriedigung entsagen. Das Ideal der NoFap-Community sind 90 Tage Abstinenz. Keine Internetpornos, keine Selbstbefriedigung mit Sexspielzeug. Das ist kein Bemmerl, wenn man gewöhnt ist, schon den kleinsten Anflug von Geilheit ohne Umschweife und Rücksicht auf partnerschaftliche Bedürfnisse zu befriedigen.

Die Verführungsmacht der schnellen Solo-Befriedigung ist groß. Man konzentriert sich auf seinen bevorzugten Reiz, ist sicher, enthemmt, und kommt bequem und rucki-zucki zur Befriedigung. Die andere, vielleicht noch gefährlichere Seite der zunehmenden Masturbationskultur sind erregende Selbstinszenierungen, die dem neuen narzisstischen Verständnis von Sex entsprechen: Man sucht nicht mehr nach neuen Sexpartnern und gemeinsamen Abenteuern, sondern nach neuen starken Reizen im Netz.

Jedem, auch dem, der es nicht so gern hören will, erkläre ich gern, warum ich in den meisten Fällen dagegen bin, wenn ein Partner angeblich nur aus Jux mit Internetsex anfängt. Pornografie zum schnellen Masturbieren oder nur ein harmloser Flirt – das Sucht- und Konfliktpotenzial ist groß.

Theresa hat heimlich eine »Cyber-Affäre« mit einem Typen, von dem sie nicht weiß, ob er überhaupt ein Mann ist und ob er so aussieht, wie er sich beschreibt. »Ich will ihn gar nicht kennenlernen«, sagt sie. »Aber er weiß mehr von mir als mein Mann.« Der ahnt nichts von Theresas Geschichte, ist aber alarmiert, weil sie in letzter Zeit seltsam einsilbig ist.

Katharina entdeckte zufällig, dass sich Bernhard Pornos anschaut. Anfangs kontrollierte sie nur aus Neugier, warum er nachts vor dem Laptop sitzt. Jetzt macht sie es ihm heimlich nach. »Mich erregen diese Filme auch«, sagt sie. »Bernhard ahnt, dass ich dasselbe mache wie er. Aber wir genieren uns, es gemeinsam zu tun.«

Internetsex wird selten gemeinsam konsumiert. Die Scham, vor einem Partner zu zeigen, wie schnell und stark eine bestimmte Szene erregen kann, ist groß. Ich höre von Internet-Usern immer wieder, dass sie sich nach der zärtlichen Wärme eines Liebesaktes sehnen, aber es sei schwierig, sich der Wirkmacht eines Pornos zu entziehen. Die eigene Lust wird gespiegelt und man kann sich ungestört und bequem auf den bevorzugten Reiz konzentrieren. Der geheime Internet-Konsum wirkt wie ein böser Zauber: Er macht einsam, unglücklich und abhängig.

Friedrich rührt Claudia schon seit Monaten nicht mehr an. »Meine Güte, wir sind 22 Jahre verheiratet!«, rechtfertigt er sich. Bei der Selbstbefriedigung mit einem Porno spürt er die lebendige Erregung von früher. Claudia machte eine Zeit lang seine neuen, aus dem Internet abgeschauten

Sex-Ideen mit, zog sie sich aber befremdet wieder zurück. »Erst wollte er mich rasieren, dann hat er an meinen Schamlippen herumgenörgelt und Spiele vorgeschlagen, die mir zuwider waren«, erzählt sie. Die Partnerin eines internetsexabhängigen Mannes leidet an seinem Desinteresse an Realsex und unter seiner verstärkten Körperkritik. Der Druck, ungewollte Sexpraktiken bieten zu müssen, um den Partner nicht zu verlieren, ist eine Seelenfolter. Friedrich schwor, mit dem Pornoschauen aufzuhören. Aber er macht regelmäßig Überstunden und konsumiert die Pornos im Büro. Wenn er sich dann spätnachts ins Schlafzimmer schleicht, kommt der emotionale Absturz: Scham, Leere und Selbstverachtung. Claudia hat es aufgegeben, etwas zu sagen.

Angst, Scham, Entfremdung – so sieht's aus, wenn ein regelmäßiger Pornokonsum auffliegt. Die Liebe steht meist nicht in Frage, aber die Situation wirft unangenehme Fragen auf: Wie kommen wir da raus? Und wie finden wir wieder zu unserem ehrlichen Sex zurück?

Klare Antwort: Mit dem Pornoschauen müsste Schluss sein. Wo kontrolliertes, gemeinsames Naschen von der gefährlichen Frucht nicht möglich ist, hilft nur Abstinenz. Es ist so. Wenn das einer nicht glaubt, mit dem Kopf gegen die Wand des Internets rennt und dabei der Kopf schließlich draufgeht, ist daran nicht das Internet schuld.

Ist Asexualität eine Marotte?

Oft funktionieren Beziehungen anders, als es auf den ersten Blick scheint. So ist – Überraschung! Überraschung! – das sexlose Beziehungsmodell angeblich ein heimlicher Bestseller.

Klara und Christian, beide Mitte dreißig, verliebt und glücklich, haben keinen Sex. Veronika und Gino, sie 60, er 65, auch nicht. Fiona, geschieden, Anfang 40, stellt bei einer neuen Bekanntschaft sofort klar: »Sex brauch' ich nicht.« Willy sagt es nicht offen, aber nach etlichen gelungenen Dates fragen sich seine Gefährtinnen: Kann er nicht? Oder will er nicht? Er will nicht, liebe Damen.

Anscheinend gibt es immer mehr Menschen, die »es« nicht brauchen, womöglich niemals gebraucht haben. Sie haben den 6. April zum Welttag der »Asexualität« ernannt, organisieren sich in Gemeinschaften und legen Wert auf Medienpräsenz. In Internet-Plattformen wie AVEN (Asexual Visibility and Education Network) oder »Sexless-Tribe-Celibacy (»Sexloser Stamm«) und etlichen anderen Vereinen diskutieren die Mitglieder im Chat über ihre Erfahrungen, sie ermutigen einander, sich zu outen, und grenzen sich von Menschen ab, die aus moralischen oder politisch-religiösen Motiven ohne Sex leben. Ihr Credo: »Wir sind nicht unglücklich. Wir haben einfach keine Lust auf Sex. Wir sind asexuell.«

Der Ausdruck »asexuell« wird so verstanden, dass von den Betroffenen nicht der Wunsch verspürt wird, mit einer anderen Person Verkehr zu haben. Schon Zungenküsse werden als ekelerregend empfunden. O-Ton: »Ich fühle mich, als würde jemand versuchen, mein Gesicht aufzuessen.« Reden wir über die möglichen Ursachen einer sexuellen Gleichgültigkeit ein anderes Mal. Heute geht's mir um zwei andere Aspekte. Der Erste: Gleichklang. Wenn sich ein sexuell Bedürfnisloser mit einem Gleichgesinnten verbandelt, ist das ok. Zweite Überlegung: Was ist mit sexueller Dissonanz?

Ich habe oft mit innig liebenden Paaren zu tun, bei denen nur einer keine Lust auf Sex hat. Die anfängliche Verliebtheit hilft, diese Schere zu überspielen und auf sexuell lebendigere Zeiten zu hoffen. Stefan würde auch nach

26 Jahren Ehe gerne mit Marie schlafen. Aber seit dem zweiten Kind ist ihr grundsätzlich schwaches Verlangen überhaupt eingeschlafen. Als sexuell Bedürftiger kommt sich Stefan mies vor, wenn er sich mit Pornos befriedigt. Marie fühlt sich abnormal und noch dazu unter Druck gesetzt. Um unangenehme Gefühle zu vermeiden, wird nicht mehr über Sex geredet und beim Fernsehen der Sender gewechselt, wenn es in einem Film erotisch zugeht. Da beide jedem Körperkontakt ausweichen, gibt es keine Zärtlichkeit mehr. Das ist schade, denn Kuscheln und Schmusen kann Marie durchaus genießen.

Tja. Liebe Freunde, ich glaube, wir verstehen uns: Keine Rede davon, dass sich ein Liebespaar dauernd die Kleider vom Leib reißen muss und dass durch das Internet der Geschlechtsverkehr aus der Welt geschafft wird.

Wirklich Asexuelle, die nie, nie, nie erotisches Verlangen spüren, gab und gibt es seit jeher. Geschätzt sind es ein Prozent, genaue Zahlen existieren noch nicht. Jedenfalls sind es so wenige, dass wir uns zumindest wegen des Fortbestandes der Menschheit keine grauen Haare wachsen lassen müssen. Denn darum geht's aus evolutionärer Sicht eigentlich beim Sex: Er macht Spaß, damit unsere Spezies nicht ausstirbt.

Lädierte Männer, lustlose Frauen

Tonio ist der Inbegriff eines attraktiven Mannes. Er geht ins Fitnesscenter und hat als Techniker Erfolg. Ja, er steht auf Frauen. Nein, mit Männern hat er nichts am Hut. Aber die innere Gewissheit, ein richtiger Mann zu sein, hat Tonio nicht. Wörtlich sagte er mir: »Ich spüre keine männliche Energie in mir.«

Der Gerechtigkeit halber erwähne ich jetzt auch Valerie, die sich quasi seitenverkehrt wie Tonio fühlt: keine weibliche Energie. Was ist bloß los mit all den Frauen und Männern? Kein Mensch erwartet so starre Rollenzuschreibungen, wie sie Tarzan-Filme suggerierten. Hier der starke, geile Mann, da das schwache, sinnliche Weibchen. Nach jahrzehntelanger Aufklärungsarbeit haben wir diese Sichtweise hinter uns. Wir wissen, dass es Weiberln und Manderln gibt, dass jeder vom anderen was in sich hat und dass es eine Variante dazwischen gibt. Jetzt könnten wir doch sagen: Mission erfüllt. Aber nein, von allen möglichen Seiten wird alles relativiert, was als »typisch weiblich« oder »typisch männlich« bezeichnet werden könnte.

Die Barbie-Hersteller bringen geschlechtsneutrale Puppen auf den Markt, die durch auswechselbare Perücken und Kleider sowohl männlich als auch weiblich daherkommen sollen. Zum 20. Jubiläum der *Vogue* glänzt am Cover ein Mann in Frauenkleidern. In einem schwedischen Kindergarten wurden die geschlechtsbezogenen Worte »sie« und »er« abgeschafft, es heißt nur noch »hen« – »das«. Facebook lässt unter 60 verschiedenen Geschlechtern wählen.

Sind alle wahnsinnig geworden? Wohin soll so eine Gleichmacherei führen? Nivellierung ist nicht gleichbedeutend mit Harmonie und Gerechtigkeit, sie ist missverstandene Weltoffenheit. Die Konsequenzen spüren Tonio, Valerie & Co.

Auch bei so mancher überspitzten MeToo-Kampagne muss es sich um ein Missverständnis handeln. Würden wir einander nicht als Geschlechtswesen wahrnehmen, würden wir aussterben. Es war bitter notwendig, Frauen zu schützen und gleichgeschlechtlich liebenden Menschen und Bisexuellen zu Recht und Ansehen zu verhelfen. Auch die Einzelfälle von Zwischengeschlechtern müssen anerkannt werden. Aber bleiben wir mit den Füßen am Boden, deswegen muss man nicht das Kind mit dem Bad ausleeren und die Geschlechterpolarität generell leugnen.

Wir brauchen die Differenz und ein stabiles Geschlechtsbewusstsein, damit erotische Spannung aufkommen kann. Unterschiede sind der Reiz, der immer wieder zueinander führt. In der Medizin und Genetik wird der biologische Unterschied zwischen Frau und Mann in Zukunft eine größere Rolle denn je spielen. Neue Studien zeigen nämlich, dass der kleine Unterschied größer und bedeutender ist als bisher angenommen. Das, und nicht die Gleichmacherei, wird vermutlich die Revolution des kommenden Jahrtausends.

Das Begehren vor der Selbstbefriedigung

Ich kenne Ihre Antwort, frage Sie aber trotzdem: Haben Sie schon einmal tiefes Verlangen gespürt? Ja, natürlich, ich hab's ja gewusst. War für Sie dieses Sehnen Mangel oder Lust? Was für eine Frage, sagt jetzt der eine. Verlangen zu spüren, ist ein Mangel. Man tut doch alles, um das Verlangen zu befriedigen.

Ja, sagen diejenigen, die schon ein gewisses Alter haben. Aber das Verlangen an sich ist doch die Quintessenz der Lust! Das Warten auf eine Liebesstunde ist eine herrliche Verheißung. Man spürt seinen Körper, sein Begehren, und man kostet die bevorstehende Befriedigung aus.

Tatsache ist, dass dieses lustvolle Verlangen simuliert wird, indem wir stimulierende Musik hören, Bilder anschauen oder Geschichten lesen. Kürzlich wurde festgestellt, dass sogar Warteschlagen vor Achterbahnen und ähnlichen Vergnügungsunternehmen super sind: 15–20 Minuten Wartezeit steigern die Erwartung an das Erlebnis und die Freude darauf. Clevere Betreiber lassen deshalb die Leute bewusst warten.

Im Erotik-Alltag läuft es allerdings oft anders. Manchmal ist ein Verlangender wie der Hund ein »Schlinger«: Ein Hund kann nicht darauf vertrauen, dass er morgen wieder Fressen in seiner Schüssel hat. Ist Fressen da, schlingt er. Ähnlich ergeht es Männern mit einem vorzeitigen Erguss. Wenn sie eine erotische Situation verunsichert, wird ihr Verlangen zur Gier. So mancher Mann ist dann nicht fähig, sein Begehren auszukosten – er kommt, obwohl er den Höhepunkt der Lust noch gar nicht erreicht hat.

Ob ein neuer Lover die Kunst des Aufschubs schätzt und beherrscht, können Sie bei einem einfachen Cappuccino testen: Stürzt er, schwups, das heiße Getränk hinunter, ohne den feinen Duft des Kaffees und der geraspelten Schokolade wahrzunehmen? Oder delektiert er sich, hmmm, an dem Kaffeearoma, den Schokoflocken und der fein aufgerührten Milch, die sich bläschenförmig an die Porzellanschale schmiegt?

Wer bei Tisch genießen kann, wird aller Wahrscheinlichkeit nach auch im Bett die Freuden auskosten, die Sigmund Freud so treffend als »Vorlust« beschrieben hat. Obwohl er zu seiner Zeit noch nicht auf Umfragen zurückgreifen konnte, erkannte er schon damals, dass die »Vorlust« oft intensiver erlebt wird als die »Endlust« des Orgasmus.

Heute kennen viele die leidenschaftliche Lust des Verlangens nur noch aus dem Fernsehen. Die Erfüllung sexueller Wünsche ist nicht mehr schwierig. Erlaubt ist, was gefällt. Aber es ist zunehmend problematisch, überhaupt sexuelle Wünsche zu spüren. Auch der sexuelle Fokus hat sich geändert. War früher Spannungsreduktion das Ziel, ist es heute die Suche nach Erregung. Es geht nicht mehr vordergründig um den Genuss des Orgasmus, sondern darum, sexuelle Wünsche zu beleben. Der Soziologe

Zygmunt Baumann brachte es auf den Punkt: »Verlangen verlangt nicht nach Befriedigung. Im Gegenteil, Verlangen verlangt Verlangen.«

Einerseits ist es ja ok, dass die Orgasmusfixierung der letzten Jahre vorbei ist. Es dreht sich nicht mehr alles nur ums »Kommen«, sondern darum, das Verlangen anzuheizen. Die Orgasmus-Sorge wurde zur Erregungs-Sorge. »Designter Sex« in Form ausgebuffter erotischer Spiele, deren Kern das Aufschieben und eine inszenierte Erregungssteigerung ist, hat nicht mehr den schnell erreichten Zustand der Bedürfnislosigkeit zum Ziel, sondern das Auskosten eines rar gewordenen Verlangens.

Obwohl Übersättigungserfahrungen jeder schon einmal gemacht hat, wird uns ständig weisgemacht, dass Wünsche sofort erfüllt werden müssen. Zum Maß des Glücks wurde die Schnelligkeit, mit der ein Bedürfnis befriedigt wird. Tatsächlich ist im alltäglichen Leben und erst recht beim Sex das Gegenteil der Fall: Begierde steigt proportional zur Nichtbefriedigung an.

Jeder übersättigte Liebespartner beneidet wahrscheinlich den heiligen Antonius, der in der Wüste gegen sexuelle Versuchungen ankämpfte. Auf die Gefahr hin, dass Sie mich für verzopft halten, behaupte ich: Ein gewisses Maß an Entsagung und Verlangen gehören zusammen. Wenn nicht, verkommt Erotik zum öden Fitnesstraining, das man schwänzt, wo's nur geht.

Nur Mut, alles wird gut

Ist Liebe machbar? Natürlich nicht. Aber vielleicht doch? Zumindest kann man da und dort ein bisschen nachhelfen. Man muss in einer Krise nicht gleich auseinanderrennen. Auch tatenloses Resignieren muss nicht sein, nur weil das mit der großen, unverletzbaren Liebe eine Illusion war. Ich gebe zu, dass ich den einzig wahren Rat, wie Liebe gelingt, nicht habe. Aber eins weiß ich: Wenn Sie dem Menschen an Ihrer Seite so viel Aufmerksamkeit schenken wie dem Smartphone, hat die Liebe gute Chancen. Lieben hat weniger mit einer Himmelsmacht als mit Zuwendung, Mut zum Handeln und Veränderungen zu tun.

Geben Sie nicht auf,
bleiben Sie dran!

Ich weiß, dass viele Paare nichts mehr voneinander erwarten und nur noch aus Resignation zusammen sind. Solche Resignations-Partnerschaften, in denen unterschiedliche Wünsche oder Standpunkte aus Angst vor Missbilligung oder der Panik vor einem Verlust der idealisierten Einheit nicht ausgesprochen werden, sind erst recht gefährdet, eines Tages doch zu scheitern. Entweder schaut sich der vitalere Teil der beiden mehr oder weniger bewusst nach einem Menschen um, an dem er sich buchstäblich »reiben« und wieder lebendig fühlen kann. Oder der resignierte Partner geht in emotionale Emigration: Er verbirgt seine Näheverweigerung hinter neutraler Freundlichkeit. Entfremdung und erotische Dürre breiten sich aus. Eine »innere Scheidung«.

Gegen diese tristen Szenarien gibt es ein Hilfsprogramm, das von dem amerikanischen Paarexperten David Schnarch entwickelt wurde – das Differenzierungskonzept. Es besteht aus fünf Stufen. 1. Am eigenen Selbstbewusstsein, aber gleichzeitig an der Nähe zum Partner arbeiten. 2. In Beziehung zum Partner bleiben, aber sich nicht nur über ihn definieren. 3. Eigene unangenehme Gefühle und Ängste aushalten, ohne den anderen zu manipulieren. 4. Die Angst des Partners akzeptieren, ohne sich davon beeinflussen zu lassen. 5. Beharrlichkeit, diesen eigenen und partnerschaftlichen Wachstumsprozess und die damit verbundene seelische Belastung auszuhalten.

Anstrengung und Beharrlichkeit lohnen sich auch dann, wenn man sich schon getrennt hat, aber doch nicht voneinander loskommt.

Probieren Sie es
noch einmal!

Auch Tanja und Jakob haben wieder zusammengefunden. Dabei wollte Jakob unbedingt raus aus der Beziehung. »Ohne meine Unabhängigkeit bin ich nicht arbeitsfähig«, hatte Jakob gejammert. Tanja war zu großzügigen Arrangements bereit, aber Jakob wollte weg, nichts wie weg.

Eine Zeit lang meldete sich Jakob sporadisch bei Tanja: »Wie geht's? Alles in Ordnung?« Dann wurden seine SMS und Mails intimer und häufiger. Jakob spürte, was er mit Tanja verloren hatte. Und er wollte das, was er zu wenig geschätzt hatte, wiedergewinnen. Er musste Tanja nicht zweimal bitten, noch einmal neu anzufangen.

Jakob hatte Glück, die Geschichte hätte auch schlecht enden können. Viele Paare trennen sich zu früh, weil plötzlich ein Freiheitsimpuls aufbricht oder ein Dritter Unruhe erzeugt. Wie viele Männer wollten irgendwann einmal auf und davon! Und wo sind sie heute? Zu Hause, bei Frau und Kind. Keineswegs unglücklich, sondern rundum zufrieden. Und wie viele Frauen weinten sich einmal wegen eines anderen die Augen aus. Heute sind sie mit ihrem »alten« Partner glücklich und froh darüber, dass »der andere« damals nicht zu haben war.

Oft ist ein Partner von einem ungewohnten Zusammenleben, einem Hausbau, einem schwierigen Kind oder beruflichen Problemen überfordert und sieht sein Heil nur noch in einer Flucht. Stress kann Liebesgefühle vorübergehend total aus dem Gleichgewicht bringen.

Manchmal ist die ursprünglich idealisierte Einsamkeit das Motiv dafür, dass man sich seine frühere Beziehung zurückwünscht. Oft ist es so, dass einer von beiden aus der Distanz der Trennung den anderen neu sieht. Oder der Verlassene entwickelt sich erst durch die Trennung weiter und wird wieder interessant. Und nicht selten erkennt man die Tiefe seiner Gefühle wirklich erst durch den emotionalen Aufruhr des Verlustes.

Ich vergleiche den zweiten Versuch einer Beziehung gern mit einer matt erleuchteten Theaterszene. Plötzlich wird der Saal dunkel, dann geht es mit stark erhöhter Bühnenbeleuchtung weiter. Auf der Bühne stehen dieselben Requisiten und Dinge, allerdings wirken sie ganz anders.

Ein »Fangen wir doch neu an« ist schnell gesagt. Aber die gute Absicht oder die Erfahrung der Einsamkeit genügen nicht, damit der zweite Versuch auch anhaltend gelingt. Anfangs kann man zwar an schöne Erinnerungen anknüpfen, die vermisste Zweisamkeit tut unendlich wohl und der Sex ist auch wieder aufgefrischt. Aber wenn auf derselben Ebene wie vorher weiter gewerkelt wird, hält dieser zweite Frühling nicht.

Sorgt keiner von beiden für die Vitalisierung einer entleerten Beziehung, wird es wieder so langweilig, wie es war. Die Geste sitzt noch, doch die Glut des Neubeginns bricht bald. Und falls keiner bereit ist, an den Verhaltensweisen etwas zu ändern, die zur Trennung führten, breitet sich schneller als gedacht wieder dieselbe Tristesse wie vorher aus.

Jetzt endlich die gute Nachricht: Wenn es zu neuen Einsichten und in der Folge davon zu Veränderungen kommt, hat jeder eine Chance. Der eine kann alte seelische Verletzungen heilen, der andere emotional nachreifen. Dann ist der zweite Versuch nicht nur ein Liebes-, sondern auch ein Wachstumsgeschenk für beide.

»Forgiveness« ist die Zauberformel gelingender Beziehungen

Je mutiger zwei Menschen sich auf Liebesgefühle einlassen, je mehr Nähe entsteht, desto eher passieren Enttäuschungen und Verletzungen. Nur dort, wo es keine Nähe gibt, sind Schmerz und Mangel nicht zu spüren.

Meist sind es nicht die großen Vergehen, die unüberwindbare Kränkungen verursachen. Sabine witzelte vor Martins Eltern über seinen hastigen Sex. Nach einer Bergwanderung trank Clemens ein Schnapserl zu viel und versuchte im Dusel, seine Schwägerin zu küssen. Laurenz ließ sich nach seiner Pleite von Lilly durchfüttern. Als er wieder Erfolg hatte, dankte er in einer Rede vielen, nur nicht Lilly. Viktoria hatte ein Pantscherl mit ihrem Tennislehrer und Marie schenkte ihrem neuen Partner zum Geburtstag eine Brieftasche, die sie – aber leider auch er – als Werbegeschenk bekommen hatte.

»Shit happens«, sagte der legendäre Forrest Gump. Das klingt lässig, macht Kränkungen aber nicht weniger schmerzhaft. Schließlich wird einem damit deutlich vor Augen geführt, dass man dem anderen zumindest kurzfristig gleichgültig war. Manche Liebesbeziehungen überstehen solche Enttäuschungen, andere zerbrechen daran wie eine Strandhütte durch einen Tornado.

Was haben die einen, was den anderen fehlt?

Das größte Liebesforschungsprojekt, das in letzter Zeit gemacht wurde, fand die Antwort auf diese Frage: Die Bereitschaft zu vergeben macht Liebe langlebig. »Forgiveness« nennen die Forscher die Fähigkeit, für eine zugefügte Verletzung nicht einen ewig gültigen Schuldschein auszustellen.

Oft hat einer das Gefühl, sein Vergehen schon längst wieder gutgemacht zu haben, aber der andere ihm seine Schuld noch immer nicht erlässt. Clemens kann mit einer ganzen Liste von Wiedergutmachungsbeweisen aufwarten: Er trinkt seither keinen einzigen Schnaps mehr, verschaffte dem unzuverlässigen Sohn der Schwägerin einen Job, fährt jeden Sommer mit der Familie ans Meer, obwohl er auch einmal in den Bergen Urlaub machen würde, und, und, und. Alles umsonst, seine Frau vergibt ihm nicht.

Die Forschungen zur Wechselwirkung zwischen Beziehungsdauer und der Bereitschaft zu vergeben sind noch jung. So viel steht fest:

Die Fähigkeit zur »Forgiveness« haben Menschen, die sich in den anderen und in die Situation hineinversetzen können, in der er sich schuldig machte. Partner, die das nicht können, verzeihen nur nach außen hin. In Wahrheit wird aus der erlittenen Enttäuschung eine offene Rechnung. Dann genügt schon das kleinste Vergehen und der Gefährte sitzt wieder tief in der Schuldenfalle. Nicht nur das, was er einmal anrichtete, wird aktualisiert, auch alle seine Wiedergutmachungsbemühungen zählen nicht. Gleichzeitig werden alte Wunden wieder aufgerissen – Erfahrungen der Demütigung, der Vernachlässigung, ausbleibender Wertschätzung oder des Verrates.

Der Seelenzustand eines Schuldscheines färbt auch gute Zeiten negativ. Positive Erinnerungen und Eigenschaften verblassen, Zärtlichkeit und Sex dünnen aus. Schließlich fehlt beiden der Mut zu Veränderungen und Zukunftsvisionen. Das war's dann. Marmor, Stein und Eisen bricht, aber unsere Liebe – leider auch, denn ohne Vergeben geht es auf Dauer nicht.

Bindung bedeutet auch Verbindlichkeit

Wie heißt es so schön: Sich finden ist eine Sache, sich binden eine andere. Für die einen ist es selbstverständlich, eine Beziehung verbindlich zu leben. Bei feigen Bindungsvermeidern großes Flügelschlagen: Huch! Muss das sein? Ist doch eh alles in Ordnung!

In meiner Jugend war das einfacher. Da gab's das Schmusen und Petting, dann stellte – meistens er – die Frage: »Willst du mit mir gehen?« Die Frage kam manchmal auch schriftlich mit zwei Alternativen zum Ankreuzen: »Ja«/»Nein«. Das ist simpel, ich weiß. Aber es war klar. Und falls man »Ja« sagte, auch verbindlich. Heute ist alles komplexer, mehrdeutiger und mutloser.

Schmusen sagt noch gar nichts, Petting, na ja, eigentlich auch noch nix, nicht einmal Sex ist aussagekräftig. Die neue Kultur der Kurzfristigkeit und der Kettenbeziehungen bietet Zeitfenster für viele Beziehungsvarianten: vor der Ehe, nach der Ehe, zwischen den Ehen, statt der Ehe, Single, Mingle, »Friends with Benefits«, Tinder, Cyber-Kontakte, Online-Sex. Die Flexibilität, die heute in der Arbeitswelt erwartet wird, etablierte sich auch in der Beziehungswelt. So wie Arbeitnehmer und Arbeitgeber nicht mehr ein Leben lang verbunden bleiben, werden auch Beziehungen unverbindlicher. Vielfalt ist angesagt.

Hier, quasi unter uns, kann ich offen sagen: In einer so vieldeutigen Welt wie unserer ist vor allem in Liebesdingen das Bedürfnis nach Eindeutigkeit größer denn je. Wenn beide nur eine unverbindliche Beziehung suchen, ist alles ok. Aber wie es der Teufel will, finden sich meist ein Verbindlicher und ein Unverbindlicher. In so einer Beziehung verkrümmen sich beide, schließlich reißt auch der stärkste Bindungsfaden, meist ist das eh der Sex.

Liane und Markus schlafen miteinander, manchmal verbringen sie auch ein Wochenende gemeinsam. Markus besteht darauf, dass alles unverbindlich bleibt. Flirts? Ja, durchaus. Chats mit anderen Frauen, einfach so, zum Spaß, warum nicht? Zukunftspläne? Wirklich nicht. Geht es Liane etwas an, wenn Markus auf Partys seine

Mail-Adresse verteilt? Nein, schließlich sind sie freie Menschen. Liane fügt sich, ist unglücklich und leidet neuerdings unter einem Reizdarm.

Florian wiederum will eine verbindliche Bindung, aber Elena zickt. Kürzlich war sie mit Freundinnen ein paar Tage auf Mallorca. Früher sagte man: »Sie geht auf Schuss«, jetzt heißt es »Unabhängigkeit«. Ein wertvolles Gut, für das wir lange kämpften. Trotzdem haben Liebende mehr denn je das Bedürfnis nach Eindeutigkeit. Mehrdeutigkeit ist schwer auszuhalten.

Hier, liebe Freunde, steckt das eigentliche Problem. Wir alle haben von allem zu viel. Zu viele Möglichkeiten, zu viel Wahl, Information und zu viel Freiheit. Daher unser Verlangen nach Verbindlichkeit und Eindeutigkeit.

Drei F-Punkte verhindern, Chancen zu verpassen

Noch trauriger als die Furcht vor Verbindlichkeit ist, wenn zwar die Bereitschaft zu einer Partnerschaft da wäre, aber Beziehungs-Chancen aus Kontaktangst gar nicht wahrgenommen werden. Da sehnt man sich nach einem Du, aber wenn sich die Gelegenheit dazu ergibt, zieht man ängstlich den Schwanz ein.

Warum habe ich zu der hübschen Frau, die ich immer wieder im Supermarkt treffe, nicht gesagt: »Wir sollten miteinander einen Kaffee trinken!« Warum habe ich mit dem sympathischen Kerl, der mir im Bus seinen Sitz überlassen hat, nicht geflirtet? Warum?

Sie glauben, nicht gut flirten zu können. Sie fürchten, dass Sie langsam zu alt dafür sind. Aus der Übung, sozusagen. Sobald Sie auf einen Menschen zugehen wollen, haben Sie Gegenwind. Ihr Gegenüber lächelt Sie einladend an, und was tun Sie? Sie kauen so lange an ungesagten Worten, bis sich der andere abwendet.

Von zehn Menschen, die wegen Kontaktproblemen zu mir kommen, sagen vier, dass sie zu schüchtern sind, um zu flirten. Meist kommen Kontaktängstliche aus Familien, in denen wichtige Bezugspersonen die Umwelt als bedrohlich darstellten, selbst unter Ängsten litten oder, umgekehrt, besonders forsch und erfolgsorientiert waren. Auch eine erbliche Komponente ist möglich.

Überwindet sich ein Schüchterner doch zur Kontaktaufnahme, scheitert er oft an perfektionistischen Forderungen: Mach mit einem flotten Spruch Eindruck! Sei interessant! Klug! Achte auf optimale Selbstdarstellung! Wenn du nicht ankommst, bist du vernichtet! Angesichts dieser Zwangslage retten sich viele Kontaktscheue in das Vermeiden. Man weicht Gesellschaften aus, entzieht sich jedem spontanen Kontakt, gibt sich spröd und unnahbar. Jammerschade. Wer Kontaktsituationen dauernd vermeidet, kann nie die positive Erfahrung machen, dass er ja doch gut ankommt. Also: Vermeiden Sie das Vermeiden.

So, jetzt noch drei einfache, aber höchst effektive F-Regeln. Erstens und zweitens: Wer fragt, führt! Derjenige, der die Fragen stellt, hat die Situation in der Hand. Formulieren Sie offene Fragen. Auf eine geschlossene Frage antwortet die angesprochene Person nur mit »Ja« oder »Nein« und würgt damit den Kontakt ab: »Kann ich Ihnen helfen?« – »Nein, danke«. Aus der Traum.

Eine offene Frage erlaubt dem anderen (der vielleicht auch schüchtern ist), Antwort zu geben und das Gespräch in Gang zu halten. Offene Fragen beginnen mit einem Fragewort – wer, wie, was, wann, wo, warum. »Was gefällt Ihnen hier am besten?« – »Der Blick auf das Meer.« Bravo! Jetzt stellen Sie eine Gemeinsamkeit her. »Ja, Wasser fasziniert mich auch. Wann waren Sie das letzte Mal am Meer?« Scheuen Sie nicht den sogenannten »Small Talk«. Es geht ja nicht um hohe Konversation, sondern nur darum, durch ein harmloses Gespräch einen Kontakt und vielleicht sogar einen Flirt herzustellen. Unsere tierischen Vorfahren kraulten einander, um sich Sympathien zu sichern, wir palavern über Nonsens.

Damit sind wir beim letzten F-Punkt: der Fokus. Beobachten Sie nicht sich selbst (»Wie schau ich aus?«), sondern fokussieren Sie Ihr Gegenüber. Der Fokus auf ein Gegenüber blockiert Angstimpulse und lässt Gefühle der Freude aufkommen. Vielleicht wird ein Flirt aus der Kontaktsituation, vielleicht nicht. Überhaupt so weit zu kommen ist schon der halbe, nein, eigentlich der ganze Spaß.

In diesem Sinne noch einmal: Nur Mut, alles wird gut.